GEDANKEN

FÜR DEN TAG

Ausgabe 2020

Aus dem Französischen übersetzt.
Originaltitel:
PENSÉES QUOTIDIENNES

Französische Originalausgabe

ISBN 978-2-8184-0505-5

Deutsche Ausgabe:

Grabenstr. 14, 78661 Dietingen, Deutschland.

ISBN 978-3-89515-520-8

Druck 2019: Interpress, Ungarn

Omraam Mikhaël Aïvanhov

GEDANKEN
FÜR DEN TAG

Ausgabe 2020

PROSVETA VERLAG

»Jeden Morgen, bevor ihr irgendetwas anderes unternehmt, sammelt euch einen Moment lang in andächtiger Stille, damit Frieden und Harmonie in euch einziehen und um euch mit dem Schöpfer zu verbinden, dem ihr den beginnenden Tag durch euer Gebet und eure Meditation weiht.

Der Beginn ist sehr wesentlich. Denn zu diesem Zeitpunkt werden neue Kräfte ausgelöst und auf ein Ziel ausgerichtet. Um in der rechten Weise zu handeln, muss immer die Suche nach dem Licht am Anfang stehen. Denn auch in der Nacht stürzt ihr euch nicht in die Dunkelheit, um irgendwo einen Gegenstand zu holen oder eine Arbeit zu beginnen, sondern ihr macht zuerst eine Lampe an, damit ihr etwas seht, und dann handelt ihr. Und in gleicher Weise ist es notwendig, in allen Situationen des Lebens zuerst ein Licht anzumachen, das heißt, sich zu konzentrieren und sich innerlich zu sammeln, damit man weiß, wie man vorzugehen hat. Wenn ihr dieses Licht nicht habt, werdet ihr hin und her laufen, an etliche Türen klopfen und doch nichts Rechtes ausrichten.

Der ganze Tagesverlauf ist durch die Richtung, die ihr am Morgen euren Gedanken gebt, schon vorgegeben. Denn je nachdem, ob ihr achtsam und wachsam seid oder auch nicht, räumt ihr euch den Weg frei oder, im Gegenteil, ihr versperrt ihn euch mit allerlei unnützen, ja sogar schädlichen Dingen. Ein Schüler in der Einweihungswissenschaft weiß, wie er den Tag beginnen muss, damit es ein fruchtbarer, mit der Gnade Gottes erfüllter Tag werde und er diese Gnade dann um sich herum an alle Geschöpfe austeilen kann. Er weiß, dass er schon früh am Morgen einen grundlegenden Gedanken hegen muss, um den herum im Tagesverlauf alle weiteren Gedanken kreisen.

Wenn ihr für jeden Tag ein bestimmtes Ziel, eine bestimmte Ausrichtung und ein Ideal habt, dem ihr zustrebt, dann werden sich nach und nach eure sämtlichen Aktivitäten ordnen und regeln und so zur Verwirklichung dieses Ideals beitragen. Und selbst wenn fremde, negative Gedanken und Empfindungen in euch eindringen wollen, werden sie umgelenkt und in den Dienst der göttlichen Welt gestellt; auch sie werden die Richtung nehmen müssen, für die ihr euch entschieden habt. Auf diese Weise könnt ihr dank des grundlegenden Gedankens, den ihr früh am Morgen in euer Denken aufgenommen habt, diesen Tag in das große Buch des Lebens einschreiben.

Und da ja alles aufgezeichnet wird, so wird, wenn ihr einmal einen großartigen Tag gelebt habt, einen Tag des ewigen Lebens, dieser nicht nur registriert und unvergänglich, sondern er hat auch die Tendenz, alle weiteren Tage auf seinen Weg zu ziehen, sodass sie ihm gleichen. Versucht, zumindest einen einzigen Tag gut zu leben, denn dieser wird die folgenden beeinflussen; er wird sie ermuntern, ihnen zuflüstern und sie überzeugen, so wie er zu werden, ausgeglichen, geordnet, harmonisch.«

Omraam Mikhaël Aïvanhov

Stellt euch vor, dass vor Jahrzehnten ein Schäfer in den Bergen sich damit vergnügte, mit seinem Stock eine kleine Furche in den Boden zu ritzen. Was ist schon eine Furche?... Aber danach kam der Regen, der Schnee, das Eis, der Wind und die Sonne…, und nach und nach hat sich die Rinne ausgehöhlt und erweitert, bis sie zum Bett eines Flusses wurde. Was kann man von diesem Bild lernen? Dass sich dasselbe Phänomen beim Menschen ereignet. Jeder Gedanke, jedes Gefühl ist wie eine Rinne, die sich in seine innere Erde gräbt, und alle psychischen und geistigen Kräfte, die umherkreisen, tragen zur Aushöhlung und Weiterwerdung dieser Rinne bei.

Da heute ein neues Jahr beginnt, bemüht euch, bewusst eine Furche in eure Seele zu ziehen. Konzentriert euch auf einen göttlichen Gedanken, formuliert einen göttlichen Wunsch und arbeitet das ganze Jahr daran, dass er in euch bleibt. Die himmlischen Mächte sind informiert, und sie kommen, um euch helfen. Jeden Tag sind sie da, um zu sagen: »Erinnere Dich, am ersten Tag des Jahres hast Du eine Furche gezogen, mache weiter, grabe weiter.« Und wenn ihr auf sie hört, wenn ihr geduldig weiterarbeitet, werdet ihr eines Tages einen Fluss von Licht in euch fließen spüren.

* Siehe auch Band 212, Kapitel 5 »Die Arbeit mit dem Licht«.

Es ist ein Gesetz der geistigen Welt, dass, sobald sich eine bestimmte Anzahl von Personen um eine Idee herum versammelt, ihre Gedanken und ihre Wünsche bereits eine Realität im Himmel bilden. Die Teilchen dieser Realität sind nicht materiell genug, sodass man sie sehen oder berühren könnte, aber sie existiert, und man nennt diese kollektive Wesenheit ein Egregore. Dieses Egregore ist lebendig und wirkend. Jedes Land, jede Religion besitzt ein Egregore.

Die Universelle Weiße Bruderschaft hat auch ihr Egregore, und alle Brüder und Schwestern, die sich in dem gleichen Ideal versammeln, sind dabei, es zu ernähren. Darum sollte man mehr und mehr daran denken, dieses Egregore der Universellen Weißen Bruderschaft zu stärken, denn es kann nicht nur auf die anderen Egregore einwirken, um sie günstig zu beeinflussen, sondern es wirkt auch in der physischen Ebene zum Wohle der Menschen, die dazu beigetragen haben, es zu bilden.*

* Siehe auch Band 208, Kapitel 1 und 9.

Anm. des Hrsg.: Auf vielfachen Kundenwunsch nennen wir Ihnen zukünftig Referenzstellen aus anderen Büchern von Omraam Mikhaël Aïvanhov. Eine Liste der Bücher, auf die in den Tagesgedanken verwiesen wird, finden Sie auf Seite 397 bis 399 des vorliegenden Buches.

Fasst Mut, denn ein großes Erbe, ein göttliches Erbe erwartet euch. Wenn ihr noch nicht in seinen Besitz gelangt seid, dann deshalb, weil ihr noch nicht »mündig« seid. Es ist nicht möglich, den Zeitpunkt zu kennen, an dem ihr es in Besitz nehmen könnt, aber es ist sicher, dass ihr es bei eurer »Mündigkeit« bekommt. Das wird vielleicht in zwanzig oder dreißig Jahren sein, vielleicht in einer anderen Inkarnation, aber ihr werdet es erhalten. Ihr sagt:

»Doch wie wird man mich da finden? Ich werde das Land und die Nationalität gewechselt haben.« Ihr könnt alles ändern, was ihr wollt, die himmlischen Wesenheiten werden euch immer finden. Denkt also jeden Tag an dieses göttliche Erbe, allein dieser Gedanke wird sehr günstig auf euch wirken. Alles, was man den Menschen versprechen kann, wird niemals die Unermesslichkeit ihrer Wünsche befriedigen: eine Frau, ein Haus, ein kleiner Garten, ein Auto... was ist das schon? Selbst wenn sie all das haben, sind sie nicht zufrieden. Unermesslichkeit, Grenzenlosigkeit, Ewigkeit, das ist das wahre Erbe, das Einzige, das fähig ist, das Herz des Menschen zufriedenzustellen.*

* Siehe auch Band 209, Kapitel 2 und 3.

Nichts widersteht der Zeit, und wenn man gezwungen ist festzustellen, dass ein Gebäude altert und repariert werden muss, so gilt das auch für uns. Warum dann nicht daran denken, dass unser Haus erneuert, verjüngt, erhellt werden muss und dass wir es auf neuen Grundlagen wieder aufbauen müssen? Ihr sagt: »Aber wie können wir uns einen Körper wieder aufbauen?« Offensichtlich handelt es sich nicht darum, den physischen Körper, den man nicht am Altern hindern kann, zu verjüngen, aber dieses Altern muss durch die Errichtung eines geistigen Körpers ausgeglichen werden, mit Hilfe einer bleibenden Materie, die man nur sehr hoch oben in den feinstofflichen Ebenen finden kann. Durch die Meditation und die Kontemplation könnt ihr die Teilchen dieser Materie anziehen und sie in euch selbst einführen, um euch einen neuen Körper zu erbauen. Genau das meinte der heilige Paulus, als er von der Umwandlung des alten Adam in Christus sprach.*

* Siehe auch Band 213, Kapitel 3 und 7.

Ihr seid in einer geistigen Lehre, ihr lebt im Licht, aber das verhindert nicht, dass euch von Zeit zu Zeit gewisse Unfälle oder Unglücke zustoßen. Man ist nicht sicher vor Prüfungen, nur weil man in einer Einweihungsschule ist. Damit euch nichts Übles mehr geschieht, müsst ihr alle Schulden aus der Vergangenheit beglichen haben; solange ihr sie noch mit euch herumschleppt, ist nicht daran zu rütteln: Ob ihr nun einer göttlichen Lehre folgt oder nicht, ob ihr im Licht seid oder nicht, ihr müsst bezahlen.

Ihr seid auf dem richtigen Weg, das ist klar, ihr tut in Zukunft nur noch Gutes, das ist ebenfalls klar, aber ihr müsst wissen, dass dieses Gute zukünftige und nicht sofortige Ergebnisse bringt. Wenn ihr also Schwierigkeiten durchmacht, müsst ihr sie annehmen und sagen: »Herr, mein Gott, das kann die gute Arbeit, die ich bereits getan habe, nicht zerstören. Wenn mir Unannehmlichkeiten zustoßen, bedeutet das, dass ich mich befreie und das ist gut so. Ich weiß jetzt, warum mir dies geschieht und werde mich nicht mehr auflehnen, ich werde nicht mehr um Schonung bitten.«*

* Siehe auch Band 202, Kapitel 7 und Band 236, Kapitel 16.

Jesus ist gekommen, um die Menschen zu lehren, dass das wahre Opfer nicht darin besteht, Gott irgendetwas außerhalb von uns selbst anzubieten: Früchte, Mehl oder Vieh...

Denn selbst wenn die Opfergabe von Produkten der Erde oder von Tieren eine Bereitschaft zum Verzicht zum Ausdruck brachte, war es doch kein so wesentliches Opfer wie der Verzicht auf gewisse Schwächen, auf gewisses Verlangen oder Begehren. Jesus ist also gekommen, um die Menschen zu lehren, nicht mehr äußere Tiere zu opfern, sondern seine eigenen inneren Tiere. Ja, denn unsere niedere Natur ist der Schlupfwinkel aller Bestien und wilden Tiere, und sie ist es, die man als Brandopfer anbieten muss, damit sie die in ihr angesammelten Kräfte freisetzen und in den Dienst des Geistes stellen kann.*

* Siehe auch Band 221, Kapitel 8.

Zu Beginn einer jeden Unternehmung braucht ihr Liebe, um die Schwierigkeiten, die euch begegnen, zu überwinden, sonst werdet ihr entmutigt und gebt alles auf. Wenn die ersten Schwierigkeiten durch Liebe durchschritten und überwunden sind, ist der Augenblick zum Nachdenken gekommen, der Augenblick der Weisheit. Wenn die Liebe schwach ist oder fehlt, hat die Weisheit nicht die Bedingungen, um sich zu äußern.

Die Liebe bereitet die besten Bedingungen für die Weisheit vor. Wenn ihr etwas liebt, wollt ihr es studieren, es kennenlernen, und auf diese Weise führt euch eure Liebe dazu, das Terrain zu erkunden. Wenn ihr ein Wesen liebt, wollt ihr es auch verstehen. Die Liebe gibt euch die Bedingungen zum Verständnis, und darum kann man sagen, dass derjenige, der keine Liebe hat, auch keine Weisheit erlangen wird.*

* Siehe auch Band 228, Kapitel 4.

Wir sind zwischen die niedere Welt und die höhere Welt gestellt, und es liegt bei uns, uns zu entscheiden und das göttliche Prinzip, den Geist zu wählen. »Aber, werdet ihr sagen, warum übernimmt er nicht einfach die Herrschaft, da er ja allmächtig ist?« Auch das Feuer ist allmächtig, es kann alles verbrennen, aber entzündet eine Kerze und seht, wie schwach die Flamme ist: Beim geringsten Lufthauch erlischt sie. Der Geist ist schwach wie das Feuer, und wenn ihr ihn nicht ernährt, kann er nichts ausrichten. Das ist etwas, was ihr noch nicht verstanden habt. Ihr wartet und zählt auf die Allmacht des Geistes, aber da ihr nichts unternehmt, um ihn in euch hineinzulassen, geschieht nichts. Der Geist ist allmächtig im Himmel, aber hier auf der Erde kann er nichts tun, solange ihr ihm nicht die notwendigen Bedingungen schafft, damit er sich äußern kann. Es liegt also an euch, zu entscheiden und dem Geist den Vorrang einzuräumen.*

* Siehe auch Band 211, Kapitel 2.

Nichts ist wichtiger, heilsamer für euch, als Gefallen an spirituellen Aktivitäten zu finden, sie zu lieben und keinen einzigen Tag mehr vergehen zu lassen, ohne euch mit dem Himmel zu verbinden, zu meditieren, zu beten... Haltet mehrmals am Tage für einige Minuten inne und bemüht euch, in euch euren Gleichgewichtspunkt, euer göttliches Zentrum, zu finden... Ihr werdet dann zu spüren beginnen, dass ihr in allen Lebensumständen in eurem Innern ein ewiges unsterbliches, unzerstörbares Element besitzt. Und selbst wenn ihr in der materiellen Ebene nicht den geringsten Vorteil daraus zieht, werdet ihr innerlich freier, voller Selbstvertrauen, ihr schwebt über den Ereignissen. Diese spirituelle Arbeit ist der einzige Reichtum, das einzige Gut, das wahrhaft eures sein wird. Alles andere kann euch genommen werden; allein eure Arbeit gehört euch für immer.*

* Siehe auch Band 206, Kapitel 8 und Band 223, Kapitel 12.

Manche wollen nicht die geringste Anstrengung unternehmen, um ihr Leben zu ändern: Sie meinen, dass sie sogleich wieder in ihre schlechten Gewohnheiten und Irrtümer zurückfallen und dass ein Versuch, sich zu bessern, deswegen nicht der Mühe wert sei. Nun, das ist jedoch keine gute Schlussfolgerung, denn es ist nicht wichtig, gleich beim ersten Versuch Erfolg zu haben. Das Wesentliche ist die richtige Richtung zu wählen und in seiner Wahl aufrichtig zu sein.

Die Rückfälle sind für sich genommen nicht wichtig. Jedes Mal, wenn man fällt, erwirbt man irgendetwas hinzu. Man darf also nicht mutlos werden, denn wenn man jedes Mal über die Niederlagen nachdenkt, um aus ihnen eine Lehre zu ziehen, hat man eines Tages ein wahres Arsenal von Kenntnissen und Methoden, mit deren Hilfe man alle Situationen meistern kann.*

* Siehe auch Band 222, Kapitel 4.

Ihr habt eine Schwierigkeit... Nun gut, nehmt sie und vergleicht sie mit all dem, was ihr besitzt, mit euren Schätzen, euren Fähigkeiten. Stellt die beiden Seite an Seite und vergleicht: Eure Schwierigkeit wird sich nicht behaupten können, sie wird vor der Größe und Unermesslichkeit dessen, was ihr besitzt, verschwinden. Auf diese Weise solltet ihr lernen, eure Sorgen und Kümmernisse euren Schätzen und eurer Zukunft gegenüberzustellen, und ihr werdet sehen, dass keine Spur mehr von ihnen übrig bleibt. Und was die übel gesinnten Geister der unsichtbaren Welt angeht, die euch beunruhigen und entmutigen wollen, sagt ihnen: »Kommt hierher, ich werde euch etwas zeigen« und ihr stellt sie vor all eure augenblicklichen Möglichkeiten sowie vor die Möglichkeiten, die euch erwarten. Sicher, zunächst bleiben sie natürlich hartnäckig, aber sie werden sehr schnell begreifen, dass sie ihre Zeit mit euch vergeuden und euch in Ruhe lassen. Gewöhnt euch daran, solche Übungen zu machen und ihr werdet sehen, dass ihr viele Dinge umwandeln und verbessern könnt.*

* Siehe auch Band 210, Kapitel 8.

Wenn es euch gelingt, den Herrn an die Spitze eurer Existenz zu stellen, so werden die Engel und Erzengel Ihm im Geleit folgen, und das wird für euch die wahre Transformation sein. Aber damit das geschieht, müsst ihr zu euch selbst sagen: »Nicht ich möchte befehlen, sondern ich will Diener sein, ich will gehorchen, der Herr soll kommen, um sich in mir niederzulassen«, und ihr müsst in diesem Sinne arbeiten, so viel ihr könnt. Wenn schließlich der Herr findet, dass die Bedingungen für Ihn gut sind, kommt Er und mit Ihm kommen die Engel und lassen sich überall nieder. Ihr seht, allein eine Veränderung an der Spitze, und alles ist verwandelt, es kann nicht anders sein. Sollte der Herr etwa, nachdem Er entschieden hat, sich irgendwo niederzulassen, sich ganz alleine vorfinden oder von Teufeln umgeben sein? Nein, nein, Er kommt begleitet von einem ganzen Gefolge lichtvoller und schöner Wesenheiten, die da sind, um in Seiner Nähe zu singen.*

* Siehe auch Band 215, Kapitel 4.

Gott hat alles an alle verteilt: das Wasser, die Luft, die Wärme, das Licht. Und in der feinstofflichen Welt hat Er auch Prana, Telesma, Akasha, Fohat und viele weitere Arten von wohltuenden Energien verbreitet. Warum fühlen sich also so viele Menschen arm und elend? Weil sie diese feinstofflichen Elemente nicht herbeizuziehen und nicht aufzunehmen wissen. Sie denken, das Leben sei armselig, und der Herr habe ihnen nichts gegeben. Doch, alles wurde verteilt, alles steht allen Geschöpfen zur Verfügung, nur sind die Geschöpfe schwach, faul, begrenzt und unfrei. Deshalb bleiben sie in der Armut. Es sind die Menschen, die sich selbst begrenzen.

Nehmen wir nur die Ernährung als Beispiel. Sie geben sich damit zufrieden, zu essen, zu trinken und zu atmen. Das heißt, sie ernähren sich lediglich von festen, flüssigen und gasförmigen Elementen und lassen das feurige Element, das Feuer, das Licht, beiseite. Wenn es mit der Menschheit bergab geht, so deshalb, weil sie sich nicht richtig ernährt. Um sich richtig zu ernähren, braucht man dieses essenzielle, vierte Element. Aus diesem Grund sollen wir zum Sonnenaufgang gehen, um dieses Feuer und dieses Licht aufzunehmen, die dort jeden Morgen in Fülle verbreitet werden.*

* Siehe auch Band 204, Kapitel 1.

Jeder Austausch, den wir beständig führen, indem wir essen, trinken, atmen, indem wir Kontakt mit Menschen, Tieren oder der Natur selbst haben, hinterlässt in uns zahlreiche unreine Teilchen. Man muss folglich wissen, wie man sich auf allen Ebenen reinigt mit Hilfe der Engel der vier Elemente. Man kann den Engel der Erde rufen, damit er alle Schlacken aus unserem physischen Körper entferne; den Engel des Wassers, dass er unser Herz wasche; den Engel der Luft, damit er unseren Intellekt reinige; den Engel des Feuers, damit er unsere Seele und unseren Geist heilige und uns das Feuer der göttlichen Liebe übermittle. Jedem der vier Elemente entspricht eine besondere Funktion, weil im Reich der lebendigen Natur alles mit Präzision festgelegt ist.*

* Siehe auch Band 204, Kapitel 1.

Der Mensch hat zwei Naturen: Eine höhere und eine niedere Natur, und je nachdem, an welche dieser beiden Naturen ihr euch wendet, löst ihr ganz und gar verschiedene Kräfte aus, von denen ihr der Nutznießer oder das Opfer seid. Nehmen wir einmal an, dass ihr jemanden verdächtigt und verleumdet: Ihr verbindet euch so mit seiner niederen Natur, ihr empfangt diese Strömungen, und ihr beginnt selbst die Fehler und Schwächen zu äußern, die ihr beständig bei ihm hervorgehoben habt. Warum? Weil ihr in euch selbst eine Tür geöffnet habt, um diese niederen Energien zu empfangen, indem ihr euch ständig mit ihnen verbunden habt. Auf diese Weise verzögert ihr eure Evolution. Wenn ihr nur die Fehler und die Verbrechen der Menschen im Sinn habt, zieht ihr all die üblen Wesenheiten an, die in ihnen sind. Wundert euch nicht, wenn ihr euch eines Tages von ihnen überfallen fühlt. Das ist ganz einfach ein magisches Phänomen.*

* Siehe auch Band 203, Kapitel 2.

Ihr tut viele und großartige Dinge, aber euer Bewusstsein ist noch nicht ausreichend erleuchtet, um die Wichtigkeit dessen, was ihr tut, genau zu ermessen. Nehmt ein Beispiel: Vor den Mahlzeiten singen wir, um uns zu harmonisieren. Zurzeit singt ihr aus Gewohnheit; sicher, man sieht, dass es euch Freude bereitet zu singen, dass ihr es von ganzem Herzen tut; ihr seid euch jedoch noch nicht über den Einfluss im Klaren, den die Lieder auf die Nahrung, die ihr zu euch nehmen wollt, haben können. Essen ist eine heilige Handlung, eine magische Zeremonie, und wenn ihr mit dem Bewusstsein singt, die Nahrung mit himmlischen, lichtvollen Teilchen zu imprägnieren, wird diese Nahrung einen besseren Einfluss auf euch haben: Sie wird nicht allein dazu beitragen, euch in besserer Gesundheit zu erhalten, sondern sie wird euch Energien geben, die es euch erlauben, in den feinstofflichen Ebenen zu wirken.*

* Siehe auch Band 204, Kapitel 9 und Band 222, Kapitel 9.

Es ist häufig die falsch verstandene Liebe der Eltern, die das Unglück einer Familie ausmacht: Die Eltern haben es nicht verstanden, den Kindern zu zeigen, dass unerbittliche Gesetze existieren, vor denen alle, Eltern wie Kinder, gezwungen sind, sich zu beugen. »Aber wenn sie weinen?« Sollen sie weinen! Sie müssen begreifen, dass jeder gezwungen ist zu gehorchen und sich diesen Gesetzen zu unterwerfen. Sobald das Kind weint, geben Mutter oder Vater nach, damit der kleine Liebling nicht unglücklich sei. Aber in dem Moment ist es geschehen, sie werden ihr ganzes Leben nachgeben; das Kind wird sie schlecht behandeln und sie versklaven, und es sind sie, die eines Tages unglücklich sein werden, weil sie Liebe mit Schwäche verwechselt haben. Es weint? Nun, dann weint es eben; es übt seine Stimmbänder und begreift gleichzeitig, dass es Gesetze gibt, die befolgt und angewendet werden müssen.*

* Siehe auch Band 203, Kapitel 5 und 8.

Warum wünschen sich manche Menschen einen Talisman? Um in einer lichtvollen, uneigennützigen Arbeit unterstützt zu werden, oder um ohne die geringste Anstrengung zum Erfolg zu kommen? Unglücklicherweise kommt der zweite Fall häufiger vor. Hinter dem Wunsch nach einem Talisman stehen meistens Begehrlichkeit und Faulheit. Es wird überflüssig zu studieren, nachzudenken, zu meditieren, zu beten, wachsam zu sein: Der Talisman ist ja da, er wird die Arbeit tun! Und währenddessen geht sein Besitzer spazieren und vergnügt sich, indem er sich der Vorteile bedient, die ihm der Talisman verschafft hat. Oh nein, dazu darf ein Talisman nicht dienen. Und darum wird ein wahrer Magier nicht allen Personen ihre Wünsche nach einem Talisman erfüllen; er weiß, dass nach Art des Gebrauchs, den sie davon machen, diese Personen nichts Gutes gewinnen, sondern im Gegenteil ihrer Umgebung sogar schaden könnten.*

* Siehe auch Band 226, Kapitel 5.

Die Menschen diskutieren, fordern, stellen infrage, aber sie wissen nicht, wohin ihre Ablehnung von Regeln sie führen wird, denn sie haben niemals die weitreichenden Folgen eines Gedankens, eines Wortes oder einer Handlung studiert. Wenn sie mehr Unterscheidungskraft hätten, würden sie begreifen, dass sie in dem selben Moment, wo sie diese Regeln verwerfen, schwächer werden, denn sie binden die höllischen Geister in sich selbst los. Das ist ein Gesetz: Je weniger man seine Gedanken, seine Wünsche, seine Launen beherrscht, desto mehr wird man zum Sklaven. Ihr sagt, dass ihr das Bedürfnis habt, alles, was euch durch den Kopf geht, zu befriedigen? Gut, aber wisst, dass dies der direkte Weg in die Sklaverei ist. Ihr werdet Sklave eurer selbst oder vielmehr der äußerst primitiven inneren Kräfte, die euch niederstrecken und völlig beherrschen werden. Ihr könnt nicht der König eures eigenen Reiches sein, solange ihr euch nicht kontrolliert, denn Schwäche, Krankheit oder Wahnsinn sind da und lauern euch auf. Wenn die Weisen uns raten, unser inneres Drängen zu beherrschen, dann nicht aus dem Vergnügen, uns zu quälen, sondern weil sie wissen, dass die Abwesenheit von Selbstbeherrschung die Wege zu Krankheit, Ungleichgewicht und Tod öffnet.*

* Siehe auch Band 202, Kapitel 1 und 6.

Ihr müsst die Stille als absolute Bedingung für das wahre Wort, die wahren Offenbarungen verstehen. In der Stille spürt ihr nach und nach die Botschaften, die zu euch kommen, eine Stimme, die beginnt, zu euch zu sprechen. Sie ist es, die euch warnt, euch leitet, euch beschützt... Wenn ihr sie nicht hört, so deshalb, weil ihr zu viel Lärm macht, nicht nur in der physischen Ebene, sondern auch in euren Gedanken und Gefühlen. Damit diese Stimme zu euch spricht, müsst ihr die Stille in euch herstellen. Man nennt manchmal diese Stimme »die Stimme der Stille«, das ist sogar der Titel bestimmter Bücher östlicher Weisheit. Wenn es dem Yogi gelingt, alles in sich zu beruhigen und selbst sein Denken anzuhalten – denn in seiner Bewegung macht auch das Denken Lärm –, dann hört er diese Stimme der Stille, die die Stimme Gottes selbst ist.*

* Siehe auch Band 229, Kapitel 9 und 10.

Es kommt euch eine Idee, ihr spürt, dass sie gut ist, und ihr seid glücklich darüber: Diese Idee ist also in euer Gefühl herabgestiegen. Ja, aber das ist noch nicht vollständig; erst wenn ihr euch daran macht, sie auszudrücken, zu verwirklichen, ist der normale Ablauf abgeschlossen. Gibt sich ein Maler, ein Musiker, ein Dichter damit zufrieden, seine Werke im Kopf und im Herzen zu bewahren? Nein, er verwirklicht sie. Warum sollte man sich also in anderen Bereichen nur mit dem Denken und Fühlen zufriedengeben? Man muss realisieren. Auch im Bereich der Spiritualität und der Religion muss man verwirklichen. Für viele bleibt die Religion im Kopf oder im Herzen, und wenn sie handeln müssen, stehen ihre Handlungen im Gegensatz zu dem, was sie denken und glauben. Oh nein, sie haben nicht verstanden, wie die kosmische Intelligenz die Dinge eingerichtet hat. Zuallererst muss man denken, dann wünschen und sich schließlich an die Arbeit machen, um zu verwirklichen.*

* Siehe auch Band 224, Kapitel 4.

Es ist selten, dass eine Ehe vollkommen ist, aber anstatt sich gleich scheiden zu lassen, sollte man besser versuchen, die Unannehmlichkeiten zu ertragen und sich zu sagen: »Dass ich auf meinen Ehemann getroffen bin, habe ich in meinen früheren Inkarnationen verursacht, denn es gibt eine Gerechtigkeit in der Welt. Ich muss mich bemühen, ihn für diese Inkarnation zu akzeptieren, ich muss lernen und mich verbessern...« Auf diese Weise werdet ihr eure alten Schulden begleichen, anstatt euch durch euren Befreiungsversuch neue Schulden aufzuladen. Wenn ihr euch hingegen schlecht, ungeduldig und kleinlich verhaltet, wachsen die Schulden, und ihr werdet euch in einer anderen Inkarnation wieder begegnen, um dies vielleicht in einer anderen Form zu begleichen.

Es lohnt sich also, diese Philosophie zu akzeptieren, um sich zu befreien. Denn auch der Ehemann kann sich fragen: »Warum bin ich bei mehr als drei Milliarden Frauen in dieser Welt gerade auf diese da gestoßen?« Und indem er darüber nachdenkt, wird auch er herausfinden, dass dies kein Zufall ist... Es gäbe doch so viele andere! Aber nein, gerade diese da, weil sich durch diese Frau eine innere Arbeit vollzieht, dank derer er bestimmte Qualitäten und Tugenden entwickeln wird. Ihr seht, so denkt man nicht, weil man nicht über die Reinkarnation, das Gesetz von Ursache und Wirkung, das Karma unterrichtet ist.*

* Siehe auch Band 202, Kapitel 1 und 7.

Die Große Universelle Weiße Bruderschaft, die sich im Himmel befindet, sendet unablässig Ströme der Harmonie in die Welt, um die Menschen zur Einheit zu führen. Diejenigen, die bereit sind, diese Ströme zu empfangen, werden sich entscheiden, sich endlich an die Arbeit zu machen, um diese Einheit zu verwirklichen. Dies wird der schönste Tag in der Geschichte der Menschheit sein. Welche Veränderungen werden geschehen, wenn die ganze Erde nur mehr eine Familie bildet! All die Milliarden, die nutzlos in Waffenarsenalen und Spionage verschwinden, werden benutzt werden, um die Erde in einen Paradiesgarten zu verwandeln. Im Augenblick glaubt man noch, dass diese Ideen nicht zu verwirklichen seien. Man sagt: Utopie!... Aber eines schönen Tages wird es realisierbar, und es wird so real werden, dass dann alle erstaunt sind. Diese Idee wird Wurzeln schlagen, sie wird in den Menschen arbeiten, und alle werden beginnen, sie zu akzeptieren. Ein »Pan-Europa«, »Pan-Asien« oder »Pan-Amerika« zu schaffen, sicher, das ist ein Fortschritt, aber es ist nicht ausreichend. Nur die »Pan-Erde« vermag alle Probleme zu lösen, denn das heißt, dass die ganze Erde eine Familie bildet. Sonst wird sich ein Kontinent gegen einen anderen wenden, anstatt ein Land gegen ein anderes. Asien gegen Europa, wäre das etwa schöner?*

* Siehe auch Band 206, Kapitel 4 und Band 208, Kapitel 2.

Wenn ihr genügend Empfindsamkeit besitzt, um zu beobachten, was in euch vorgeht, werdet ihr feststellen, dass sich etwas in eurem Solarplexus zerstreut, sobald ihr unruhig, unzufrieden, ungeduldig werdet. Der Solarplexus ist das Gefäß, das den lebendigen Magnetismus bewahrt, und sobald dieser sich zerstreut, werdet ihr euch schwach fühlen, unfähig zu handeln, unfähig euch zu konzentrieren. Jede Unruhe, jedes Gefühl des Unwohlseins beeinflusst auf eine besondere Weise den Solarplexus, der dann seinen Magnetismus verliert. Wenn ihr im Gegenteil glücklich, ruhig seid, spürt ihr eine Erweiterung im Solarplexus, etwas, das wie eine Quelle strömt. Der Solarplexus ist das Reservoir vitaler Kräfte, Speicher aller Energien, und wenn ihr es versteht, ihn täglich aufzuladen, werdet ihr eine Quelle haben, aus der ihr jeden Tag die Kräfte schöpfen könnt, die ihr braucht.*

* Siehe auch Band 219, Kapitel 3.

Wir müssen alle unsere Fehler und Schwächen arbeiten lassen, damit sie nützlich werden. Manche werden sagen: »Aber die Fehler, man muss sie doch mit Füßen treten, sie vernichten!« Versucht es und ihr werdet sehen, ob das leicht ist: Ihr selbst werdet dabei vernichtet werden. Das Problem ist für alle Fehler das Gleiche. Ob es sich um Gefräßigkeit, Sinnlichkeit, Habsucht oder Eitelkeit handelt, ihr müsst lernen, sie in Bewegung zu setzen, damit sie für euch in der Richtung, die ihr gewählt habt, arbeiten. Wenn ihr zum Arbeiten alleine seid, könnt ihr keinen Erfolg haben. Und wenn ihr alle eure Feinde, alles, was euch widersteht, verjagt, wer wird dann für euch arbeiten, wer wird euch dienen?*

* Siehe auch Band 213, Kapitel 6 und Band 233, Kapitel 10.

Der Herr bestraft niemals, Er kümmert sich nicht darum, Er verbringt seine Zeit mit Festen im Kreise der Engel und Erzengel, in einer Atmosphäre von Gesängen, von Musik, und Nektar und Ambrosia fließen im Überfluss. Warum hat man Ihn als jemanden dargestellt, der Tag und Nacht die Menschen überwacht und auf einem Notizblock die Verbrechen und Gemeinheiten notiert, die sie gerade offen oder im Geheimen begehen? Der Arme, welch bedauernswerte Lage für Ihn! Wie sollte Er dessen nicht überdrüssig sein? »Aber«, werdet ihr fragen, »was geschieht dann, wenn wir Fehler begehen?« Wenn die Menschen die Idee gehabt haben, Geräte herzustellen, die aufzeichnen und rechnen können, so deshalb, weil analog bereits »Geräte« in der Natur (also in uns) existieren. Diese »Geräte« sind es, die unsere Gedanken, unsere Gefühle, unsere Handlungen aufzeichnen. Wenn wir, wobei auch immer, die Grenzen überschritten haben, wird ein Mechanismus ausgelöst und die Bestrafung ist da: Wir verlieren etwas auf der physischen Ebene, auf der Ebene der Empfindung oder derjenigen der Gedanken. Aber es ist nicht Gott, der uns bestraft, im Gegenteil, Gott ist immer bereit, uns bei seinen himmlischen Festen zu empfangen, aber wir müssen lernen, uns bis zu Ihm zu erheben.*

* Siehe auch Band 202, Kapitel 4 und 5.

Wie verhält sich ein wahrer Eingeweihter, ein wahrer Jünger? Immer natürlich, einfach, zugänglich. Warum die Aufmerksamkeit durch überlegenes Gehabe anziehen wollen? Ihr sagt: »Aber, soll man denn seine spirituellen Errungenschaften nicht zeigen?« – »Doch, man soll sie zeigen.« – »Und wie?« Da ihr an euch gearbeitet habt, ihr euch selbst gestaltet und geformt habt, lasst euren Körper, eure Gesichtszüge, euer Auftreten, eure Gesten zu euren Gunsten sprechen. Und bleibt selbst dabei einfach und natürlich. Warum durch eine gekünstelte Art Eindruck machen wollen?

Da ihr einer geistigen Lehre folgt, solltet ihr künftig verstehen, dass eure Qualitäten der Weisheit, Reinheit, Würde durch euer Gesicht und eure Ausdrucksweise durchscheinen müssen, ohne dass ihr es nötig habt, alle möglichen Verhaltensweisen anzunehmen, um sie zu unterstreichen. Lasst eure innere Arbeit sprechen: Selbst unwissentlich wird sie Zeugnis von euch ablegen.*

* Siehe auch Band 240, Kapitel 13.

Wenn ihr euch entspannen wollt, achtet besonders auf eure Hände, denn während ihr meint, entspannt zu sein, sind eure Hände oft noch verkrampft. Die Hände drücken mehr, als jeder andere Teil des Körpers unseren inneren Zustand aus. Achtet einmal darauf, wie die Menschen ihre Hände bewegen, wenn sie sprechen... Und selbst wenn sie nicht sprechen, sie verschränken sie, nehmen sie wieder auseinander, bewegen Gegenstände ohne die geringste Notwendigkeit, sie kratzen sich, kritzeln, klopfen. Die Hände ruhig zu halten und zu entspannen, ist eines der schwierigsten Dinge. Achtet darum sehr auf eure Hände: Wenn es euch gelingt, auch sie zu entspannen, werdet ihr ein Wohlgefühl spüren, das sich bis hin zu eurem Solarplexus ausbreitet.*

* Siehe auch Band 223, Kapitel 7.

In der heutigen Zeit fühlen sich alle verpflichtet, herumzurennen, sich abzurackern, weil man mehr und mehr produzieren muss, um mehr und mehr zu verkaufen und mehr und mehr einzukaufen... Das sei scheinbar notwendig für die Wirtschaft! So findet man es dann im Interesse der Wirtschaft ganz normal, die Menschen zu erschöpfen, und auf diese Weise wird die Wirtschaft großartig, blühend, die Menschen hingegen sind ausgelaugt, übermüdet, zerstört: Ihr Nervensystem stumpft ab und nicht allein das Nervensystem, sondern auch das Herz, der Magen, die Lungen leiden, denn diese ganze beschleunigte Aktivität, dieses ganze beschleunigte Produzieren und Konsumieren führt zu einer Verschmutzung, die die Atmosphäre vergiftet, die Meere, die Wälder, das Wasser, die Erde, die Nahrung usw. Nun, das ist weder intelligent, noch vernünftig. Eine angebliche »Wirtschaft«, die vergeudet, die zerstört, die verschmutzt, die verschwendet, ist das wahre Wirtschaftlichkeit?*

* Siehe auch Band 208, Kapitel 3, 5 und 7.

Es sollte jedem von euch wichtig sein, eine beständige innere Ausrichtung zu haben, denn Unentschlossenheit, niemals zu wissen, in welche Richtung ihr geht, zerstört euch. Bemüht euch daher, ein für alle Mal die richtige Richtung einzuschlagen und bleibt fest und beständig in der gewählten Richtung, um das neue Leben zu leben. Auf diesem Weg werden euch sicherlich einige Ausrutscher passieren, weil ihr noch schwach seid, aber lasst euch nicht entmutigen, man wird euch zu Hilfe kommen. Auch wenn eure Fenster schmutzig werden, sagt euch, dass der Regen sie morgen waschen und ihnen ihre Transparenz wiedergeben wird. So geht es bei dem geistigen Schüler das ganze Leben lang. Er fällt, er erhebt sich wieder... er beschmutzt sich, er wäscht sich... aber er darf nicht mutlos werden, denn er weiß, dass der Himmel immer da ist, um ihn in seinem Bemühen zu unterstützen.*

* Siehe auch Band 219, Kapitel 1.

Jede Tierart (Insekten, Raubtiere, Säugetiere, Reptilien und Vögel) hat eine ganz bestimmte Nahrung. Ihr könnt selbst die Erfahrung machen: Lasst einige Nahrungsreste in einem Zimmer, sofort erscheinen bestimmte Tierchen. Wenn es Honig ist, werden die Wespen kommen, bei Käse sind es Mäuse... Wie haben sie von weitem gespürt, dass es dort etwas für sie gibt? Aber sobald ihr sauber macht, verschwinden sie...

Dieses Phänomen erklärt, dass, wenn der Mensch in sich bestimmte Gedanken, Wünsche oder Gefühle aufrechterhält, die weder lichtvoll noch rein sind, sofort Wesenheiten erscheinen, die diese Unreinheiten lieben und die sich niederlassen, um sich davon zu ernähren; wenn er sich aber reinigt, wenn er vernünftig wird, verlassen ihn diese Wesenheiten, um lichtvollen Geistern den Platz zu überlassen. Sehr wenige Menschen können im Buch der lebendigen Natur lesen, das offen vor ihnen liegt. Ihr sagt, das seien nur kleine Nebensächlichkeiten; ja, aber ihre Anwendungen für das seelische Leben sind unermesslich.*

* Siehe auch Band 216, Kapitel 1 und Band 213, Kapitel 4.

Um den Ungehorsam und die Flegelhaftigkeit von Kindern zu begründen, behaupten manche, diese Kinder seien eben viel intelligenter als ihre Eltern, sodass sie ihnen die Stirn bieten müssten. Man begegnet manchmal auch wirklich außergewöhnlichen Kindern, das ist wahr, aber nur in sehr seltenen Fällen, und es stimmt nicht, dass die Mehrheit der Kinder Genies sind, die Grund haben, sich gegen geistlose Eltern aufzulehnen. Nein, man sollte zunächst wissen, dass in dem Moment, in dem ein Kind in diese oder jene Familie geboren wird, es einen Grund dafür gibt*; jetzt, da es geboren ist, ist es zu spät, um urteilen und kritisieren zu wollen. Wenn es so genial ist, warum hat es sich dann in eine geistlose Familie inkarniert? Es ist in diese Familie gekommen, um einen Lehrgang zu absolvieren. Und während dieses Lehrgangs muss es seine Eltern akzeptieren. Danach wird man sehen. Da es in diese Familie gekommen ist, muss es damit beginnen, in Übereinstimmung mit ihr zu leben. Wenn es dann Beweise seiner wirklichen Überlegenheit gebracht hat, kann es tun, was es will, aber nicht vorher.

*Siehe auch Band 227 »Goldene Regeln für den Alltag«, Kapitel 79 »Lasst euch durch Kritik nicht erschüttern« und Band 233 »Eine Zukunft für die Jugend«, Kapitel 10 »Warum wird man in diese oder jene Familie hineingeboren?«.

Jemand kommt zu mir und beklagt sich, er sei von einigen kritisiert worden. Er ist erschüttert über das, was man über ihn erzählt. Ich sage zu ihm: »So ist das, wenn man sich nicht vorbereitet hat. Sie sollten im Voraus wissen, dass es das ganze Leben lang so sein wird. Warum sich einbilden, Sie wären davon ausgenommen und verbrächten Ihr Leben auf Rosen gebettet? Richten Sie sich jetzt also wieder ein wenig auf und sagen Sie sich, dass Sie bestimmt noch nicht zum letzten Mal kritisiert worden sind und dass, wenn Sie nichts tun, um sich für das nächste Mal zu stärken, Sie auf das Neue niedergeschlagen sein werden.* Er ist natürlich erstaunt, denn er hatte damit gerechnet, von mir getröstet zu werden: Das würde nicht wieder geschehen, er würde in Zukunft geschützt sein und verschont bleiben; und nun sage ich ihm, er solle sich auf weitere Prüfungen derselben Art vorbereiten! Ja, ich rate den anderen immer zu Methoden, die ich bei mir selbst anwende: Ich sage mir oft, dass alle möglichen unangenehmen Ereignisse geschehen können, das weiß ich im Voraus. Wenn sie sich nicht ereignen, umso besser; aber wenn sie eintreten, werde ich wenigstens nicht überrascht sein.

* Siehe auch Band 227 »Goldene Regeln für den Alltag«, Kapitel 79 »Lasst euch durch Kritik nicht erschüttern«.

Täler, Quellen, Abgründe, Wasserfälle, Seen, Schnee, all das ist voll symbolischer Bedeutung und entspricht Wirklichkeiten des Innenlebens. Derjenige, der über eine philosophische, mystische Wahrheit meditiert, vollzieht innerlich die Besteigung eines hohen Berges, denn diese Wahrheit verbindet ihn mit dem Himmel, und das Wasser, das in ihm zu strömen beginnt, wäscht und belebt ihn. Sich dem Gipfel zuwenden bedeutet, ein hohes Ideal zu haben, in sich die edelsten Gedanken und Gefühle zu nähren. In die Abgründe zu fallen bedeutet, sich zu den gemeinsten, erbärmlichsten Instinkten gehen zu lassen, von denen man nach und nach verschlungen wird. Aber Gipfel und Abgründe stehen in enger Beziehung: je höher die Gipfel, desto tiefer die Abgründe. Das ist wieder eine Wahrheit zum Meditieren.*

*Siehe auch Band 232 »Feuer und Wasser – Wunderkräfte der Schöpfung«, Kapitel 7 – Das Gebirge, Mutter des Wassers.

Es wird nicht von euch verlangt, so extrem sensibel zu sein wie gewisse Medien, die, wenn sie sich bei einem Kranken befinden, aufschreien, weil sie seine Schmerzen spüren. Nein, aber man sollte lernen, sich in die Situation der anderen hineinzuversetzen. Wenn ihr euch dies zur Gewohnheit macht, werdet ihr in sehr kurzer Zeit wahrhaft scharfsinnig, intuitiv oder sogar hellsichtig. Sicher, die meisten entwickeln ihre Hellsicht lieber mittels Kristallkugeln oder gewisser Drogen. Nun, das ist nicht ratsam... lasst die Kristallkugeln und die Drogen in Ruhe, versetzt euch in die Situation der anderen, und ihr werdet hellsichtig. Glaubt mir, das ist die wahre Hellsichtigkeit, und sie steht viel höher als das, was viele Leute ausüben, die sich als »besonders klarsichtige Seher« ausgeben. Man sollte sich selbst ein wenig vergessen und an die anderen denken; das ist das beste Mittel, um das Wesentliche zu sehen und zu fühlen*.

* Siehe auch Band 28, Kapitel 4 »Lesen und Schreiben« und Band 228 »Einblick in die Unsichtbare Welt«, Kapitel 6 »Liebt und eure Augen werden sich auftun«.

Viele denken, das Wesentliche sei, für das Wohl der Gesellschaft zu arbeiten, und es sei nicht wichtig, an Gott zu glauben. Nun, sie irren sich, weil diese Gesellschaft ohne Gott nach einer gewissen Zeit degenerieren wird. Da sie im Zentrum keinen erhabenen Punkt hat, um den sie kreisen kann, werden die Menschen keine vollkommenen sozialen Wesen mehr sein, und es werden sich Habsucht, Parteinahme und Ungerechtigkeit in sie einschleichen. Alle Gesellschaften, die keinen festen Punkt hatten, an dem sie sich festhalten konnten, um die negativen Kräfte an ihrer Entwicklung zu hindern, sind schließlich zugrunde gegangen.

Wenn eine Gesellschaft in dem Bewusstsein der Existenz einer höheren Welt lebt, dann strömt in ihr eine solche Kraft, dass alle schädlichen Elemente hinweggefegt werden. Es gibt dann viel mehr Möglichkeiten, gerechte Gesetze zu erlassen, die zum Wohlbefinden aller beitragen. Aber wenn die spirituelle Intensität nachzulassen beginnt, erwachen negative Kräfte, die, da sie nichts mehr bedroht, alle Bereiche überwuchern. Wenn es so viele Übel auf der Erde gibt, dann deshalb, weil die Menschen das Bewusstsein des Göttlichen in sich und in der Gesellschaft haben verblassen lassen.*

* Siehe auch Band 12 »Die Gesetze der kosmischen Moral«, z.B. Kapitel 6.

Wenn Jesus sagte: »Bittet, so wird euch gegeben«, so deshalb, weil die Handlung des beharrlichen Wünschens, also des Betens, die Macht hat, wenigstens in unserem Bewusstsein bestimmte Veränderungen zu erzeugen. Wir können die äußeren Bedingungen vielleicht nicht ändern, aber angesichts der Umstände ist es uns möglich, unsere innere Haltung, unsere Sicht und unser Gefühl der Dinge zu verändern, um nicht mehr so sehr betroffen und erdrückt zu werden. Unsere größten Fähigkeiten sind nicht auf der physischen, sondern auf der psychischen Ebene. Wie viele Personen, die echte Gründe hatten, zu leiden und zu verzweifeln, konnten durch das Gebet Frieden, Licht und Freiheit finden! Diejenigen, die ihre Bewusstseinszustände verwandeln wollen, sollten wissen, dass sie dies tun können, und zwar dank der Fähigkeit zu beten, die Gott jedem Geschöpf verliehen hat.*

* Siehe auch Band 227 »Goldene Regeln für den Alltag«, Kapitel 100 »Die sicherste Zuflucht: das Gebet«.

An wen wendet ihr euch im Leben, um eure Angelegenheiten in Ordnung zu bringen? An den Hausmeister, an die Putzfrau, an das Kindermädchen? Nein, sondern an eine hochgestellte Persönlichkeit, die mehr Macht hat als ihr. Nun, ihr solltet wissen, dass, so wie es eine äußere Hierarchie gibt, die ihr respektieren müsst, um das, was ihr braucht, zu bekommen, auch eine innere Hierarchie existiert, an deren Spitze eure Seele und euer Geist regieren. An sie müsst ihr euch wenden, um eure Probleme zu lösen. Solange die Menschen es nicht schaffen, diese innere Hierarchie* zu akzeptieren, solange sie sich weigern, sich dem göttlichen Prinzip unterzuordnen, sind sie zum Scheitern verurteilt. Alle diejenigen, die die Wirklichkeit der höheren und der niederen Welten in der Natur und in sich selbst erforschen konnten, haben festgestellt, dass diese von allen Arten von Wesen bevölkert sind. Die Wesen der höheren Welt äußern sich durch Liebe, Güte, Großzügigkeit, Sanftmut, Geduld, die der niederen Welt hingegen sind grausam und gnadenlos. Warum also immer auf die Einflüsterungen dieser schlechten Wesenheiten hören, anstatt den lichtvollen Geistern Gehör zu schenken?

* Siehe auch Band 31, Kapitel 5 »Die Beschäftigung des Schülers mit seiner niederen Natur« und Band 231 »Saaten des Glücks«, Kapitel 14 »Die Suche nach Glück ist die Suche nach Gott«.

Ihr sollt die Harmonie und den Frieden wünschen, aber gleichzeitig wissen, dass ihr nur voranschreiten könnt, wenn ihr Schwierigkeiten und Widerständen begegnet. Denn man muss Folgendes genau verstehen: Wer Harmonie und Frieden wünscht, ohne zuvor das Überwinden von Hindernissen gelernt zu haben, bereitet sich ein chaotisches, unruhiges Leben vor. Warum? Weil wahre Harmonie, wahrer Friede eine Belohnung sind, die nur diejenigen empfangen, denen es gelungen ist, sie durch das Anwenden guter Eigenschaften wie Selbstlosigkeit, Güte und Geduld zu erobern. Selbst wenn sie Lebensprüfungen durchmachen müssen, sind sie dann nicht verwirrt, sie leiden nicht, und sie verursachen auch anderen kein Leid, denn es ist ihnen gelungen, alles zu verwandeln, zu verbessern und zu benutzen. Dank einer geduldigen, anhaltenden Arbeit* konnten sie Verbindungen mit dem Himmel herstellen und sich mit den lichtvollen Wesenheiten austauschen, die ihn bewohnen. In diesem Fall kann man sagen, dass sie den wahren Frieden, die wahre Harmonie erlangt haben.

* Siehe auch Band 231 »Saaten des Glücks«, Kapitel 4 »Die Philosophie der Anstrengung«.

Diejenigen, die sich dem Himmel weihen, sollten sich nicht einbilden, sie würden ein ruhiges, reibungsloses Leben ohne Prüfungen führen. Nein, der Himmel, der sich um sie kümmert, überlässt sie keinem leichten, ruhigen, bedeutungslosen Leben. Wer sich ihm geweiht hat, muss wissen, dass er geprüft wird. Diese Prüfungen sind keine Strafen, sondern sollen ihn zu höheren Bewusstseinsgraden führen, sodass er sich entwickelt, sich entfaltet und innere Möglichkeiten erweckt, die niemals erweckt worden wären, wenn er in Sicherheit und Wohlbefinden verblieben wäre. Wenn der Mensch für den Ruhm Gottes arbeitet, sind die Prüfungen nur dazu da, um ihn zu drängen, sich endgültig zu verwandeln, um eine Gottheit zu werden. Wenn er hingegen außerhalb des Lichts arbeitet, sind alle durchzumachenden Prüfungen Korrekturen und Strafen. Natürlich sollen auch sie ihm helfen, denn sie hindern ihn daran, noch weiter abzusteigen, aber es sind Bestrafungen. In diesen beiden Fällen haben die Prüfungen also nicht die gleiche Bedeutung.*

* Siehe auch Band 210 »Die Antwort auf das Böse«, Kapitel 10 »Sich spirituell stärken, um die Prüfungen zu überwinden«.

Für die meisten Menschen bedeutet Glück, geliebt zu werden. Sicher, sie sind immerhin einverstanden damit, auch selbst ein wenig zu lieben, aber sie glauben, das Wichtigste sei, geliebt zu werden. Der Beweis: Warum leiden sie so sehr, wenn sie entdecken, dass der- oder diejenige, die sie lieben, diese Liebe nicht erwidert oder sie nicht in dem Maße erwidert, wie sie es sich wünschen würden? Um glücklich zu sein, erwarten sie, dass die Liebe von außen auf sie zukommt. Wenn sie nicht kommt, oder wenn sie ihnen entzogen wird, fühlen sie sich beraubt; sie glauben nicht an ihre eigene Macht, an ihre eigene Kraft, zu lieben, für sie muss die Liebe von außen, von jemand anderem kommen. In Wirklichkeit müssen sie begreifen, dass sie, um Frieden und Freude zu finden, nicht mehr erwarten dürfen, dass die Liebe von anderen zu ihnen kommt, sondern dass sie sich entschließen müssen, nur noch auf ihre eigene Liebe zu zählen.*

* Siehe auch Band 231 »Saaten des Glücks«, Kapitel 17 »Liebt, ohne Gegenliebe zu verlangen«.

Wie viele Leute haben für die Spiritualisten nur mitleidige Blicke! Sie sagen: »Mein Gott, welch ein Leben! Beten, meditieren, spirituelle Übungen machen, sogar fasten, anstatt wie alle anderen die Vergnügungen zu genießen, ach, diese Armen, das ist schrecklich!« Sie wissen nicht, dass die Leute, die sie so bedauern, in einer nahen oder fernen Vergangenheit dieses ihnen so wünschenswert erscheinende Leben bereits gelebt haben und dass sie es deswegen aufgegeben haben, weil sie die Existenz anderer Bereiche entdeckt und andere Bewusstseinszustände kennengelernt haben, die ihnen andere Formen des Glücks, viel weitere, beständigere, sicherere Empfindungen der Fülle ermöglichten, welche die Materialisten nicht einmal erahnen. Und da dies spirituelle Freuden sind, die sie noch nicht erfahren haben, haben sie nicht das Recht, darüber zu urteilen. Die Spiritualisten haben den Vergleich anstellen können, die Materialisten hingegen nicht; sie kosten nur eine einzige Kategorie von Vergnügen* und können sich daher nicht mit Sachkenntnis darüber äußern; sie sind zu schnell dabei, diejenigen zu bedauern, die den Weg der Spiritualität gewählt haben.

* Siehe auch Band 231 »Saaten des Glücks«, Kapitel 2 »Vergnügen ist noch kein Glück«.

Eine einzige Sache ist wahrhaft wichtig für den Menschen, und zwar die Fähigkeit, sich auf göttliche Dinge zu konzentrieren*. Diese Fähigkeit wird es ihm erlauben, unbesorgt seinem Weg durch die Ewigkeit zu folgen. Nehmt einmal an, dass, wenn ihr diese Welt verlasst, ihr von einer schwarzen, dunklen Atmosphäre umgeben seid, durch die ihr weder eure Freunde noch die Engel sehen könnt... Ihr seid allein, und wer wird euch retten? Eure Fähigkeit, euch auf göttliche Dinge zu konzentrieren. Denn diese Fähigkeit bleibt auch nach eurem Tode bestehen, da sie nicht vom Gehirn abhängt, sie spiegelt sich nur in ihm, ist aber dem Geist zu eigen. Wenn man den physischen Körper verlässt, bleibt diese Fähigkeit im Geist bestehen. Es ist der Geist, der denkt, fühlt und handelt; er tut es durch die Materie des physischen Körpers hindurch. Aber wenn er sich von diesem befreit, glaubt nicht, dass der Mensch dann nicht mehr denken, fühlen oder handeln kann. Im Gegenteil, gerade in dem Moment wird sein Denken wahrhaft mächtig, und wenn er sich auf der Erde daran gewöhnt hat, sich auf lichtvolle Dinge zu konzentrieren, braucht er nur an den Herrn oder an das Licht zu denken, um die Verwirrung und die Dunkelheit aufzulösen.

* Siehe auch Band 18, Kapitel 6 »Konzentration – Meditation, Kontemplation – Identifikation«.

Wie viele Männer und Frauen haben Selbstmord begangen, obwohl sie, wie man so sagt, alles hatten, um glücklich zu sein: Jugend, Schönheit, Intelligenz, Reichtum, eine Familie und Freunde, die sie liebten... Sie hatten alles, außer dem Wesentlichen: den Geschmack am Leben. Und den konnte ihnen keiner der Vorteile, die sie besaßen, vermitteln*.

Man muss also zunächst im Kopf etwas ändern und danach trachten, innerlich glücklich zu sein. Denn sobald man gelernt hat, innerlich glücklich zu sein, wird man unter jeder beliebigen Bedingung glücklich sein. Ja, unter schlimmsten Bedingungen wird man sich mit den himmlischen Wesenheiten verbinden können und sich überglücklich und vom Licht erfüllt fühlen. Wenn der Grund eures Glücks in eurem Innern liegt, wird nichts und niemand euch dessen berauben können. Der Tag, an dem ihr die Dinge auf diese Art betrachten könnt, wird der Beginn eurer Befreiung, eurer Unsterblichkeit, eurer Ewigkeit sein.

* Siehe auch Band 231 »Saaten des Glücks«, Kapitel 9 »Erhebt euch über die Lebensbedingungen«.

Die Menschen sollten sich sehr früh, wenn sie noch jung sind, gute Bedingungen für später schaffen, indem sie ihre Energien in den Dienst des Himmels stellen. Denn diese Energien, einmal dem Himmel geweiht, ziehen andere, ihnen entsprechende Teilchen einer feinstofflichen Materie an, und sie können sich auf diese Weise einen physischen und psychischen Körper von besserer Qualität schaffen. Die Materie existiert nicht ohne die Energie, und die Energie existiert nicht ohne einen materiellen Halt. Wenn der Mensch daher seine Energien auf die himmlischen Bereiche ausrichtet, ziehen sie natürlich viel leichtere und feinstofflichere Elemente an, die einzigen, die auf die Gipfel mitgenommen werden können. Auf diese Weise sammeln sie sich an und bereiten ihm für später neue Bedingungen. Sonst geschieht offensichtlich das Gegenteil: Die Energien, welche groben und chaotischen Aktivitäten gewidmet sind, reißen Teilchen einer dunklen, unreinen Materie an sich. Und einige Jahre später geht derjenige, der in sich Teilchen von schlechter Qualität angesammelt hat, rasch dem völligen Verfall entgegen*.

* Siehe auch Band 28, Kapitel 2 »Der Sinn des Lebens, die Entwicklung«.

Die niedere Natur in uns ist darum so egoistisch, boshaft und grausam, weil sie in sehr schwierigen Umständen gelebt hat. Seht einmal, welche Schwierigkeiten die Tiere überwinden müssen, um ihre Nahrung zu finden oder einen Unterschlupf und um ihn zu bewahren oder um sich vor anderen Tieren zu schützen...! Wie soll diese primitive Natur, die unter den gleichen Bedingungen gelebt hat, jetzt plötzlich großzügig und selbstlos sein? Nein, sie musste sich ja gerade, um zu überleben, egoistisch und rachsüchtig zeigen und beherrscht dies jetzt vollkommen. Die niedere Natur hat also Anspruch auf einen Platz an der Sonne gehabt, und sie hat ihre Aufgabe vollkommen erfüllt, stellt aber nicht die letzte Etappe der menschlichen Entwicklung dar. Jetzt muss die Intelligenz ihre guten Eigenschaften offenbaren. Dank ihr wird sich ein Gleichgewicht zwischen den instinktiven und den vernunftbegabten Kräften einstellen. Die niedere Natur wird sozusagen die Nahrung für die höhere Natur bilden, welche von all diesen Reichtümern profitieren wird. Und das ist dann die Fülle*.

* Siehe auch Band 213 »Die menschliche und göttliche Natur in uns«, Kapitel 10 »Die höhere Natur in sich selbst und anderen fördern«.

Oft verweilen wir einige Minuten in der Stille. Diese Stille ist kein Ziel an sich, sie schafft nur die Bedingungen für eine innere Arbeit. Die Stille, für sich selbst genommen, bringt nicht sehr viel; sicher, sie beruhigt, bringt Erholung, aber das ist alles. Die wahre Rolle der Stille liegt darin, ein Aufblühen der Gedanken und der Vorstellungskraft zu ermöglichen. Wenn wir uns daher hier alle zusammen in der Stille befinden, so versucht etwas Reines, Wärmendes, Lichtvolles zu erschaffen, damit die Atmosphäre um uns herum vibriert und alle diejenigen, die hinzukommen, in sich einen Impuls zum Guten spüren. Warum sich sonst versammeln? Warum zusammen sein? Man darf nicht wie ein Stein bleiben! Selbst in der Bewegungslosigkeit und Stille muss man lebendig und schöpferisch sein können*.

* Siehe auch Band 229 »Der Weg der Stille«, Kapitel 5 »Die Stille, ein Energiespeicher«.

Die Liebe ist ein großartiger Antrieb, aber es mischen sich meistens zu viele leidenschaftliche Elemente darunter, die ihre wahre Natur daran hindern, in Erscheinung zu treten... Betrachtet die Tiere bei ihrer Geburt: Ein kleiner Hund, ein kleines Kalb, eine kleine Ziege... sie sind nicht sehr sauber, und ihre Mutter putzt sie. Und man badet auch das Kind, nachdem es geboren wurde. Nun, bei der Liebe muss es genauso sein. Die Liebe ist ein göttliches Kind, denn in jeder beliebigen Form der Liebe ist Gott; nur muss man sie reinigen, erziehen, stärken, befreien, um die Gottheit zu entdecken*. Selbst die egoistischste, niedrigste, sinnlichste Liebe enthält eine göttliche Quintessenz, die aber von zu vielen andersartigen Elementen bedeckt ist, weil sie bestimmte Gegenden durchqueren musste, die nicht sehr sauber waren, wie Schornsteine, verschmutzte Wasserläufe usw. Sie ist einem Edelstein vergleichbar, den man säubern muss.

* Siehe auch Band 214 »Liebe, Zeugung, Schwangerschaft, Kapitel 5 »Wie man der Liebe eine edlere Ausdrucksform gibt«.

Die Sexualität ist eine rein egozentrische Neigung, die den Menschen drängt, nur sein Vergnügen zu suchen, selbst wenn er es zum Schaden seines Partners tun muss. Die Liebe dagegen denkt zuallererst an das Glück des anderen und beruht auf dem Opfer: einem Opfer an Zeit, an Kräften, an Geld, um dem anderen zu helfen, um seine Entfaltung und die Entwicklung all seiner Fähigkeiten zu ermöglichen. Nichts ist schöner als die Liebe, wenn der Mensch bereit ist, Entbehrungen in Kauf zu nehmen, etwas von sich selbst wegzunehmen, um es zu geben. Und die Spiritualität beginnt genau da, wo die Liebe die Sexualität beherrscht*: wenn ihr fähig seid, euch zum Wohle des anderen zu opfern. Solange ihr nicht zum Opfer fähig seid, seid ihr nicht fähig zur Liebe.

* Siehe auch Band 205 »Die Sexualkraft und der geflügelte Drache«, Kapitel 2 »Liebe und Sexualität«.

Man kann in der Ehe glücklich sein,* das ist möglich, aber unter der Bedingung, dass Mann und Frau wissen, wie sie sich gegenseitig zu betrachten haben und dass sie lernen, beim anderen die göttliche Seite zu suchen. Wenn sie bei ihrem Partner nicht die Seele und den Geist suchen, für die sie Opfer, alle Opfer, bringen müssen, sollten sie lieber nicht auf den physischen Körper zählen, damit er sie zufriedenstelle.

Schaut, sobald ein Mann sein Leben verloren, seine Seele zurückgegeben hat, ist er nur mehr ein Kadaver, und seine Frau sagt sofort: »Man muss ihn begraben.« Obgleich sie ihn liebte und immer noch liebt. Ja, aber es ist die feinstoffliche Seite, die man liebt, nicht die Materie. Nun, das Lebendige ist der göttliche Teil, der spirituelle Teil des Menschen. Der physische Körper ist immer gleich, er altert sogar, und nach einiger Zeit hat man genug davon... Das Innenleben dagegen ist immer verschieden, immer neu, wie fließendes Wasser, und gerade dieses Wasser liebt man.

* Siehe auch Band 15, Kapitel 21 »Eine erweiterte Vorstellung der Ehe«.

Als Christus auf die Erde herabgestiegen ist, war sein Geist groß, erhaben, aber sein »Körper« war klein, das heißt, dass seine Anhänger und diejenigen, die um ihn waren, sich nicht genügend tief von ihm durchdringen zu lassen wussten. Nur aufgrund der Schwäche seiner Anhänger, die unfähig waren, seine Größe, seine Macht, seine Unermesslichkeit zu realisieren, konnte Jesus gekreuzigt werden. Sicher, als er in Jerusalem einzog, schrie die Menge »Hosianna!«, aber als man ihn im Garten von Gethsemane gefangen nahm, haben ihn selbst seine Jünger verlassen. Gerade in seinen Jüngern war Jesus klein und schwach und konnte den viel Zahlreicheren nicht entgegentreten, die entschlossen waren, ihn zu vernichten. Durch die Jahrhunderte hat sich der Geist Christi jetzt jedoch nach und nach in der ganzen Welt ausgebreitet. Man kann ihn heute nicht mehr kreuzigen, weil er in einem riesigen Körper inkarniert ist, beherbergt in den Herzen und im Denken von Millionen Menschen.*

* Siehe auch Band 18, Kapitel 6 »Das Kreuz«.

Weil das Wasser unter den vier Elementen dasjenige ist, das sich am innigsten mit unserem Organismus vermischt, können wir, indem wir es trinken, Verbindungen zu den reinen Kräften des Universums herstellen und die Elemente, die es enthält, aufnehmen. Aber dazu müssen wir es langsam trinken, in kleinen Schlucken, in dem Bewusstsein, dass wir das Blut der Natur aufnehmen, das alle Geschöpfe tränkt und nährt. Das Wasser ist die Mutter des Lebens und verdient unsere Achtung, unsere Dankbarkeit und unsere Liebe. Auf dem Hochzeitsfest in Kanaan hat Jesus Wasser in Wein verwandelt, das heißt in Blut, in Leben. Trinkt Wasser und denkt dabei, dass es sich auch in eurem Körper in den Lebensträger Blut verwandelt. Meditiert lange über diesen Gedanken und sagt zum Wasser: »Du, das du alle Geschöpfe nährst, offenbare mir die Geheimnisse des ewigen Lebens.«

* Siehe auch Band 232 »Feuer und Wasser – Wunderkräfte der Schöpfung«, Kapitel 3 »Die Entdeckung des Wassers«.

Wie oft hört man sagen: »Man hat mich in die Welt gesetzt, ohne mich nach meiner Meinung zu fragen, mein Vater war ein Säufer, meine Mutter eine schlechte Frau, sie zankten und schlugen sich und schlugen auch mich, ließen mich ohne Essen, ohne Kleidung, und ich hatte keine Bücher für die Schule... Nun, darum bin ich jetzt ein nichtsnutzer Kerl, nur wegen meiner Eltern.« Und alle werden dem zustimmen: »Aber ja, der Arme, er ist unschuldig, wenn er in seiner Jugend bessere Bedingungen gehabt hätte und so weiter...« Aber warum hat er sich dann in einer solchen Familie inkarniert? Aus Zufall? Nein, die Einweihungswissenschaft erklärt, dass es eine Gerechtigkeit gibt, eine absolute Intelligenz, die genau nach euren Werken, euren Verdiensten bestimmt, unter welchen Bedingungen ihr euch reinkarnieren müsst,* in welcher Epoche, in welcher Familie, in welchem Land...

Dem Anschein nach sind also eure Eltern verantwortlich, weil man auf der physischen Ebene immer einen Verantwortlichen braucht, aber in Wirklichkeit seid ihr selbst der wahre Schuldige, der sich solche Bedingungen geschaffen hat.

* Siehe auch Band 28, Kapitel 3 »Die gestaltende Vorstellungskraft«.

Die spirituelle Ebene ist so beschaffen und organisiert, dass schon der Gedanke an ein bestimmtes Wesen oder Element es ermöglicht, dieses unmittelbar zu berühren, an welchem Ort es sich auch befindet. Es ist also nicht notwendig, seine genaue Lage zu kennen, wie auf der physischen Ebene, wo man genaue Karten oder Adressen braucht. Auf der spirituellen und auf der göttlichen Ebene genügt es, eure Gedanken stark zu konzentrieren, damit sie euch genau dorthin führen, wohin ihr wollt. Ihr denkt an die Gesundheit, schon seid ihr in der Region der Gesundheit... Ihr denkt an die Liebe und ihr seid in der Region der Liebe... Ihr denkt an die Musik und ihr seid in der Region der Musik... Aus diesem Grund widmet der Schüler einer Einweihungsschule jeden Tag eine gewisse Zeit der Meditation, um die Regionen der unsichtbaren Welt zu besuchen; er weiß, dass er dort alles finden wird, was er braucht.*

* Siehe auch Band 29, Kapitel 6 »Die Wirklichkeit der unsichtbaren Welt«.

Auf allen Gebieten ist eine Evolution notwendig, sogar in der Religion. Doch da, mehr als irgendwo anders, haben die Menschen die Neigung, sich einzubilden, dass die Regeln und Riten, die ihnen vor Jahrhunderten gegeben wurden, von ewigem Wert seien. Nein, es ist ein Irrtum, so zu denken. Alles entwickelt sich und macht Fortschritte. Seht einmal, wie schnell sich die aktuelle Wissenschaft entwickelt! Ja, die Wissenschaft entwickelt sich, aber die Religion entwickelt sich nicht. Warum machen die Wissenschaftler so viele Entdeckungen? Weil sie nicht glauben, sie zweifeln, und man könnte sogar meinen, dass gerade die Zweifel sie voranbringen. Die religiösen Menschen dagegen glauben. Aber der Glaube, ein Glaube, der nicht lebendig ist, lässt die Menschen stagnieren. Übrigens kann man es in dem Moment nicht einmal mehr als Glauben bezeichnen, sondern es ist Aberglaube oder Fanatismus.

* Siehe auch Band 24, Kapitel 16 Die wahren Grundlagen der Religion.

Ihr folgt der Lehre der Universellen Weißen Bruderschaft nicht nur, um Vorträge zu hören oder Bücher zu lesen, die euren Intellekt nähren; ihr folgt dieser Lehre, um euch mit dem Himmel zu verbinden, um spirituelle Empfindungen* zu erleben, die euch erlauben, andere Regionen in euch zu entdecken. Deshalb müsst ihr eine Arbeit an euch selbst ausführen, in der das Herz und die Seele den größten Teil ausmachen. Der Intellekt darf nur dazu dienen, euch den besten Weg zu zeigen und zu verstehen, warum ihr diesen einschlagen sollt, nicht mehr; die restliche Arbeit muss von Herz, Seele und Geist ausgeführt werden. Der Intellekt berührt nur die Oberfläche und nicht das Wesentliche.

* Siehe auch Band 31, Kapitel 9 »Hierarchie und Freiheit«.

Viele Leute behaupten, für die Zukunft zu arbeiten, für ihre Zukunft und die ihrer Kinder: Sie legen Geld auf die Bank, kaufen Aktien, schließen eine Lebensversicherung ab, und meinen, auf diese Weise für die Zukunft zu arbeiten! Mein Gott, aber was nennen sie Zukunft? Die Zukunft ist etwas anderes als die dreißig, vierzig oder fünfzig Jahre, die sie noch auf der Erde zu verbringen haben oder als die Lebensdauer ihrer Kinder und Enkelkinder! Diese Zukunft, für die die Menschen zu arbeiten glauben, ist so nahe, dass sie sehr schnell Gegenwart sein wird, und zwar eine Gegenwart, die auch bald verschwinden wird. Sie arbeiten also vergeblich, für nichts. Ja, alle Ereignisse, die sich in dieser Existenz abspielen werden, gehören in Wirklichkeit der Gegenwart an. Die Zukunft, das ist etwas anderes, und ihr wisst noch nicht, was sie wirklich ist. Diese Zukunft, von der ich mit euch spreche, ist jenseits von Vergangenheit und Gegenwart, es ist die Ewigkeit, die Unendlichkeit, und wir haben die Macht, sie zu erschaffen.*

* Siehe auch Band 231 »Saaten des Glücks« Kapitel 21»Wir sind die Schöpfer unserer Zukunft«.

Bei den meisten Menschen äußert sich das Bewusstsein eher als Unterbewusstsein; das heißt, dass alle Einprägungen der Vergangenheit, alle erblichen Instinkte, alle tierischen Tendenzen ständig aufsteigen und auf diesen Bildschirm des »Bewusstseins« projiziert werden. Wenn der Schüler nun beginnt, sich auf den Weg der Einweihung einzulassen, muss er daher mit Überraschungen rechnen. Er will beten, gut und rein sein, aber da ist plötzlich ein anderer Wunsch, der in ihm zu rufen beginnt: »Ah, nein, nicht das, ich will... « Und dann kapituliert der Arme oft. Wenn er aber trotz allem weiter gegen seine niederen Wünsche angeht, wird es ihm nach und nach gelingen, sich zu befreien, und er beginnt, im Überbewusstsein zu leben. Die himmlischen Geschöpfe, die seine Anstrengungen sehen, bringen ihm ihre Hilfe, und er fühlt sich unterstützt, erleuchtet, sein Bewusstsein beginnt sich zu erweitern, zu erhellen. Das will nicht heißen, dass er endgültig vor den Kräften des Unterbewusstseins in Sicherheit ist, nein, denn sie werden weiterhin versuchen, ihn zum gleichen tierischen Leben zurückzubringen. Aber wenn er seine Anstrengungen fortsetzt, wird sich nach einiger Zeit so etwas wie eine Barriere zwischen ihm und der unterirdischen Welt aufbauen, und dann wird er wirklich außer Reichweite sein.*

* Siehe auch Band 222 »Die Psyche des Menschen«, Kapitel 11 »Das Bewusstsein«.

Was man euch auch erzählt und egal, welche Philosophien auch zur Zeit in der Welt kreisen, durchtrennt niemals die Verbindung zu Gott. Im Gegenteil, sucht Ihn, denkt an Ihn, liebt Ihn, ruft Ihn an; ihr empfangt auf diese Weise unsichtbare, aber außergewöhnlich mächtige Energien, die die Kräfte der Finsternis daran hindern werden, euch zu beunruhigen und euch zu schaden. Vielleicht fühlt ihr euch von Zeit zu Zeit noch ein wenig bedrängt, weil es euch noch nicht gelungen ist, diese machtvolle Verbindung mit dem Herrn zu schaffen, aber an dem Tag, an dem euch dies gelungen sein wird, kann euch das Böse nicht mehr erreichen. Die Christen rezitieren oder singen: »Der Herr ist mein Hirte«, aber das sind nur Worte für sie, weil sie die ganze außergewöhnliche Wissenschaft, die dahinter verborgen ist, nicht kennen. Nichts ist wichtiger, wesentlicher, als diese Liebe zum Schöpfer, denn dank ihr ordnet, regelt und harmonisiert sich alles.*

* Siehe auch Band 238 »Der Glaube versetzt Berge«, Kapitel 9 »Der Beweis für die Existenz Gottes ist in uns«.

Die Erde ist ein Schulungszentrum, in das wir aus mehreren Gründen hinabgestiegen sind und in erster Linie, um Schulden zu begleichen, die wir in unseren vorangegangenen Inkarnationen gemacht haben. Außerdem müssen wir die Lage, in der wir uns im Augenblick befinden, verstehen und schließlich daran arbeiten, uns auf allen Gebieten zu vervollkommnen. Die meisten Menschen, die nicht wissen, warum sie auf der Erde sind, geben sich damit zufrieden, zu essen, zu trinken, zu schlafen, sich zu amüsieren, sich zu streiten... Derjenige hingegen, der aufgeklärt ist, weiß, dass er die in vergangenen Leben begangenen Irrtümer wieder gutmachen muss. Dann versucht er zu begreifen, warum er in einem bestimmten Land und in einer bestimmten Familie ist, und was man von ihm verlangt. Schließlich bemüht er sich, all die Keime der Qualitäten und Tugenden zu entwickeln, die der Schöpfer vom Anbeginn der Zeit in ihn gelegt hat. Genau darum ist eine Einweihungsschule so unentbehrlich, denn nichts ist wertvoller als das Licht, das sie dem Schüler über den Sinn seines irdischen Lebens bringt.

* Siehe auch Band 231 »Saaten des Glücks«, Kapitel 6 »Der Sinn des Lebens«.

Die Liebe ist eine Qualität des göttlichen Lebens.* Deshalb findet ihr die Liebe nur, wenn ihr dieses Leben in euch fließen lassen könnt, ein gereinigtes Leben erleuchtet durch das Ausüben der Tugenden.

Ihr seid auf der Suche nach Liebe und glaubt, dass sie von außen an euch herantreten wird in Form eines Menschen, der genauso ist, wie ihr es erwartet: angenehm, schön, großzügig, geduldig... Ihr selbst seid nörglerisch, egoistisch, jähzornig, aber die Liebe muss sich in Gestalt eines Engels zu euch begeben! Nun, ihr müsst wissen, dass eure Liebe nur euer eigenes Spiegelbild sein wird. Selbst wenn ihr einen Engel oder Erzengel in euren Armen haltet, werdet ihr nichts von seiner Herrlichkeit spüren, solange ihr euch der göttlichen Welt nicht geöffnet habt.

* Siehe auch Band 240 »Söhne und Töchter Gottes«, Kapitel 4.

Kümmert euch nicht so sehr um das, was von außen auf euch zukommen kann: Schwierigkeiten oder Mühelosigkeit, Verlust oder Gewinn. Arbeitet einfach in dem Bewusstsein, dass alle Möglichkeiten in euch selbst liegen. Auf diese Weise kräftigt ihr euch und werdet immer fähiger, den verschiedensten Situationen zu begegnen.

In welchem Bereich es auch sei, ihr dürft auf keine äußere Errungenschaft, auf keinen äußeren Erfolg zählen, denn nichts von dem, was außerhalb ist, ist endgültig und kann euch wirklich gehören; es wird euch immer eines Tages entgleiten. Arbeitet nur daran, innerlich stark und reich zu werden,* in eurem Herzen und eurem Intellekt, in eurer Seele und eurem Geist, damit euch alles Errungene auf ewig gehört. Das ist die wahre Freiheit, die wahre Unabhängigkeit.

* Siehe auch Band 29, Kapitel 1 »Die Gesetze der spirituellen Arbeit«.

Arbeitet an euch selbst*, um die psychischen und moralischen Qualitäten zu entwickeln, die es euch ermöglichen, die anderen besser zu verstehen und zu akzeptieren. Denn das Wesentliche ist, mit den anderen leben zu lernen. Und das nicht nur mit eurer Familie, euren Freunden und Nachbarn. Ihr müsst auch mit den verschiedenartigsten Menschen in Verbindung treten können, die sich von euch durch ihr Alter, ihre Erziehung, ihre soziale Stellung, ihre Staatsangehörigkeit und ihr Aussehen unterscheiden, um euch schon sehr früh an alle menschlichen Situationen zu gewöhnen. Denn wenn ihr eines Tages diesen Situationen gegenübersteht und nicht darauf vorbereitet seid, werdet ihr euch verschlossen und verständnislos zeigen und manchmal sogar bösartig, auch ohne es zu wollen.

* Siehe auch Band 201, Kapitel 4 und 6.

Jesus sagte: »Ihr seid Tempel des lebendigen Gottes.«* Ja, ein menschliches Wesen, das es verstanden hat, seine Willenskraft zu stärken, sein Herz zu reinigen, seinen Intellekt zu erhellen, seine Seele zu weiten und seinen Geist zu heiligen, ein solches Wesen ist zu einem wahren Tempel geworden, selbst sein physischer Körper ist ein Tempel, und er kann den Herrn einladen, in ihm zu wohnen.

Leider kümmert sich die Mehrheit der Menschen überhaupt nicht um ihren Tempel. Sie hören nicht auf, ihn zu zerstören, indem sie sich seiner bedienen, um ihre niederen Instinkte zu befriedigen und sämtlichen Vergnügungen nachzugehen. Der Körper ist dann kein Tempel mehr, sondern ein Stall, ein Schweinestall. So wie der Tempel von Jerusalem, in den die Händler alle möglichen Tiere und Vögel brachten, um sie dort zu verkaufen. Niemand war empört, alle fanden es ganz normal. Aber Jesus machte aus Schnüren eine Peitsche und verjagte sie, indem er sagte: »Tragt das weg und macht meines Vaters Haus nicht zum Kaufhaus!« (Jh 2,16).

Ahmt also nicht die Händler im Tempel nach, macht aus eurem Körper keinen Schlupfwinkel für Tiere; sonst wird nicht der Herr in ihm wohnen, sondern niedere Wesenheiten, Unerwünschte, die den Schmutz lieben und sich von unreiner Materie ernähren.

* Siehe auch Band 223, Kapitel 12.

Gebt eurer niederen Natur niemals Recht. Wenn ihr wollt, gesteht ihr zu, »unvernünftige Vernunft« zu sein, indem ihr sagt: »Gut, sie ist, was sie ist, aus Gründen, die in der Vergangenheit sicher berechtigt waren, als der Mensch in einem gewissen Stadium der Entwicklung, wie das Tier, noch seinen niederen Instinkten gehorchen musste. Aber jetzt, in einem fortgeschritteneren Stadium der Evolution, hat die kosmische Intelligenz andere Pläne für mich.«

Folgt also niemals der niederen Natur, noch denjenigen, die sich ihr unterordnen. Sicher, ihr könnt die anderen entschuldigen, indem ihr den Ursprung ihrer Haltung und ihres Betragens versteht, aber lasst es niemals zu, so wie sie zu handeln, denn in dem Augenblick unterschreibt ihr euer eigenes Todesurteil. Sie zu verstehen, sie zu entschuldigen und ihnen zu verzeihen, das ist etwas anderes; das ist erlaubt und sogar wünschenswert. Ihr jedoch, folgt eurer höheren Natur*, damit werdet ihr immer auf dem rechten Weg sein und könnt auch andere dorthin mitnehmen.

* Siehe auch Band 213 »Die menschliche und göttliche Natur in uns«.

Man hat immer Angst vor dem, was man nicht kennt und nicht zu benutzen weiß: wie die Tiere, die vor dem Feuer Angst haben, oder die primitiven Völker, die nicht wussten, was Naturgewalten sind und sich vor ihnen fürchteten. Nachdem es den Menschen jetzt gelingt, diese Kräfte zu zähmen, arbeiten sie mit ihnen in Elektrizitätswerken oder Atomkraftwerken. Sie drücken in aller Ruhe auf einen Knopf, sie öffnen einen Hahn, ohne dabei Angst zu haben, weil sie wissen, wie man damit umgehen muss. Aber jemand, der das nicht weiß, hat natürlich Angst.

Der zivilisierte Mensch hat also vor den Elementen und Naturgewalten keine Angst mehr, doch glaubt ihr, er sei damit von der Angst befreit? Nein, er hat Angst vor seiner Frau, vor seinem Chef, vor Krankheit, vor Geldmangel und vor allem vor der öffentlichen Meinung. Vielleicht fürchtet er sich weder vor Gott noch vor dem Teufel, aber die öffentliche Meinung lässt ihn zittern, und er ist bereit, alles für sie zu opfern. Ja, es gibt viele Ängste, die der zivilisierte Mensch nicht überwunden hat, und solange es ihm nicht gelingt, sie zu überwinden, besitzt er keine wahre Erkenntnis. Allein die wahre Erkenntnis ermöglicht es, den Sieg über die Angst davonzutragen.*

* Siehe auch Band 221 »Alchimistische Arbeit und Vollkommenheit«, Kapitel 5 »Die Angst«.

Nur durch euer Vorbild* könnt ihr eure Umgebung vom Wert der Lehre überzeugen, der ihr folgt. Das muss euch klar sein. Ihr seid nicht in der Universellen Weißen Bruderschaft, um zu lernen, wie man den anderen gute Ratschläge erteilt, sondern um selber für alle ein lebendiges, Segen spendendes Beispiel zu werden. Der Auftrag unserer Bruderschaft ist, Frieden und Licht in die Welt zu tragen, und wenn ihr dieser Lehre wirklich würdig sein wollt, müsst ihr fähig sein, eure persönlichen Interessen zu überwinden, um ausschließlich an die Interessen der Gemeinschaft zu denken. Wenn ihr fähig seid, in diesem Geist zu leben, werden wir solch eine Kraft entfalten, dass wir, sogar ohne zu sprechen, den größten Segen um uns verbreiten. Vergesst also eure kleinen Belange, beschäftigt euch nicht mit den Schwächen der anderen, erteilt ihnen keine Belehrungen, sondern versucht, gemeinschaftlich zu leben, indem ihr ein Beispiel der Selbstlosigkeit, Geduld und Liebe gebt.

* Siehe auch Band 31 der Reihe Gesamtwerke »Leben und Arbeit in einer Einweihungsschule«, Kapitel 5.

Wenn ich jemanden sehe, der sich brüstet, er könne allen Versuchungen widerstehen, ohne Liebe für die Welt des Lichtes und der Reinheit zu besitzen, dann kann ich ihm sagen: »Du hast keine Verbündeten, keine Freunde, du wirst unterliegen. Wenn du siegen willst, musst du in deinen Kopf, dein Herz und deine Seele das Edelste und Größte hineinstellen, dann sind die dunklen Kräfte* gezwungen, sich unterzuordnen und dir zu gehorchen, weil in deinem Inneren die Bewohner der göttlichen Welt anwesend sind.« Das gilt es zu begreifen, wie will man sonst den jahrtausendealten Kräften des Instinktes entgegentreten? Niemand kann ihnen widerstehen. Dazu braucht man Hilfe.

* Siehe auch Band 233 »Eine Zukunft für die Jugend«, Kapitel 14.

Nicht so sehr auf der physischen Ebene muss man die Dinge in Ordnung bringen*, denn die physische Ebene ist die Welt der Konsequenzen, auf die Konsequenzen haben wir nur sehr wenig Einfluss. Um dauerhafte Veränderungen herbeizuführen, muss man sich bis zur Welt der Ursachen erheben. Der Mensch, dessen Gedanken bis dorthin gelangen können, hat alle Möglichkeiten, reine Kräfte zu berühren und in Bewegung zu setzen, die dann früher oder später positive Ergebnisse hervorbringen werden. Solange ihr euch damit begnügt, nur auf der physischen Ebene einzugreifen, um den Stand der Dinge zu verändern, könnt ihr in Wirklichkeit nichts in Ordnung bringen, denn es werden immer wieder von neuem Ereignisse oder Personen auftauchen, die euch nicht nach eurer Meinung fragen und die Dinge in einer Weise handhaben, die euch nicht passt, und ihr werdet nie Herr der Situation sein. An der Veränderung der Konsequenzen zu arbeiten ist so, als würde man auf Meeressand ein Wort schreiben – die Wellen kommen und spülen es fort. Man muss an den Ursachen arbeiten.

* Siehe auch Band 6 der Reihe Gesamtwerke »Die Harmonie«, Kapitel »Was uns das Haus lehrt«.

Wer glaubt, im Vergnügen sein Glück finden zu können, ist einem Trinker vergleichbar: Er schenkt sich Wein oder anderen Alkohol ein und trinkt. Ah, er fühlt sich gut. Er vergisst alle seine Probleme und zieht daraus die Schlussfolgerung, dass das Trinken großartig ist. Ja, wenn man nur an einige Minuten, an einige Stunden denkt, kann einem das herrlich erscheinen. Aber was wird nach einigen Jahren geschehen? Man verliert seine Fähigkeiten, man ist nicht mehr in der Lage, ein ausgewogenes familiäres und soziales Leben zu führen, es kommt zum Verfall und vielleicht sogar zur Kriminalität. Nun, die Leute verhalten sich in vielen Fällen wie der Trinker: Da ihnen die Dinge für den Augenblick angenehm erscheinen, schließen sie daraus, dass das ewig so bleiben wird. Nein. Also, Vorsicht, für einige angenehme Minuten hier und da muss man jahrelang leiden. Daher muss man wachsam sein und sich immer ein wenig in Acht nehmen vor den angenehmen Dingen.

* Siehe auch Band 231 »Saaten des Glücks«, Kapitel 2 »Vergnügen ist noch kein Glück«.

Ihr wisst, was eine Troika ist: ein Gespann mit drei Pferden. Nun, jeder Mensch ist der Kutscher einer Troika. Die drei Pferde stehen symbolisch für seine drei Körper: den physischen, astralen und mentalen*, die er alle gleichzeitig lenken muss. Jeder hat eine andere Farbe: rot für das physische Pferd, grün für das astrale Pferd und gelb für das mentale Pferd. Damit die drei Pferde gehorchen und harmonisch laufen, muss der Schüler die Zügel fest in der Hand halten, das heißt einen Kontakt herstellen durch eine feine ätherische Verbindung: den Willen. Er muss auch wissen, auf welche Weise jedes Pferd zu beherrschen ist. Das physische Pferd braucht Mäßigkeit im Essen und Trinken sowie Übungen, die seine Geschmeidigkeit erhalten. Das astrale Pferd wird durch Reinheit, durch Sanftmut und Liebe gezähmt. Das mentale Pferd schließlich benötigt, dass man ihm Achtsamkeit und Wachheit auferlegt. Der Mensch hat also die Aufgabe, diese drei Pferde wieder zu beherrschen, damit sie vereint laufen, den Lenker nicht zu Boden werfen und ihn auch nicht irgendwohin führen, wohin er gar nicht will.

* Siehe auch Band 222 »Die Psyche des Menschen«, Kapitel 3 »Von Seelen und Körpern« und Kapitel 11 »Das Bewusstsein«.

Von der Materie zur Energie und von der Energie zur Materie* gibt es weder eine Unterbrechung noch eine Trennung. Genauso wie sich eine Kraft zur Form kristallisieren kann, kann sich die Materie auflösen und wieder zu Energie werden. Eine Frucht, die wir essen, verwandelt sich in Energien, die nicht nur unser physisches Leben unterstützen, sondern auch unser mentales und emotionales Leben. Dank dieser Energien können wir sprechen, lieben, denken usw. Das beweist, dass eine grobe Materie in immer feinere Materie verwandelt werden kann, bis zu ihrer Transformation in Licht. Das Gegenteil ist ebenfalls möglich. Man kann das Licht in Gedanken und Gefühle verwandeln und sogar in Nahrung. Aber nur die großen Meister, die Eingeweihten, sind in der Lage, diese Umwandlung bewusst vorzunehmen.

* Siehe auch Band 204 »Yoga der Ernährung«, Kapitel 10 »Die Arbeit des Geistes an der Materie« und Band 221 »Alchimistische Arbeit und Vollkommenheit«, Kapitel 9 »Das Opfer, Umwandlung der Materie«.

Ihr habt alle eine Flamme in euch.* Und sei sie auch noch so schwach, ihr habt die Fähigkeit, sie zu nähren, damit sie ein riesiges Feuer wird. Aber beginnt vorsichtig, setzt euch keinen Kräften aus, die euren Glauben, eure Liebe und eure Hoffnung vernichten könnten. Verkehrt nicht mit jedem, lest nicht alles Mögliche und geht auch nicht in jede beliebige Vorstellung. Wählt für das Herz, für die Intelligenz, für den Geist eine Nahrung aus, die euch innerlich stärkt. Wenn ihr dann wirklich stark seid, könnt ihr euch allem stellen, und dieselben Bedingungen oder Begegnungen, die euch zuerst zerstört hätten, werden dann euer Licht und euren Frieden sogar noch verstärken. Wenn eine Flamme genügend Nahrung erhalten hat, um ein großes Feuer zu werden, kann sie der Wind nicht mehr auslöschen, ganz im Gegenteil, er wird das Feuer nur umso mehr entfachen.

* Siehe auch Band 232 »Feuer und Wasser – Wunderkräfte der Schöpfung«, Kapitel 9 »Nährt eure Flamme«.

Wenn ihr ein Verständnis für Wirtschafts- und Finanzfragen habt, wisst ihr, wie die vom Himmel empfangenen Reichtümer zu erhalten sind. Jeder Laie weiß, dass er sein Kapital vermehren muss, sonst wird ihm nach einiger Zeit nichts mehr übrig bleiben. Ein Kapital, dem nichts zufließt, ist sehr bald aufgebraucht. Doch wenn es sich um die geistige Ebene handelt, lassen es selbst die Klügsten zu, dass sie verarmen. Sie vergessen, dass das innere Licht, die Wärme und der innere Reichtum schnell ausgegeben sind, wenn man nicht täglich daran arbeitet, sie zu vermehren. Wir müssen uns ständig mit der unversiegbaren Quelle, der Göttlichen Quelle, verbinden, durch Gebet, Meditation und Kontemplation, um täglich die Energien zu erneuern, die es uns möglich machen, unsere Arbeit zu verrichten.

* Siehe auch Band 202 »Der Mensch erobert sein Schicksal«, Kapitel 6 »Die Gesetze der Natur und die Gesetze der Moral«.

Nicht dadurch, dass man heiratet und damit seine Verwandtschaft um einen Schwiegervater, eine Schwiegermutter, eine Vielzahl von Tanten, Onkeln, Neffen, Nichten und Kusinen erweitert, wird einem wirklich bewusst, was eine Familie ist. Meistens gibt man sich damit zufrieden, seinen Umkreis durch einige neue Beziehungen zu vergrößern, aber man behält dabei dieselbe engstirnige, begrenzte und egoistische Einstellung. Die wahre Bewusstseinserweiterung zeigt sich durch eine noble, selbstlose Haltung, indem man bereit ist, für die anderen einige Unannehmlichkeiten, ja, sogar Leiden und Opfer in Kauf zu nehmen. Und das ist noch nicht alles. Die größte Bewusstseinserweiterung* ist, zu wissen und zu fühlen, dass man der großen universellen Familie der Geschöpfe Gottes angehört und sich darüber zu freuen!

* Siehe auch Band 231 »Saaten des Glücks«, Kapitel 10 »Entwickelt eure Sensibilität für die göttliche Welt«.

Seit einigen Jahren stellt man fest, dass die Jugend sich in öffentliche Angelegenheiten einmischt: Die Jugendlichen äußern sich über die Gesellschaft, über das Leben im eigenen Land, über Ereignisse auf der ganzen Welt und organisieren sich, damit ihre Aussagen Gewicht haben. Nun, da sie das Wort ergriffen haben und viele Erwachsene damit einverstanden sind, sie mitreden zu lassen, müssen sie sich gut überlegen, was sie verlangen wollen.*

Wenn auch sie nur materielle Erleichterungen und Vergnügungen fordern, dann sollten sie sich keine Illusionen machen: Das ist wirklich nichts Neues unter der Sonne, das verlangen die Menschen seit sie existieren. Das ist nicht sehr glorreich. »Aber«, werdet ihr sagen, »was sollen sie dann verlangen?« Unterrichtet zu werden! Und unterrichtet zu sein bedeutet nicht nur, Kenntnisse zu erwerben, die es ermöglichen, ein Diplom zu bekommen und einen Beruf auszuüben. Nein, es geht vielmehr darum, jenes Licht zu erhalten, dank dessen man auf dem Weg der Freiheit, der Kraft, der Schönheit und wahren Liebe, dem Weg des wahren Lebens mehr und mehr vorankommt.

* Siehe auch Band 27 der Reihe Gesamtwerke »Die Pädagogik in der Einweihungslehre«, Kapitel 4 »Die Jugend auf die Zukunft vorbereiten«.

Die Geschichte der Religionen zeigt, dass die Menschen sehr selten wussten, welchen Platz sie jeweils dem Geist und dem Körper einräumen sollten. Für manche zählte allein der Geist, und sie vernachlässigten ihren Körper so sehr, dass er dahinsiechte. Wenn der Körper dermaßen verachtungswürdig ist und allein der Geist zählt, warum kommt der Mensch dann auf die Erde herab? Er müsste dort oben in den ätherischen Regionen des Raumes bleiben. Wenn er auf die Erde herabkommt, um sich zu inkarnieren, bedeutet dies, dass der Mensch hier, mit seinem Körper, eine Arbeit zu verrichten hat.

Die Mission des Geistes ist es, einen physischen Körper anzunehmen*, auf die Erde herabzukommen, um an ihr zu arbeiten, sie mit seinen Qualitäten zu durchdringen, damit sie sich in einen herrlichen Garten verwandelt, in dem der Herr und seine Engel sich aufhalten werden. Als Jesus sagte: »Dein Wille geschehe wie im Himmel so auf Erden«, bat er darum, dass die Herrlichkeit des Geistes in die Materie herabkomme.

* Siehe auch Band 17 »Erkenne Dich selbst«, Kapitel 3 »Der Geist und die Materie« und Band 211 »Die Freiheit, Sieg des Geistes«, Kapitel 2 »Die Beziehungen zwischen Geist und Körper«.

Eure Zukunft könnt ihr ab sofort vorbereiten.* Durch die Gedanken und die Vorstellungskraft habt ihr die Möglichkeit, die beste Richtung zu wählen und den Himmel um die Bedingungen und Qualitäten zu bitten, die es euch erlauben, euch eines Tages als Geschöpfe des Friedens, der Güte und des Lichts zu manifestieren. Denn es ist eine absolute Realität, dass ihr eines Tages auf diese Erde zurückkehrt. Was ihr dann seid und welche Situationen euch erwarten, hängt von euch selbst ab, davon, wie ihr eure zukünftige Existenz bereits heute vorbereitet. Das Verstehen dieser Wahrheit ist grundlegend für eure Zukunft.

* Siehe auch Band 202 »Der Mensch erobert sein Schicksal«, Kapitel 1 »Das Gesetz von Ursache und Wirkung« und Kapitel 8 »Die Reinkarnation«.

Die Atheisten bilden sich ein, überlegene Eigenschaften von Objektivität und Logik zu besitzen. Sie meinen, sie urteilten zumindest nach dem, was sie sehen, hören, anfassen, messen usw., während die von ihrem Glauben benebelten Gläubigen die Dinge falsch beurteilten. Nein, auch wenn ein Mensch noch so intelligent ist, aber nicht an die Existenz Gottes, an die Wirklichkeit der Seele und die Unsterblichkeit des Geistes glaubt*, wird ihm immer ein ganz wesentliches Element fehlen, um seine Beobachtungen und seine Beurteilungen zu vervollständigen. Die Abwesenheit dieses Elementes fixiert ihn auf einen oberflächlichen Standpunkt. Er bleibt bei der Form, bei der Oberfläche der Existenz stehen.

Ein Atheist ist mit demjenigen zu vergleichen, der nur die Anatomie eines Menschen betrachtet. Solange es sich darum handelt, die Gliedmaßen und Organe zu identifizieren und ihr Aussehen zu beschreiben, ist die Anatomie ausreichend. Sich aber nur mit der Anatomie zu beschäftigen bedeutet, sich mit dem Körper ohne Leben zu befassen und nicht mit dem Leben selbst. Der Glaube an die göttliche Welt muss in den Menschen eindringen, damit er die wahre Dimension der Wesen und der Dinge entdecken und die Energieströme fühlen kann, die in ihnen fließen.

* Siehe auch Band 238 »Der Glaube versetzt Berge«, Kapitel 9 »Der Beweis für die Existenz Gottes ist in uns«.

Für den Schüler der Einweihungswissenschaft ist die Sonne* nicht nur das Gestirn, das am Himmel strahlt. Sie ist auch die Intelligenz mit ihrem Licht, sie ist Liebe, ein Streben zum Positiven, Aufbauenden, und sie ist das Leben, das spirituelle, das reine Leben. Die Sonne beinhaltet also eine ganze Wissenschaft, und diese Wissenschaft ist das wahre universelle Heilmittel. Darum genügt es nicht, sich dem Licht der physischen Sonne auszusetzen: Das Wesentliche ist, die drei höheren Prinzipien zu verstehen: Wärme, Licht und Leben. Das universelle Heilmittel ist kein von Alchemisten oder Zauberern zubereitetes Gebräu. Um es zu besitzen, muss man verstehen und nur das lieben, was göttlich ist und nie Unreinheiten in sein Inneres aufnehmen. Der Mensch ernährt sich nicht nur auf der physischen Ebene, sondern auch im Bereich der Gefühle und Gedanken. Deshalb umfassen unsere Ernährungsregeln die drei Ebenen: sich von reiner Nahrung ernähren, aber auch von reinen Gefühlen und reinen Gedanken. Die Ernährungsregeln betreffen den Menschen als Ganzes.

* Siehe auch Band 201 der Reihe Izvor »Auf dem Weg zur Sonnenkultur«.

Jedes Tierkreiszeichen* ist eine Etappe in der langsamen Verwandlung der Natur im Laufe eines Jahres. Wenn die Sonne in den Widder eintritt, beginnt der Frühling; die Kräfte quellen hervor, und die Knospen brechen auf. Dieser Impuls wird im Stier und in den Zwillingen mit dem Erscheinen der Blätter und Blüten fortgeführt. Mit der Konstellation Krebs beginnt der Sommer: Das Samenkorn bildet sich, die Frucht reift (Sternbild des Löwen). Sind die Früchte reif, werden sie geerntet (Sternbild der Jungfrau). Dann wird es Herbst (die Zeichen Waage, Skorpion und Schütze): Man erntet die letzten Früchte, die Blätter fallen, die Pflanzenwelt stirbt und zerfällt. Schließlich kommt der Winter (Steinbock, Wassermann und Fische), das Samenkorn liegt im Boden verborgen, wo es stirbt und der Erde gleich wird; doch aus diesem Tod werden neue Saaten geboren, für neues Wachstum und eine neue Blütezeit.

* Siehe auch Band 220 »Der Tierkreis – Schlüssel zu Mensch und Kosmos«.

Für viele ähnelt die Entscheidung, ihr Leben zu verändern, dem Entschluss zu fasten: Zu Beginn fühlen sie sich sehr schlecht. Sie bekommen Herzklopfen, Kopfschmerzen, Krämpfe und Schwindelanfälle, welche das Fasten* bei demjenigen auslöst, der noch nie in seinem Leben vierundzwanzig Stunden gefastet hat. Das beginnt, symbolisch gesprochen, derjenige zu empfinden, der sich entschlossen hat, ein spirituelles Leben zu führen. Was soll er also tun? Seinen Entschluss aufgeben? Der Organismus, der sich dank des Fastens etwas befreit fühlt, hat beschlossen, allen Unreinheiten, die sich schon seit langem angesammelt haben, den Krieg zu erklären. Und dies geht natürlich nicht ohne ein anfängliches Unwohlsein. Wer in der Lage ist, die Unannehmlichkeiten des Fastens einen Moment lang zu ertragen, stellt fest, dass sie ziemlich schnell wieder verschwinden und einem Gefühl der Ruhe und des Wohlbefindens Platz machen, das sich anschließend auf die körperliche und psychische Gesundheit auswirkt.

Genau das Gleiche gilt für denjenigen, der beschlossen hat, sein Leben zu verändern. Er betritt eine Welt intensiverer, reinerer Schwingungen und Energien, an die er nicht gewöhnt ist, und durch die er sich anfänglich vielleicht irritiert fühlt. Aber wenn er Geduld beweist und durchhält, wird er feststellen, welche Reinigung, Erleichterung und Klärung in ihm entsteht.

* Siehe auch Band 13, Kapitel 6.

Sehr wenige Menschen wissen innerlich, was ein geistiger Meister für die Ausrichtung ihres Schicksals bedeuten kann, und was seine Gegenwart alles in ihrem Leben richtigstellen, verbessern und harmonisieren kann*. Einen Meister zu haben, sagt ihnen nichts, denn sie wissen, dass sie mit ihm nicht mehr so in aller Ruhe weiterleben können. Der Meister wird ihnen ihre Mängel und die Gefahren der Wege aufzeigen, die sie oft beschreiten. Dadurch fühlen sie sich natürlich ein wenig gebremst, und das wollen sie nicht. Das ist schade, denn mit dieser Haltung gehen sie weit größeren Leiden und Begrenzungen entgegen, als jene, die sie hätten ertragen müssen, wenn sie den Ratschlägen eines Meisters gefolgt wären.

* Siehe auch Band 207 »Was ist ein geistiger Meister«.

Bei manchen Einweihungen* in der Vergangenheit war die Schlussprüfung, der sich der Schüler unterziehen musste, nachdem er die vorangegangenen Etappen erfolgreich durchlaufen hatte, die Erfahrung des Todes und der Auferstehung. Er wurde in einen Sarkophag gelegt, in dem er drei Tage und drei Nächte unter der Aufsicht seiner Meister bleiben musste. Die Meister versetzten ihn, dank gewisser, ihnen bekannter Praktiken, in einen todesähnlichen Zustand. Sie lösten seinen Äther- und Astralleib von seinem physischen Körper**, wodurch der Schüler im Raum reisen konnte. Drei Tage lang besuchte er alle niederen und höheren Regionen. Er betrachtete alles, war erstaunt, erschreckt, entzückt, und er berührte die Wahrheit. Wenn er dann zurückkam, waren die Verbindungen, die seinen Äther- und Astralleib mit dem physischen Körper verknüpfen, völlig anders. Deshalb blieb alles, was er gesehen und an Eindrücken aufgenommen hatte, seinem Bewusstsein gegenwärtig, und er konnte sich von da an mühelos und genau daran erinnern.

* Siehe auch Band 30/31 der Reihe Gesamtwerke »Leben und Arbeit in einer Einweihungsschule«, Kapitel 8 »Der Sinn der Einweihung«.

** Siehe Anmerkung und Abbildung auf Seite 392 und 393.

Solange die Menschen weiterhin dem Besitz von Dingen, Autos, Häusern, Grundstücken und dem Erreichen beneidenswerter Positionen eine solche Wichtigkeit beimessen, werden ihre Konflikte untereinander nicht aufhören. Denn alles, was man auf der physischen Ebene erlangen kann, ist mengenmäßig begrenzt, es ist unmöglich, dass alle im Überfluss schwelgen. Dies bedeutet jedoch nicht, dass nicht alle glücklich sein könnten. Doch, aber das Glück liegt nicht im Überfluss. Sehr wenige materielle Güter reichen schon aus, um das Glück zu finden, unter der Bedingung jedoch, dass man versteht, wie man durch innere Arbeit seine Bedürfnisse auf die psychische Ebene und darüber hinaus auf die spirituelle Ebene, auf der die Möglichkeiten unbegrenzt sind, verlagern kann.* Dort kann sich jeder ernähren und so viel genießen wie er wünscht, ohne mit seinem Nächsten in Konflikt zu geraten oder befürchten zu müssen, dass jemand kommt, der ihm das Errungene wegnimmt.

* Izvor Band 231 »Saaten des Glücks«.

Die Anziehung, die man für ein Wesen empfindet, ist etwas Unkontrollierbares. Ihr seht einen Mann, eine Frau und seid, ihr wisst nicht warum, sofort bezaubert, berührt durch irgendein Detail seiner physischen Erscheinung: sein Gesicht, seine Gesten, sein Verhalten, seine Ausstrahlung…, und ihr versucht, euch diesem Menschen zu nähern. Das ist ganz natürlich. Man muss jedoch wissen, dass diese Formen von plötzlicher Sympathie nicht bedeuten, dass ihr die große Liebe, die Schwesterseele, gefunden habt. Bis auf einige sehr seltene Ausnahmen erfordert die Wahl der Person, mit der ihr wirklich etwas Harmonisches und Stabiles aufbauen könnt, sehr viel Zeit und Überlegung.

* Siehe auch Band 213 »Die menschliche und göttliche Natur in uns«, Kapitel 4 »Über die Möglichkeit, den Begrenzungen der niederen Natur zu entgehen« und Band 214 »Liebe, Zeugung, Schwangerschaft«, Kapitel 5 »Wie man der Liebe eine edlere Ausdrucksform gibt«.

Wenn der Mensch diese Erde verlässt, muss er nicht nur seine materiellen Besitztümer aufgeben, sondern es wird auch alles ausgelöscht, was ihm in anderen Bereichen gegeben wurde, sei es durch Menschen oder durch Bücher; es sei denn, er hat alles tief im Inneren nachgeprüft, erfahren und gelebt. Wenn er in der folgenden Inkarnation wiederkommt, muss er alles unter großen Schwierigkeiten wieder neu lernen. Selbst die Tatsache, dass jemand über alle möglichen Themen reden oder schreiben kann, beweist noch nicht, dass er sie wirklich kennt. Und er wird genauso von vorne anfangen müssen.

Schaut zum Beispiel: Die Leute heiraten, bekommen Kinder, und viele sind dabei ebenso hilflos und verloren, als müssten sie mit solchen Umständen zum ersten Mal umgehen. Dabei haben sie im Laufe ihrer Reinkarnationen* schon viele Male mit dieser Situation zu tun gehabt. Aber weil sie niemals versuchten, ihre Rolle und Verantwortung als Ehemann, Ehefrau oder Eltern wirklich zu vertiefen, ist es jedes Mal so, als würden sie das alles zum ersten Mal entdecken; dabei machen sie Dummheiten und leiden.

* Siehe auch Band 202 und Band 12, jeweils Kapitel 8 »Die Reinkarnation«, sowie Broschüre 312 »Die Reinkarnation«.

Um die wahre Liebe zu kosten, müsst ihr damit beginnen, die Verbindung mit der göttlichen Welt* wieder herzustellen, denn nur dieses Band verleiht den wahren Geschmack an allem, auch an der Liebe. Wenn ihr dieses Band wieder geknüpft habt, fühlt ihr, wie euch eine Welle göttlicher Energien durchflutet. Nur die Gegenwart dieser göttlichen Energien** kann eurer Liebe einen köstlichen Geschmack verleihen, so als würdet ihr mit der ganzen Natur, mit dem ganzen Universum, kommunizieren.

* Siehe auch Band 233 »Eine Zukunft für die Jugend«, Kapitel 9 »Erkennt, wonach Seele und Geist streben«.

** Siehe auch Band 213 »Die menschliche und göttliche Natur in uns«, Kapitel 11 »Die Rückkehr des Menschen in Gott«.

Wenn ihr euch verängstigt und gequält fühlt, so bleibt nicht stehen, um gegen diese negativen Zustände anzukämpfen, denn es ist nicht sicher, dass sie euch loslassen. Ihr müsst andere Mittel finden. Ihr habt alle schon einmal einen Vogel gesehen, der am Boden Körner aufpickt. Doch da nähert sich eine Katze. Was macht der Vogel? Er wartet nicht auf die Katze, um sich mit ihr zu messen, sondern fliegt weg. »Aber wie sollen wir denn wegfliegen?« werdet ihr sagen. Indem ihr euch durch eure Gedanken und durch das Gebet wegbewegt, in Regionen, wo Friede, Schönheit und Licht regieren. Bestimmte Bücher und Musikstücke können euch dabei helfen, aber auch der Kontakt mit der Natur und die Arbeit mit der Vorstellungskraft. Wesentlich ist, dass es euch gelingt, die Ebene zu wechseln.

* Siehe auch Band 221 »Alchimistische Arbeit und Vollkommenheit«, Kapitel 5 »Die Angst« und Band 242 »Unerschöpfliche Quellen der Freude«, Kapitel 8 »Ohne Angst voranschreiten«.

Wir müssen die großen Menschen der Vergangenheit als Leitbilder nehmen. Aber das bedeutet nicht, dass wir uns in allen Details an ihre Lehre anpassen sollen. Was man bewahren muss, das sind die Prinzipien,* während die Formen, die dem Gesetz des Lebens folgen, sich verändern und weiterentwickeln können, ja sogar müssen. Viele Missverständnisse entstehen aus dem falschen Verständnis dieses Gesetzes. Einige wollen die alten, überholten Formen verwerfen und verwerfen dabei gleichzeitig die Prinzipien. Und andere bewahren die alten Formen, weil sie sie mit den Prinzipien verwechseln. Das Ergebnis: Diejenigen, die die Prinzipien verwerfen, haben dann keinen Kompass mehr, mit dem sie sich orientieren können, und die anderen, die sich an den Formen festhalten, verhärten. Ihr fragt: »Aber welches sind die Prinzipien, die man bewahren soll?« All jene, die das Schwergewicht auf die Vorherrschaft des Geistes** legen, das heißt auf Güte, Großzügigkeit, Liebe, Reinheit, Opferbereitschaft. Es spielt keine Rolle, in welcher Form ihr diese Prinzipien umsetzt, darin seid ihr frei. Aber es steht euch nicht frei, diese Prinzipien abzulehnen, denn sie sind ewig.

* Siehe auch Band 235 »Im Geist und in der Wahrheit«, Kapitel 11 »Im Geist und in der Wahrheit« und Band 26, Kapitel 1 »Die Prinzipien und die Formen«.

** Siehe auch Band 17 »Erkenne Dich selbst«, Kapitel 3 »Der Geist und die Materie«.

Auf dem Berg sprudelt das Wasser rein und kristallklar. Je weiter es nach unten fließt, desto mehr Unreinheiten nimmt es von den Regionen auf, die es durchquert, und wenn es am Meer ankommt, ist es voll von Schmutz. Doch bald darauf verwandelt es sich, von den Sonnenstrahlen erwärmt, zu Dampf und schlägt aufs Neue den Weg zum Himmel ein, bis zu dem Tag, an dem es als Regen oder Schnee wieder auf die Erde fällt.

Diese Reise des Wassers ist symbolisch zu verstehen.* Das menschliche Schicksal ist ein Abbild dieser fortwährenden Bewegung des Wassers zwischen Himmel und Erde. Wie Wassertropfen kommen die Seelen auf die Erde herab, jede an einem bestimmten Ort. Von dort haben sie einen langen Weg zu durchlaufen, bis zu dem Tag, an dem sie müde und verbraucht von den Aufgaben des Lebens dorthin zurückkehren, woher sie gekommen sind..., um eines Tages an einem anderen Ort wieder herunterzusteigen. Das nennt man Reinkarnation.

* Siehe auch Band 216 »Geheimnisse aus dem Buch der Natur«, Kapitel 10 »Der Strom des Lebens« und Band 240 »Söhne und Töchter Gottes«, Kapitel 1 »Ich bin gekommen, damit sie das Leben haben«.

Denkt daran, geeignete Bedingungen zu schaffen, damit die kosmische Intelligenz zu euch kommen und an euch arbeiten kann, denn sie sendet ununterbrochen Strahlen und Partikel in den Raum, um euch zu durchdringen und euch zu veredeln. Ja, ihr müsst wissen: Wenn ihr euch nicht verbessert, so deshalb, weil ihr nichts tut, das es der kosmischen Intelligenz ermöglicht, in euch einzufließen. Durch eure Schwächen und eure Unreinheiten bildet ihr nach und nach einen Panzer, der euch undurchlässig macht für ihren Einfluss. Um diesen Panzer zu sprengen, müsst ihr eine Arbeit der Reinigung und des Verzichtens machen. Jeder Verzicht auf ein Laster, auf eine schädliche Gewohnheit, öffnet eine Tür für die Welt des Lichts. Da so viele Freunde aus der unsichtbaren Welt euch helfen wollen, warum solltet ihr sie daran hindern? Öffnet euer Herz und eure Seele und sagt: »Seid willkommen, ihr lichtvollen Geister, ich brauche euch, tretet ein, reinigt mich, gebt mir euer Licht!«*

* Siehe auch Band 25, Kapitel 2.

Man sollte der geistigen Arbeit immer ein Ziel setzen.* Sagt also: »Ich bete, ich meditiere für die Verwirklichung von dieser oder jener Sache.« Ja, nennt den Grund, damit die Kräfte, die ihr hinausstrahlt, nicht verloren gehen, weil sie sich in alle Richtungen zerstreuen, sondern damit sie auf einen bestimmten Punkt gerichtet sind. Auf diese Weise werdet ihr allmählich Herr über eure Gedanken. Die Gedanken sind schwer zu zähmen und zu beherrschen, sie sind unbändig wie ein Wildpferd. In vielen hinduistischen Büchern liest man folgende Klage der Yogis: »Oh Indra, wie schwer ist es, die Gedanken zu beherrschen! Es ist, als wolle man aus Sand einen Strick flechten oder den Wind anbinden.« Wenn man aber jeden Tag übt, indem man den Gedanken ein Ziel gibt, werden sie schließlich fügsam und vor allem wirksam.

* Siehe auch Band 26, Kapitel 5.

Eine Liste der Bücher, auf die in den Tagesgedanken verwiesen wird, finden Sie auf Seite 397 bis 399 des vorliegenden Buches.

Das astrologische Symbol für den Merkur ☿ ist zusammengesetzt aus der Sonnenscheibe, der Mondsichel und dem Zeichen + .

Das Zeichen + ist das Zeichen der Erde, aber auch das Zeichen der Addition in der mathematischen Arithmetik. Für die Alchimisten stellt dieses Symbol auch die vier Elemente dar: zwei männliche, und zwei weibliche Elemente. Der Mond ☽ versinnbildlicht das Wasser, die Sonne ☉ das Feuer, das Pluszeichen + die Erde, und Merkur stellt die Luft dar.

Sonne und Mond gebären das Kind – Merkur –, den Stein der Weisen, der für die Alchimisten das Symbol der wahren Verwandlung des Menschen ist.*

* Siehe auch Band 14, Kapitel 2 und Band 220, Kapitel 9.

Erwartet nicht, dass ich über andere Themen spreche als diejenigen, die das neue Leben betreffen. Wenn euch diese Themen nicht gefallen, habt ihr eben Pech gehabt; ihr könnt euch auch anderswo umschauen, um etwas zu finden, was euch interessiert. Mich jedenfalls werdet ihr nur von einem Thema sprechen hören: dem neuen Leben, wie man es einatmet, isst, trinkt und ausstrahlt; denn das ist das Wichtigste, und ich habe mich nur damit befasst.* Indem ihr dieses neue Leben lebt, werden sich euch eines Tages alle anderen Wissenschaften erschließen. In den geringsten Handlungen des täglichen Lebens könnt ihr Entsprechungen mit der Astrologie, der Alchemie, der Kabbala und der Magie erkennen. In der Atmung findet ihr die Astrologie wieder, in der Ernährung die Alchemie, in der Sprache und Gestik die Magie und im Denken die Kabbala.** Lernt daher, richtig zu essen, zu atmen, zu handeln, zu sprechen und zu denken, dann werdet ihr die Grundlagen dieser vier heiligen Wissenschaften besitzen.

* Siehe auch Band 30, Kapitel 2.
** Siehe auch Band 32, Kapitel 1.

Der einzig wahre Schöpfer ist derjenige, der durch die Gedanken erschafft, denn die Dinge werden auf der Mentalebene erschaffen. Auf der physischen Ebene erschafft man nicht, sondern kopiert, imitiert, bastelt herum. Wahre Schöpfungen finden in der geistigen Welt statt. All jene, die diese Wahrheit nicht begriffen haben, setzen sich mit der Materie gleich; sie sinken auf ihr Niveau herab und verlieren ihr Durchsetzungsvermögen, ihre magische Kraft, selbst wenn sie der Materie befehlen, sie lenken und sie zwingen, für sie zu arbeiten. Deshalb sage ich euch: Wenn ihr ein wirklicher Schöpfer mit gewaltiger Kraft werden wollt, müsst ihr lernen, euch eures Willens, eurer Gedanken, eures Geistes zu bedienen, um die Situationen und Ereignisse eures Lebens zu gestalten.*

* Siehe auch Band 18, Kapitel 3 und Band 224, Kapitel 9.

Wenn das Kind seinen physischen Körper im Schoße seiner Mutter heranbildet, ruft es aus dem Jenseits seine unsichtbare Familie herbei, die sehr zahlreich ist, damit sie ihm dabei hilft. Von allen Seiten strömen dann Eltern, Großeltern und selbst entfernte Vorfahren herbei, die sich ans Werk machen. Deshalb ist der Aufbau des physischen Körpers mit bedingt durch das Erbgut der Ahnen. Diese Vererbung kann gesund oder kränklich sein. Eine ganze Generation, manchmal sogar mehrere, beteiligen sich am Aufbau des kindlichen Körpers; dieser ist daher ein Spiegelbild, eine Synthese dieser Generationen von Wesen, die seit Jahrhunderten und Jahrtausenden miteinander verbunden sind. Deshalb ist es so schwer, der erblichen Belastung, dem Einfluss einer Familie* zu entgehen. Nur dem Schüler einer Einweihungsschule, der über die Allmacht des Geistes über die Materie unterrichtet ist, gelingt es, allmählich seine Erbanlagen zu verändern.

* Siehe auch Band 4, Kapitel 12 und Band 235, Kapitel 2.

Wer ehrlich bemüht ist zu lernen, in einer geistigen Gemeinschaft* zu leben, erzeugt heilsame Veränderungen in seinem Bewusstsein. Er begreift, dass er nicht egoistisch und zügellos handeln darf, weil dies unvermeidlich Unordnung und Zusammenstöße zur Folge hätte. Er bemüht sich vielmehr, sich auf die anderen einzustellen, und aufgrund dieser Harmonisierung mit der Gemeinschaft macht er Fortschritte. Da diese Gemeinschaft selbst auch bestrebt ist, mit der anderen, der kosmischen Gemeinschaft, in Harmonie zu sein, bringt sie demjenigen Gutes, der daran arbeitet, in Übereinstimmung mit ihren Regeln zu leben. Indem es sich also um Harmonie mit den anderen, um ein uneigennützigeres Leben mit mehr innerer Weite und universellem Denken bemüht, bereichert sich das menschliche Wesen, denn dadurch tritt es in Kontakt mit der kosmischen Intelligenz und empfängt ihre Segnungen.

* Siehe auch Band 24, Kapitel 19 und Band 227, Kapitel 35.

Männern und Frauen, die als Wohltäter angesehen werden, errichtet man Statuen. Weil sie das Vaterland gerettet oder Impfstoffe entdeckt haben oder große Dichter, große Philosophen usw. gewesen sind, stellt man sie auf einen Sockel. Und das natürlich mit Recht; ich sage nicht, dass man ihnen ihren Ruhm wegnehmen soll. Ich bin jedoch der Meinung, dass wir die schönsten Denkmäler unseren Feinden errichten sollten. Ja, denn sie sind unsere wirklichen Wohltäter, durch sie sind wir gezwungen, wachsamer, intelligenter und geduldiger zu werden. Glaubt ihr, dass ich scherze? Nun ja, glaubt was ihr wollt; versucht aber trotzdem, über diese Idee etwas nachzudenken, nämlich, dass unsere Freunde uns oft einlullen, während unsere Feinde uns bedrängen. Ihr werdet nun sagen: »Ja, aber das ist doch schrecklich, sie werden uns vernichten!« Nein, wenn ihr ein hohes Ideal und den ehrlichen Wunsch habt, euch weiterzuentwickeln, dann erlangt ihr das Wissen und die Kraft, um alle Hindernisse, die eure Feinde euch in den Weg legen, zu euren Gunsten zu benutzen. Diese Hindernisse sind dann wie Stufen, die es euch ermöglichen, immer höher zu steigen.*

* Siehe auch Band 210 und Band 231, Kapitel 10.

Seele und Geist des Menschen sind von göttlicher Wesensart; sie erkennen und manifestieren sich als solche, oben, in der Welt, die ihre ist. Aber auch unten, durch die Materie, d.h. im physischen Körper, müssen sie sich erkennen und manifestieren. Das ist das größte Mysterium der menschlichen Existenz. Es wird symbolisiert durch das Bild der Schlange, die ihren Schwanz verschlingt: Der Kopf ist das Höhere Selbst, der Geist; der Schwanz ist das Niedere Selbst, die Materie. Der Kopf verschlingt den Schwanz: Das bedeutet, dass der Geist an der Materie arbeitet, um sich durch sie zu manifestieren. Der Geist, der oben ist, der allwissend und allmächtig ist, muss sich in der Materie wie in einem Spiegel betrachten können. Das ist das Ziel der Einweihung*: die Materie so umzuwandeln, dass sie dem Geist sein eigenes Bild widerspiegelt.

* Siehe auch Band 30, Kapitel 8 und Band 207, Kapitel 1 sowie Band 236, Kapitel 17.

Ihr dürft euch nicht von euren Sympathien und Antipathien lenken lassen, sondern müsst lernen, sie zu nutzen. Wenn euch jemand sympathisch ist, denkt an ihn, um euch zu freuen und Mut zu fassen. Ja, ein sympathischer Mensch hat einen guten Einfluss auf euch, also nutzt die gute Verfassung, in die er euch versetzt. Jetzt werdet ihr sagen: »Aber was mache ich mit jemandem, der mir unsympathisch ist?« Nun übt euch und sagt euch: »Also, jetzt zu uns beiden; das muss überwunden werden!« Versucht es, und ihr werdet sehen, wie stark und kraftvoll ihr werdet. Ja, ihr bekommt immer wieder Gelegenheiten geboten, um stärker zu werden. Warum nutzt ihr sie nicht? Ihr haltet euch an eure Gefühle der Sympathie oder Antipathie... Das reicht jedoch nicht; ihr müsst wissen, dass diese Impulse nicht in euch entstehen, damit ihr euch ihnen ausliefert, sondern damit ihr intelligent mit ihnen umgeht und sie für eure Entwicklung nutzt.*

* Siehe auch Band 29, Kapitel 7 und Band 227, Kapitel 70 sowie Band 325, Kapitel 3.

Vom geozentrischen Standpunkt aus betrachtet hat es den Anschein, dass es die Sonne ist, die auf- und untergeht und sich um die Erde dreht. Deshalb täuschen sich alle, die es sich zur Gewohnheit gemacht haben, die Dinge ihrem Anschein nach zu betrachten und zu beurteilen und dann Schlüsse daraus zu ziehen. Ihr Wissen und ihre Lebensauffassung beruhen auf einem Irrtum, weil sie, bildhaft gesprochen, auf der Illusion gründen, dass die Sonne um die Erde kreist. Diejenigen jedoch, denen es gelingt, den geozentrischen Standpunkt durch den heliozentrischen Standpunkt zu ersetzen, die sich also auf die Sonne versetzen und alles von dort aus betrachten können, sehen, wie es in Wahrheit ist. Ihr sagt: »Aber wir wissen alle, dass es die Erde ist, die um die Sonne kreist!« Ja, theoretisch wisst ihr es, in der Praxis lebt ihr jedoch so, als wäre es die Sonne, die um die Erde kreist. Deshalb sage ich euch immer wieder: »Arbeitet jeden Tag daran, die Sonne in euch zu finden, d.h. den göttlichen Teil in euch selbst, und lebt, betrachtet und handelt von dort aus, dann werdet ihr in der Wahrheit sein.«*

* Siehe auch Band 10, Kapitel 7 und Band 23, Kapitel 4.

Wem es gelungen ist, seine Kerze (seinen Geist) und seine Öllampe (die Seele) an der himmlischen Flamme anzuzünden, der kann auch den Geist und die Seele von anderen entzünden. Das ist wie in den orthodoxen Kirchen am Ostermorgen, wo jeder seine Kerze an der Flamme desjenigen anzündet, der neben ihm ist. Diese Kerzen, die eine nach der anderen angezündet werden, sind wunderbar, man könnte meinen, das Feuer bewege sich fort bis zu dem Moment, wo die ganze Kirche erfüllt ist von einer Vielzahl von kleinen Flammen. Alle, die ihre Kerze bereits angezündet haben, sollten versuchen, wenigstens jene ihrer Eltern, ihrer Freunde, ihrer Kinder anzuzünden. Warum denn das Licht nur für sich selbst behalten? Hier lehrt man euch, eure eigene Kerze anzuzünden, damit ihr ebenfalls andere Kerzen anzündet. Aus diesem Grund soll man lernen, seine Flamme zu nähren.*

* Siehe auch Band 10, Kapitel 21 und Band 229, Kapitel 9 sowie Band 232, Kapitel 9.

Allein die Schönheit kann uns retten. Nicht die körperliche Schönheit der Männer und Frauen, welche Leidenschaften und Tragödien zur Folge hat. Die Schönheit, die uns retten kann, ist die geistige Schönheit. Durch Meditation und Kontemplation sollten wir versuchen, diese Schönheit zu fühlen, uns mit ihr zu umhüllen, uns von ihr durchdringen zu lassen, denn sie ist es, die uns vor der trügerischen Schönheit bewahrt. Zieht einem Kind ein neues Kleid an: Es muss nicht sonderlich intelligent sein, um zu spüren, dass es dieses nicht gleich beim Spielen im Bach schmutzig machen darf. Analog werdet ihr, wenn es euch gelungen sein wird, die Welt der wahren Schönheit, welche reines Licht ist, zu erreichen und eure Aura von diesem Licht durchdrungen ist, keine Lust mehr haben, euch irgendwohin zu stürzen, wo dieses wunderbare Kleid beschmutzt werden könnte. Daher rettet uns diese Schönheit*. Solange ihr euch jedoch wie jemand fühlt, der mit einer Latzhose bekleidet im Schlamm, im Mist oder in der Wagenschmiere herumstapft, werdet ihr vor keinem Schmutz und keiner Unreinheit zurückschrecken.

* Siehe auch Band 15, Kapitel 10, Teil 2.

Was ist die Gedankenarbeit wirklich? In uns und um uns herum existiert ein feiner, jedoch nicht organisierter Stoff, weil er noch keine Form angenommen hat. Auf diesen Stoff können unsere Gedanken einwirken, und es liegt an uns, ihn wie eine Modelliermasse zu benutzen, um in der Welt der Schönheit, der Harmonie und des Lichts zu Schöpfern zu werden. Was der Mensch auf der materiellen Ebene erschafft, ist natürlich wichtig, aber seine seelischen Schöpfungen sind unendlich wichtiger, und nach diesen beurteilt ihn der Himmel. Die meisten Menschen, die ihre Gedanken nicht beherrschen, bevölkern den Raum mit schrecklichen und teuflischen Gestalten, die überall hingehen, um Böses zu verbreiten. Der Schüler jedoch, der die Macht der Gedanken kennt, ist bemüht, nur wohltuende Geschöpfe zu erschaffen, die Frieden und Licht in die ganze Welt tragen.*

* Siehe auch Band 224, Kapitel 1.

Zu lange hat die Wissenschaft den Weg der Analyse beschritten: trennen, aufschneiden, zerlegen… Natürlich ist es zeitweise nötig, diesen oder jenen einzelnen Punkt zu analysieren, aber die Synthese ist die einzig nützliche und erfolgreiche Methode, weil nur die Synthese belebt. Mit der Analyse beschränkt man sich und engt sich mehr und mehr ein. Man kann daher sagen, dass die Analyse zum Tod führt, die Synthese dagegen zum Leben...* Ein Beweis dafür: Was macht eine Mutter? Um ihr Kind heranzubilden, sammelt sie Milliarden von Elementen an: Das Kind ist dann die lebendige Synthese, die sich bewegt, isst und spricht. Später, wenn die Stunde der Analyse gekommen ist, geht jedes Teilchen des Körpers wieder in jene Region zurück, von der es gekommen ist: zu Erde, Wasser, Luft oder Feuer… genau so, wie früher die Buchstaben in den Setzkasten eines Buchdruckers zurückgelegt wurden. Wenn ihr euch also immer eifrig daran macht, die Dinge und Wesen zu analysieren und auseinanderzunehmen, geht ihr in die Richtung des Todes, des geistigen Todes.

* Siehe auch Band 14, Kapitel 21 und Band 240, Kapitel 13.

Der Herr erwartet nicht, dass wir Sein Reich in den höheren Regionen verwirklichen, dort besteht es schon seit der Erschaffung der Welt. Er möchte, dass wir Es auf Erden verwirklichen unter den Menschen, indem wir lernen, die göttlichen Eigenschaften zu leben.* Alle großen Meister und Eingeweihten wissen, dass sie auf die Erde gekommen sind, um an der Verwirklichung des Reiches Gottes mitzuwirken. Die Lehren, welche die Menschen dazu bewegen, der Erde den Rücken zu kehren, mit der Begründung, sie sei ein Tal der Tränen und ihre wahre Heimat sei woanders, entsprechen nicht den Plänen Gottes. Nach allem, was wir wissen, und was uns die großen Eingeweihten gelehrt haben, ist es der Wunsch und der Plan Gottes, Sein Reich hier auf der Erde zu verwirklichen. Der Mensch muss die Materie bearbeiten, sie empfindsam und fein machen, damit sie mit der Welt des Geistes in Harmonie schwingt.

* Siehe auch Band 24, Kapitel 19 und Band 302, Teil 1.

Die kosmische Intelligenz hat allen Geschöpfen im Universum einen bestimmten Ton gegeben, und sie hat die Töne aufeinander abgestimmt, damit sie in der Unendlichkeit eine Symphonie bilden*. Nur auf der Erde besteht diese Symphonie leider nicht, weil die Menschen den Zustand der Reinheit, in welchem sie Gott erschuf, verloren haben und es ihnen nicht mehr gelingt, im Einklang mit der universellen Harmonie zu schwingen. Es gelingt ihnen deshalb nicht, weil ihr Bewusstsein begrenzt und auf ihre Persönlichkeit, ihre niedere Natur, ausgerichtet ist, die sie nur zu egoistischen, eigennützigen und leidenschaftlichen Handlungen veranlasst. An dem Tag, wo sie beginnen, die Begrenzungen ihrer niederen Natur zu überwinden, um in die Unermesslichkeit ihrer höheren Natur zurückzukehren, werden sie in Harmonie mit dem ganzen Universum schwingen. Aufgrund dieses Einklangs werden sie die besten kosmischen Einflüsse empfangen, denn sie haben den Kanal wiederhergestellt, durch den die himmlischen Energien fließen und zu ihnen gelangen können.

* Siehe auch Band 29, Kapitel 2 und Band 206, Kapitel 8.

Anstatt die Zeit mit unnützen Fragen zu vertun, wie z.B.: »Ist mein Meister die Reinkarnation von Jesus, vom Heiligen Johannes oder von Buddha? Oder ist er etwa Melchisedek?«, sollte der Schüler lieber versuchen, das herauszufinden, was für seinen Meister und für ihn selbst am nützlichsten ist*: nämlich mit der Liebe und dem Licht zu arbeiten. Er braucht sich auch nicht zu fragen, ob sein Meister größer oder kleiner als dieser oder jener Meister ist. Diese Fragen werden ihn nicht weiterbringen. Allein seine Arbeit und seine Treue gegenüber seinem Meister werden ihn vorwärtsbringen.

* Siehe auch Band 200.

Ihr werdet den Sinn des Lebens nur finden*, wenn ihr euch in den Dienst des höchsten Ideals stellt, denn hinter diesem Ideal stehen Milliarden von arbeitenden Lichtgeschöpfen. Wenn diese Geschöpfe sehen, dass ihr an dem Aufbau einer neuen Welt mitwirkt, werden sie euch mit Wohltaten überschütten, und ihr werdet dann fühlen, wie in euch etwas aufbricht und überfließt. Selbst wenn ihr nichts verlangt und nichts erwartet, werdet ihr das Gefühl haben, alles erhalten zu haben.

* Siehe auch Band 231, Kapitel 6.

Solange ihr nicht gelernt habt, euch zu beherrschen, werden euch eure Zellen nicht gehorchen. Um sich euren Befehlen zu fügen, müssen sie spüren, dass ihr der Chef seid. Es gibt viele Berichte darüber, dass in den Wäldern Indiens die Yogis stundenlang meditieren können, ohne dass wilde Tiere ihnen etwas antun. Ja, weil die Tiere fühlen, dass diese Yogis Wesen sind, die sich selbst bemeistern, respektieren sie sie. Alle Geschöpfe besitzen einen Sinn für die Hierarchie. Selbst die wilden Tiere spüren euren Grad der Entwicklung. Um vieles mehr noch eure Zellen, die wie kleine, intelligente Tiere sind.*

* Siehe auch Band 18, Kapitel 9 und Band 25, Kapitel 7.

Es steht geschrieben: »Am Anfang erschuf Gott Himmel und Erde.« Die ganze Philosophie ist in den beiden Worten Himmel und Erde enthalten. Was ist der Himmel? Es ist der Geist, das Licht, die Tugenden. Die Erde ist die materielle Welt, der physische Körper. Moses, der ein großer Eingeweihter war, hat zuerst den Himmel erwähnt, dann die Erde.* Die Menschen jedoch neigen eher dazu, der Erde den ersten Platz einzuräumen. Einige gehen sogar noch weiter: Sie tun so, als wäre nur die Erde erschaffen worden, und man weiß nicht einmal, von wem! Und eben darum läuft in der Welt nichts mehr richtig, denn man hat der Erde den Vorrang eingeräumt. Dieses Ungleichgewicht setzt sich fort bis ins menschliche Wesen hinein. Man muss wissen, dass jegliches Ungleichgewicht darauf zurückzuführen ist, dass die Menschen nicht wissen, welchen Platz der Schöpfer dem Geist und der Materie zugeteilt hat. Natürlich soll man die Materie, den menschlichen Körper, nicht vernachlässigen. Es ist jedoch weitaus schädlicher für die Menschen, nicht ein für alle Mal verstanden zu haben, dass der Geist immer an erster Stelle steht.

* Siehe auch Band 12, Kapitel 4.

Das Neue Jerusalem ist ein Symbol des neuen Menschen, dessen Eigenschaften und Tugenden durch Gold, Perlen und Edelsteine dargestellt werden. Jeder von uns muss ein Neues Jerusalem werden. Seit zweitausend Jahren haben zahlreiche okkulte Gesellschaften behauptet, das Neue Jerusalem zu sein. Wie kann man sich jedoch für das Neue Jerusalem halten, wenn man dem Unverständnis und den alten Formen verhaftet bleibt, wenn man nicht die Schlüssel besitzt, die das Buch des Lebens öffnen? Nur derjenige ist das Neue Jerusalem, der die Schlüssel besitzt, welche es erlauben, die sieben Siegel zu öffnen, d.h. der die Schriften wirklich versteht. Das Neue Jerusalem zu sein bedeutet nicht, einige Brocken der Einweihungswissenschaft aufsagen zu können, sich im Übrigen aber immer noch ängstlich, dürftig, unsicher, schwach und böse zu benehmen. Wir alle können das Neue Jerusalem sein, unter der Voraussetzung, dass wir dieses Licht besitzen, das uns nicht nur das Wissen schenkt, sondern uns auch zeigt, wie wir es in unserem Leben zum Ausdruck bringen können.*

* Siehe auch Band 26, Kapitel 6 und Band 216, Kapitel 11.

Die Tiefe ist mit dem Gefühl verbunden, die Höhe mit den Gedanken und die Weite mit der Aktivität. Man sollte also nicht von tiefen Gedanken sprechen, sondern von erhabenen Gedanken und nicht von erhabenen, sondern von tiefen Gefühlen. Indessen soll die Aktivität breit und umfassend sein. Im Laufe seines Wachstums entwickelt der Baum nacheinander diese drei Dimensionen. Zuallererst bringt der Keim die Wurzel hervor, die sich in den Boden eingräbt. Je länger die Wurzel dann ist, und je tiefer sie hinunterwächst, umso mehr wird der Baum sich aufrichten und sich ausdehnen können. Anschließend wächst der Stamm und strebt in die Höhe. Wenn einmal die Tiefe der Wurzeln und die Höhe des Stammes erreicht sind, kann der Baum sich mit seinen Ästen ausbreiten. Der Mensch muss auf die Art und Weise eines Baumes wachsen und sich entwickeln. Erst nachdem er seine Gefühle vertieft hat, kann er seine Gedanken erheben, und wenn dann seine Gedanken erhaben sind, kann er seine Aktivität ausweiten.*

* Siehe auch Band 222, Kapitel 6.

Einige Menschen treffen sich, um über ein Projekt zu entscheiden. Wenn sie fähig sind, Verständnis und Liebe füreinander aufzubringen, wird dies leicht sein. Wenn sie jedoch ohne Liebe kommen, werden sie nur kritisieren oder widersprechen oder sich widersetzen und nie zu einer Lösung kommen.* Genau das passiert oft bei Versammlungen und Sitzungen, weil keine Liebe da ist. Wenn man kommt und wirklich von Liebe inspiriert ist, genügen oft fünf Minuten, um Probleme zu lösen, die ohne Liebe viele Jahre lang unlösbar bleiben würden.

Wenn es euch nicht gelingt, Probleme zu lösen, so habt ihr keinen Grund, stolz darauf zu sein. Denkt darüber nach, was euch daran hindert: Ist es nicht vielleicht der Mangel an Liebe? Bringt ein bisschen mehr Liebe auf, und die Probleme werden sich lösen; dann könnt ihr glücklich nach Hause gehen, erstaunt darüber, wie einfach das doch war.

* Siehe auch Band 25, Kapitel 8 und Band 208, Kapitel 8.

Moses hatte seinem Volk unerbittliche Gesetze auferlegt: Auge um Auge, Zahn um Zahn. Der geringste Fehler musste bestraft werden, von Nachsicht oder Vergebung war nie die Rede. Aber das war normal. Die Menschheit befand sich auf einem Entwicklungsstand, auf dem sie strikte Regeln benötigte und damit beginnen musste, Gerechtigkeit zu lernen. Zu dieser Zeit war die Gerechtigkeit schon ein großer Fortschritt. Aber dieser Zustand konnte nicht ewig dauern. Gott ist gütig und barmherzig, und es war nötig, dass die Menschen, wie Er, gütig und barmherzig werden. Deshalb ist Jesus gekommen, um die Vergebung zu lehren. Schaut euch einmal an, wie er mit der Ehebrecherin umging, welche die Pharisäer steinigen wollten: Durch seine Haltung übertrat Jesus das Gesetz der Gerechtigkeit, aber indem er es übertrat, setzte er das Gesetz der Liebe ein.*

* Siehe auch Band 4, Kapitel 3 und Band 12, Kapitel 4 sowie Band 314.

Eines Tages fragten die Schüler von Nastradin Hodja ihren Meister: »Nastradin Hodja, wann wird die Welt untergehen?« »Das ist sehr einfach«, antwortete Nastradin Hodja, »dann, wenn ich sterbe.« Er hatte recht: Wenn ein Mensch stirbt, verschwindet die ganze Welt mit ihm, wenn er hingegen lebendig ist, ist auch die Welt lebendig. Da gibt es einiges zum Nachdenken! Ja, es hängt von euch ab, von eurem Bewusstsein, ob die Welt lebendig oder tot, spirituell oder materiell, subtil oder grob, schön oder hässlich ist. Ihr sagt: »Aber das weiß man ja!« Also gut, wenn ihr es wisst, warum gelingt es euch dann nicht, es zu verwirklichen? Ihr wisst alles, aber ihr tut nichts. Tut etwas, entscheidet euch, eure innere Sicht zu verändern, damit die Welt und die Lebewesen für euch wirklich lebendig werden.*

* Siehe auch Band 2, Kapitel 3.

Auf allen Gebieten, sei es auf politischem, sozialem, wissenschaftlichem, wirtschaftlichem, religiösem oder moralischem Gebiet, hört man die Leute von Verantwortlichkeit* sprechen. Aber wie viele unter ihnen sind fähig, diese Frage mit der gleichen Weitsicht zu betrachten wie ein Eingeweihter? Meistens empfinden sie ihre Verantwortung als eine schreckliche Last, als eine Quelle von Schwierigkeiten und Verdruss. Anstatt dadurch stärker und lichtvoller zu werden, fühlen sie sich belastet und dem Zusammenbruch nahe. Ein wahrer Eingeweihter jedoch, der ständig bemüht ist, sich so zu zeigen und so zu handeln, dass er seine ganze Umgebung auf einen göttlichen Weg mitzieht, sieht dagegen in seinen Verantwortungen unendliche Entwicklungsmöglichkeiten. Das heißt nicht, dass sie ihn überhaupt nicht belasten... aber er sagt sich: »Dank dieser Last werde ich Wachsamkeit entwickeln und mein Bewusstsein erweitern.« Auf diese Weise macht er Fortschritte, entwickelt sich und wird innerlich bereichert.

* Siehe auch Band 29, Kapitel 2.

Macht es euch zur Gewohnheit, bevor ihr handelt, euch in Gedanken bis zu einem Gipfel zu erheben, von wo aus ihr die Situation klar überblicken könnt. Selbst wenn ihr nichts Besonderes zu tun habt, solltet ihr, sobald ihr einige ruhige Minuten habt, in euch gehen und euch vorstellen, wie ihr bis zu diesem Gipfel aufsteigt. Wenn ihr dann handeln und Entscheidungen treffen müsst, werdet ihr freie Sicht haben und richtig handeln. Weil sie dies vernachlässigen, sind viele Menschen orientierungslos und unglücklich. Sie handeln immer aufgrund unüberlegter Impulse und fallen dabei natürlich auf die Nase. Wenn sie merken, dass sie sich geirrt haben, schlagen sie eine andere Richtung ein. Aber da sie wiederum nicht überlegt haben, fallen sie erneut auf die Nase. Oh ja, bildhaft gesprochen haben die Menschen den Kopf voller blauer Flecken, Beulen und Löcher. Deshalb ist es Zeit, dass sie die Ratschläge der Weisen ernst nehmen, die ihnen sagen: »Geh in dich, meditiere.« Denn auf diese Weise werden sie sich schließlich bis zu dem geistigen Gipfel erheben, von wo aus sie die vielfältigen Aspekte der Wirklichkeit erfassen, um somit besser arbeiten und ein besseres Verhalten an den Tag legen zu können.*

* Siehe auch Band 6, Kap. 7 und Band 302.

Macht es euch zur Gewohnheit, früh aufzustehen, um dem Sonnenaufgang beizuwohnen, denn gerade dann am Morgen, wenn die Sonne aufgeht, kann euch ihre ganze Pracht und Bedeutung voll bewusst werden.* Ihr werdet lernen, mit ihr, d.h. ihrem Geist, in Verbindung zu treten und ihre Strahlen, welche Keime des Lebens sind, aufzunehmen. Indem ihr zum Sonnenaufgang geht, gewinnt ihr das ewige Leben, da ihr diese lebendigen Keime, die in der Atmosphäre schweben, auffangt und in euch ansammelt. Natürlich könnt ihr diese lichtvollen Teilchen auch aufnehmen, indem ihr mit Liebe betet, meditiert, singt, atmet und esst. Ihr findet sie jedoch nirgendwo in solchem Überfluss und so rein wie in ihrer Quelle, der Sonne.

* Siehe auch Band 30, Kapitel 4 und Band 213, Kapitel 5.

Der Intellekt besitzt das Licht, d.h. er sieht; so kann er beobachten, sich erkundigen, warnen... Das Herz dagegen besitzt die Wärme, und mit dieser Wärme gibt es den Schwung, es hat alle Möglichkeiten, um die Dinge in Bewegung zu setzen, sie vorwärtszubringen, sie von der Stelle zu bewegen.

Das Bild eines Schiffes gibt euch eine Vorstellung von den verschiedenen Funktionen des Herzens und des Intellekts. Oben, auf der Kommandobrücke, gibt es einen Kapitän; er sieht, er gibt die Richtung an und gibt Befehle. Unten sind die Maschinisten damit beschäftigt, das Schiff vorwärtszubringen; sie sehen nichts, aber sie sind es, die sich um den Antrieb kümmern, nicht der Kapitän; und wenn sie nicht gehorchen wollen, kommt das Schiff nicht vorwärts. Damit das Schiff sicher und auf der richtigen Route vorwärtskommt, müssen alle zusammenarbeiten: der Kapitän und die Maschinisten. Diesem Bild entsprechen Wesen und Aufgabe von Intellekt und Herz. Die Überlegenheit des Intellekts liegt im Bereich des Sehvermögens und die des Herzens in der Impulsgebung.*

* Siehe auch Band 15, Kapitel 9 und Band 18, Kapitel 4 sowie Band 222, Kapitel 4.

Der Lärm* hält den Menschen in den niederen psychischen Regionen fest: Er hindert ihn daran, in die subtile Welt zu gelangen, in der die Bewegung leichter wird, die Vorstellungskraft klarer und das Denken schöpferischer*. Sicher, der Lärm ist ein Ausdruck des Lebens, aber nicht der höheren Grade des Lebens. Er zeigt vielmehr eine Unvollkommenheit in der Konstruktion oder in der Funktion von Wesen und Gegenständen. Eine Maschine, die beginnt, alle möglichen Geräusche zu machen, ist eine fehlerhafte Maschine.

Auch der Schmerz ist ein Geräusch, das uns anzeigt, dass sich die Dinge in den Organen verschlechtern. In einem gesunden Körper sind die Organe leise. Sicher, sie drücken sich aus, da sie lebendig sind, aber das tun sie ohne Lärm. Die Stille ist das Zeichen, dass alles im Organismus richtig funktioniert.

* Siehe auch Band 229, Kapitel 1.

Wenn ihr den anderen wirklich helfen wollt, dann müsst ihr euch angewöhnen, sie von Zeit zu Zeit zu verlassen, um zu Gott aufzusteigen. Nicht, indem man ununterbrochen mit den Menschen zusammen ist, kann man ihnen helfen, sondern indem man sich erhebt, um Reichtümer zu empfangen, die man dann später um sich herum verteilt. Wie soll ein schwacher, unwissender Mensch, der keine besonderen Tugenden besitzt, den anderen mit Mitteln helfen, die er nicht besitzt? Er kann lediglich Verwirrung und Unruhe verbreiten. Die einzige Möglichkeit, anderen zu helfen, ist, von Zeit zu Zeit in seine himmlische Heimat* zu gehen und dann zurückkommen, um die angesammelten Reichtümer auszuteilen.

* Siehe auch Band 212, Kapitel 5.

Wenn ihr jemanden seht, der ein Kreuz am Hals trägt, dann wisst ihr gleich, dass er ein Christ ist. Durch dieses Kreuz will er seinen Glauben bekunden, sich des himmlischen Schutzes versichern oder seine Entwicklung unterstützen. Jedoch haben die Kreuze die Menschen niemals vor ihren Krankheiten oder ihren Sünden gerettet. Wenn jemand in seinem Kopf oder in seinem Herzen nichts Gutes trägt, dann wird ihn auch ein Kreuz nicht verwandeln und beschützen können.

Das Kreuz ist ein kosmisches Symbol*, das man studieren und mit allergrößtem Respekt betrachten sollte. Es ist gut, ein Kreuz bei sich zu tragen, aber nur unter der Bedingung, dass man auch seinen Sinn versteht. Andernfalls arbeitet das Symbol gegen die Person, die es trägt. Beim Anblick eines Kreuzes fühlen alle entwickelten Wesen einen heiligen Schauer, aber bevor sie es tragen, versuchen sie, seine Bedeutung zu vertiefen. Sie wissen, dass ein Mensch, der ein Kreuz trägt, ohne sich auch nur im Geringsten darum zu bemühen, es zu verstehen oder in sich selbst zu beleben, dem Leid und Tod entgegengeht.

* Siehe auch Band 218, Kapitel 6.

Wenn man selbst sehr kultivierte und gebildete Menschen beobachtet, stellt man oft fest, dass sie ganz und gar in der Prosa leben: Sie sind kalt, steif, man fühlt keine Wärme und keine Poesie in ihnen, und ihr Gesicht ist finster. Die Poesie wird den Dichtern überlassen, die sie schreiben. Selbst wenn die Leute dann und wann ein paar Verse lesen, ist das Leben, das sie führen, unpoetisch. Die neue Kunst wird daher künftig darin bestehen, dass man lernt, Tag und Nacht in der Poesie zu leben, was bedeutet, offenherzig, ausdrucksvoll und lebendig zu sein. Genau in dem Moment wird man beginnen, sie zu lieben. Eigenartigerweise wollen die Menschen, dass man sie liebt, bleiben dabei aber selbst kalt, verschlossen, finster und prosaisch. Nein, man kann nicht geliebt werden, wenn man unsympathisch ist. Um geliebt zu werden, muss man lernen, jenes poetische Leben zu führen, durch das man den anderen Wärme und Licht bringen wird.

Im täglichen Leben werdet ihr ständig zu allen möglichen Aktivitäten verleitet, die für euch Versuchungen darstellen. Scheinbar ist das alles wirklich sinnvoll und intelligent, aber nach einiger Zeit merkt ihr, dass ihr euch aufgerieben habt, ohne ein nennenswertes Ergebnis zu erzielen. Das heißt nicht, dass ihr euch für nichts anderes interessieren sollt als für das spirituelle Leben; im Gegenteil, ihr könnt euch für alles interessieren, jedoch unter der Bedingung, dass ihr fest in einem hohen Ideal, in einer göttlichen Philosophie verankert seid. Wenn ihr euch an ein gut befestigtes Seil klammert, könnt ihr in alle Richtungen schwingen. Wenn aber der Knoten locker oder das Seil abgenutzt ist, werdet ihr fallen und euch die Rippen brechen. Wir kommen immer wieder auf die Wichtigkeit der Verbindung zurück: auf die Verbindung mit dem Himmel, die man niemals vergessen darf.*

* Siehe auch Band 215, Kapitel 5.

Man muss wissen, dass jedes Ding und jedes Wesen in der Natur zwei Pole hat. Betrachtet einen Baum: Durch seine Zweige und Blätter nährt er sich von Luft und Licht. Durch seine Wurzeln dagegen nährt er sich von Wasser und Erde. Der Mensch erhält wie der Baum Kräfte von oben und Kräfte von unten. Als Adam und Eva im Paradies lebten, im Garten Eden, da war es, als lebten sie in den Blüten. Die Blüten sind der Luft und dem Sonnenlicht ausgesetzt, sie werden von Schmetterlingen und Bienen besucht: In den Blüten lebt man ein himmlisches, strahlendes Leben. Doch am Tag, als Adam und Eva unter dem Einfluss der Schlange die Blüten verließen, um durch den Stamm bis in die Wurzeln des kosmischen Baumes zu gelangen, erreichten sie Regionen, in denen das Licht und die Wärme fehlten. Dort fühlten sie dann das Gewicht der Materie, und es wurde schwieriger, sich zu bewegen, sich zu ernähren usw. Das ist noch immer die aktuelle Situation der Menschheit*. Doch die Arbeit des Schülers ist es gerade zu lernen, die unterirdischen Kräfte, die er durch seine Wurzeln aufnimmt, zu beherrschen und zu benutzen, um Blüten und Früchte zu produzieren.

* Siehe auch Band 202, Kapitel 2.

Die Realität ist das, was ihr fühlt*. Wenn ihr Freude, Herrlichkeit, Frieden, Freiheit und Kraft fühlt, ist es dann so wichtig, ob dies auch außerhalb von euch wirklich existiert? Ihr fühlt euch in der Fülle, und auch wenn außen Armut und Elend herrschen, betrifft euch dies wenig, weil ihr nicht in der äußerlichen Seite lebt, sondern nur in euren Empfindungen. An erster Stelle steht die innere Welt, das ist einfach und offensichtlich, aber die Leute suchen den Sinn ihres Lebens immer in der Außenwelt, ohne zu bemerken, dass man die Außenwelt nicht leben kann! Man kann sie nur sehen, beobachten, zeichnen usw... Um sie zu leben, muss man innerlich wenigstens ein Element besitzen, das ihr entspricht. Wenn ihr keinerlei Sinn für Ästhetik habt, während ihr den Herrlichkeiten der Natur gegenübersteht, werdet ihr ungerührt und kalt bleiben, ihr könnt nichts fühlen, und es ist genauso, als hättet ihr nichts.

* Siehe auch Band 201, Kapitel 5.

Das wahre Christentum ist zuerst eine Arbeit des Geistes, als Gebet, Meditation und innere Hingabe. Leider haben die Christen schon lange nicht mehr das Ideal von Jesus, sondern das der Kirche. Sie haben die wichtigsten Wahrheiten und Gebote vernachlässigt, und wenn sich heute jemand nach der Weisung Jesu richten will, der sagte: »Seid vollkommen wie euer himmlischer Vater vollkommen ist«, so ruft die Kirche empört: »Welch ein Hochmut!« Dies beweist, dass sie den Geist der Evangelien verlassen hat, denn die wahre Lehre Jesu bestand darin, vollkommen zu werden. Aber nein, man kann ruhig mittelmäßig bleiben, Hauptsache man geht zur Messe, nimmt etwas Weihwasser, murmelt einige Gebete und empfängt die Hostie. Dass man dann ebenso bösartig oder unehrlich wie vorher wieder nach Hause kommt, ist nicht wichtig. Ja, leider ist der beste Beweis für die Unzulänglichkeit dieser »christlichen Moral« die Tatsache, dass sich die Menschen nicht verändern.*

* Siehe auch Band 215, Kapitel 3.

Die Pyramide ist ein Würfel, auf dem sich vier dreieckige Seiten erheben. Symbolisch ist der Würfel gleichbedeutend mit dem Viereck. Es ist die Vier, die Zahl der Materie, der vier Elemente. Der Würfel repräsentiert alles, was solide und dauerhaft in der Materie verankert ist. Er ist jedoch nur die Basis der Pyramide, und diese Basis trägt vier Dreiecke. Gegenüber dem Viereck, Symbol der Materie, ist das Dreieck das Symbol des Geistes. Drei ist die Zahl der göttlichen Prinzipien: Licht, Wärme, Leben. Vier (die Materie) plus drei (der Geist) gleich sieben, die Zahl des Menschen. Der Kopf ist die Zahl drei, die Arme und Beine sind die Zahl vier und die Drei steht über der Vier. Die Drei vereint sich also mit der Vier, um ein lebendes Wesen, die Sieben, zu formen.*

* Siehe auch Band 218, Kapitel 5.

Es ist wichtig für den Menschen, sich von seinen Unreinheiten zu befreien. Deshalb nehmen die Übungen der Reinigung in der Einweihungswissenschaft einen so bedeutenden Platz ein. Wir sollten diese Reinigung nicht nur durch physische Mittel vornehmen (Fasten, Atemübungen, Waschungen usw.), sondern auch durch spirituelle Mittel, wie Konzentration, Meditation und Gebet, um damit eine Substanz in uns aufzunehmen, die fremde und negative Elemente auflöst und abstößt.

Reinheit ist die Grundlage für die Entfaltung des Menschen, die Bedingung seiner Gesundheit, seiner Kraft, seiner Schönheit, seiner Intelligenz, seiner Freude und seiner Liebe.*

* Siehe auch Band 7, Kapitel 3.

Sich in der Stille üben, bedeutet in etwa, leer zu werden, und in dieser Leere empfängt man die Fülle. Ja, denn Leere existiert in Wirklichkeit gar nicht. Entfernt das Wasser aus einem Gefäß und es wird sich mit Luft füllen, entfernt die Luft, so wird es vom Äther gefüllt werden... Wenn man versucht, leer zu werden, wird jedes Mal eine Materie durch eine subtilere Materie ersetzt. So ist es auch, wenn es einem gelingt, niedere Gedanken, Gefühle und Wünsche abzustoßen. An ihrer Stelle dringt das Licht des Geistes herein, und in diesem Moment wird man sehend und wissend.*

* Siehe auch Band 229, Kapitel 2.

Es heißt, dass Gott im Anfang das Licht schuf. Dieses Licht aber war nicht jenes physische Licht, das wir kennen und das erst am vierten Tag mit der Erschaffung von Sonne und Sternen erschien. Das Licht, das Gott im Anfang rief, ist das kosmische Licht, das spirituelle Licht, durch welches Er die Welt erschaffen hat. Wenn man über dieses Licht meditiert, kann man die Essenz von Gott Selbst erreichen.

Wenn ihr Atemübungen macht, wenn ihr betet, meditiert, singt, oder wenn ihr die aufgehende Sonne betrachtet, tut ihr nichts anderes, als diese Quintessenz zu absorbieren, die in ungeheurer Menge im ganzen Universum verbreitet ist. Wenn ihr nicht viel davon empfangt, so deshalb, weil ihr die Organe in euch, die fähig sind, diese Energie aufzufangen, noch nicht genügend entwickelt habt.*

* Siehe auch Band 212, Kapitel 1.

Solange ihr auf der niederen Astral- und Mentalebene* bleibt, seid ihr angespannt, unruhig und werdet niemals die notwendige Stille für eure spirituelle Arbeit finden. Das Wesen der gewöhnlichen Gedanken und Gefühle bringt diese Wirkung hervor und das kann nicht anders sein. Man muss das Wesen aller Dinge klar erkennen. Genauso wie die Chemiker die Natur und die Eigenschaften der chemischen Elemente erforschen, müsst ihr die Natur und Eigenschaften der psychischen Elemente studieren. Es liegt eben in der Natur der eigennützigen und egoistischen Gefühle, in euch Spannung, Aufregung und Unordnung zu erzeugen. Welche Anstrengungen ihr auch macht, um zu meditieren, ihr werdet nichts erreichen, solange ihr die Bewegungen eurer niederen Natur nicht beherrscht.**

* Siehe Anmerkung und Abbildung auf Seite 392 und 393.

** Siehe auch Band 213, Kapitel 6.

Die einzige universelle Religion ist die Religion der Sonne, denn nur die Sonne ist universell. »Und der Herr?« Sicher, der Herr... Aber der Herr ist so erhaben, so unerreichbar! Man will die Sonne nicht akzeptieren unter dem Vorwand, dass man nur Gott allein verherrlichen und anbeten darf. Da man aber nicht fähig ist, bis zu Ihm zu gelangen, bleibt man im Leeren. Unter dem Vorwand, dass man nur den Herrn anerkennen soll, fühlt und versteht man überhaupt nichts. Ist das intelligent? Warum sieht man nicht, dass die Sonne uns besser als alles andere Gott näher bringen kann, indem sie uns ein Bild Seiner Größe, Seines Lichts, Seiner Liebe und Seiner Macht gibt? Man verwirft die Sonne, und deshalb bleibt man im Dunkeln, in der Kälte, in der Schwäche.*

* Siehe auch Band 201, Kapitel 8.

Die Natur, die vorausblickend ist, hat ein radikales Mittel gegen die Faulheit entdeckt: den Magen. Da der Mensch Hunger hat, muss er sich bemühen, etwas zum Essen zu finden: Entweder sucht er seine Nahrung oder er arbeitet, um sie zu kaufen. Wenn er keinen Hunger hätte, würde er mit Sicherheit nichts tun.

Die Notwendigkeit, das Bedürfnis sind die einzige Medizin gegen die Faulheit. Darum muss man die Faulen bedürftig lassen, denn die Bedürftigkeit wird sie heilen. Leider ist das eine Wahrheit, die viele Mütter nur sehr schwer verstehen. In ihrer blinden Liebe wollen sie ihren Kindern die Bedürftigkeit ersparen, und damit drängen sie sie in Bequemlichkeit und Schwäche. Die Mütter können vieles verstehen, außer, dass die wirkliche Liebe darin besteht, ihre Kinder zur Arbeit anzuregen, denn in der Arbeit findet man alles: die Gesundheit, das Glück, die Kraft und den Sinn des Lebens.*

* Siehe auch Band 203, Kapitel 5 und 7.

Die Menschen wissen nicht, in der wunderbaren Welt der poetischen Imagination zu leben. Selbst bei den Künstlern, den Malern, den Poeten, den Filmemachern, den Dramaturgen zeigt sich die Tendenz, in ihren Werken die gröbste und ekelhafteste Wirklichkeit darzustellen, als würden wir sie nicht genügend kennen. Zur Entfaltung des Menschen ist es aber besser, wenn er in die Schönheit einer zauberhaften Welt eintauchen kann, die ihm den Wunsch gibt, nach ihr zu verlangen und in ihr zu leben. Ihr werdet sagen: »Aber das ist eine unrealistische Welt!« Nun, gerade diese unrealistische Welt ist die absolute Realität. In ihr fühlt man sich endlich in Reinheit und Licht lebend. Die wahre Realität muss man oben, im Bereich der Seele und des Geistes, suchen.*

* Siehe auch Band 223, Kapitel 3 und folgende.

Ihr müsst die Harmonie aus Liebe zu ihr suchen, aus einem Bedürfnis nach Harmonie, aus dem Bedürfnis, in die universelle Symphonie einzutreten. Damit öffnet ihr die Tür für die lichtvollen Kräfte und Wesen der Natur, die dann eintreten werden, um sich in euch niederzulassen. Sich harmonisieren bedeutet, sich zu öffnen, und diese Öffnung ist die Bedingung dafür, dass die lichtvollen Kräfte in euch eindringen können. Ihr werdet sagen: »Ja, aber wie kann man sich öffnen?« Das ist einfach: indem man liebt. Wenn man liebt, breitet sich Harmonie aus, die Türen und Fenster öffnen sich, und der ganze himmlische Segen kommt zu euch herein.*

* Siehe auch Band 225, Kapitel 2 und 3.

Es ist nicht verboten, die Edelsteine zu lieben und sich sogar zu wünschen, welche zu besitzen, aber unter der Bedingung, dass man weiß, wie man sie betrachten soll. »Und wie soll man sie betrachten?«, werdet ihr fragen. Als eine Verbindung zur spirituellen Welt. Ihr müsst euch auf sie konzentrieren, auf ihre Reinheit, auf ihre Farben und ihre Fähigkeit, das Licht durchzulassen. Bittet sie dann, mit all ihren Eigenschaften und Tugenden in euch einzutreten, damit euer ganzes Wesen erhellt wird von den tausend Feuern der Saphire, Diamanten, Rubine, Smaragde, Topase usw. Aus diesem Grund soll man die Edelsteine lieben und suchen. Nicht, um sie als Schmuck für sich zu benützen, sondern um durch ihre Quintessenz erleuchtet und genährt zu werden.*

Die wahre Poesie liegt nicht in der Literatur, sondern ist eine Qualität des inneren Lebens. Alle lieben die Malerei, die Musik, den Tanz, die Skulpturen usw... Warum sollte man dann nicht auch das innere Leben mit diesen Farben, Rhythmen, Formen und Melodien in Harmonie bringen?

Versteht, dass die Poesie in euch selbst beginnen muss, dass alles, was ihr erlebt und tut, poetisch sein soll, was bedeutet, dass es einen klaren und lichtvollen Bewusstseinszustand zum Ausdruck bringt. Ein solcher Bewusstseinszustand lässt die wahre Poesie entstehen: Ihr seid inspiriert und fühlt, wie ein ununterbrochener Strom durch euch hindurchfließt, weil ihr innerlich mit der Welt der Harmonie verbunden seid. Sobald ihr jedoch die erhöhten Grade des Bewusstseins verlasst und euch nicht mehr im Einklang mit diesen spirituellen Strömungen befindet, fallt ihr sofort in die Prosa.*

* Siehe auch Band 223, Kapitel 4 und Band 225, Kapitel 2.

Die wunderbarste Lehre, die uns die Sonne erteilt, ist ihre Universalität. Sie kümmert sich nicht darum, wer die Wesen sind, denen sie ihre Strahlen sendet. Ob diese intelligent oder dumm sind, gut oder kriminell, ob sie ihre Wohltaten verdienen oder nicht, sie leuchtet für alle, ohne Unterschied. Selbst wenn ihr die großartigsten Wesen nehmt, die je existierten, so waren sie doch alle etwas parteiisch, hatten Vorlieben und sogar einige Feindseligkeiten. Ja, sogar die größten Propheten und Meister konnten sich nicht gänzlich von dem Bedürfnis befreien, das Gesetz der Gerechtigkeit anzuwenden und die Bösen zu bestrafen. Denn nichts ist schwieriger, als sich von jeglichen Gefühlen der Feindseligkeit zu befreien. Allein die Sonne ist dazu wirklich fähig. Seit Millionen von Jahren wartet sie geduldig auf die Vervollkommnung der Geschöpfe. Sie weiß, dass wir göttliche Funken sind und eines Tages wie Gott werden. Deshalb kümmert sie sich weiterhin mit viel Geduld um uns. Genügen diese Größe und Weite nicht, um euch anzuspornen?*

* Siehe auch Band 201, Kapitel 9.

Die Sexualenergie zurückzuhalten unter dem alleinigen Vorwand, den Regeln zu gehorchen, welche die Kirche oder die Gesellschaft vorgeben, muss man ganz einfach als Verdrängung bezeichnen. Die Verdrängung kann jedoch keine Lösung für das Problem der Sexualität sein. Verdrängung ist die Weigerung, der Sexualkraft ihren natürlichen Ausgang zu geben, aber ohne dass man dabei im Kopf ein Ideal hat, das stark genug wäre, eine Arbeit auf den höheren Ebenen verrichten zu können, um diese Kraft zu kanalisieren und zu transformieren. Der wahre Verzicht darf keine Entbehrung sein, sondern ist eine Transposition auf eine andere Ebene. Es ist weiterhin dieselbe Aktivität, aber sie wird auf höhere Ebenen ausgerichtet. Man soll sich also nicht enthalten und entsagen, sondern lediglich die Ebene wechseln. Das heißt oben das tun, was man vorher unten tat: Anstatt, symbolisch gesprochen, das Wasser eines Sumpfes zu trinken, trinkt man dann das Wasser einer reinen, kristallklaren Quelle.*

* Siehe auch Band 205, Kapitel 7.

Die wenigsten Leute wagen es, euch die Wahrheit über euch selbst, über eure Fehler und Schwächen zu sagen, denn sie haben Angst, eure Dienste zu verlieren oder euch zum Feind zu machen. Hinter dieser liebenswürdigen und feinen Haltung steht also ein persönliches Interesse, und auf diese Weise behaltet ihr eure Fehler, die sich mit der Zeit nur noch verstärken. Ein wahrer Eingeweihter verhält sich anders. Er hat kein persönliches Interesse, er hat keine Angst, denn er hat nichts zu verlieren: Er hat bereits alles gewonnen, da er die Wahrheit kennt. Er zeigt euch also eure Unvollkommenheiten und vor allem das, was euch schadet, was euch in den niederen Regionen zurückhält... Alles, was euch krank und unglücklich macht, wagt er euch zu sagen. Warum? Weil er in Wirklichkeit euer bester Freund ist. Er will euch die Möglichkeiten geben, eure Fehler zu überwinden.*

* Siehe auch Band 207, Kapitel 1.

Es steht in den Evangelien, dass man immer gezwungen ist, einem Meister zu dienen. Wenn man also nicht Christus und dem Licht dient, ist man gezwungen, dem Teufel und der Dunkelheit zu dienen. Das sind die Gesetze. Wenn ihr sagt: »Oh! Ich akzeptiere weder das Licht noch Christus, ich will frei bleiben«, werdet ihr leider nicht verhindern können, dass sich die Hölle bei euch einnistet. Wer auf diese Art die Freiheit sucht, sucht sie nicht wirklich, weil er so nur Versklavung findet. Eine andere Entität beginnt, ihn zu unterrichten, und da er unwissend ist, geht er darauf ein und glaubt, es seien seine eigenen Hoffnungen und Wünsche, während er in Wirklichkeit die Geschäfte eines anderen erledigt. Aber die Menschen verstehen das nicht, sie sind wie Kinder. Wenn ein Kind frei sein will, so nur, um alle möglichen dummen oder gefährlichen Dinge zu tun, die es anschließend limitieren werden. Nur die Weisen wissen, dass man sich, um frei zu sein, begrenzen muss. Unter dem Vorwand der Freiheit tun die anderen in Wirklichkeit nichts anderes, als die Käfige der Raubtiere zu öffnen, die dann alles in ihnen zerreißen und verschlingen.*

Unsere Intelligenz ist die Summe, die Synthese jener Vielzahl von Zentren und Organen in unserem Inneren, jener Tendenzen und Impulse, die wir seit Millionen von Jahren von Inkarnation zu Inkarnation mit uns herumtragen. Sie ist eine Zusammenfassung aller Fähigkeiten und Möglichkeiten der Zellen, aus denen unser Organismus besteht. So sehr unsere Zellen entwickelt, sensibel und harmonisch sind, so sehr ist auch unsere Intelligenz entwickelt, das gilt es zu verstehen. Die Intelligenz ist keine getrennte, sich unterscheidende, unabhängige Fähigkeit vom Gesamtorganismus des Menschen und seiner Zellen und Organe. Deshalb erfordert das richtige Denken nicht allein eine Anstrengung des Intellekts, sondern beinhaltet in Wirklichkeit eine ganze Lebensdisziplin.*

* Siehe auch Band 22, Kapitel 6.

Man kann die Arbeit eines Eingeweihten mit der Arbeit der Natur vergleichen. Was macht die Natur? Sie spricht ununterbrochen zu uns und sendet uns Botschaften. Sie benutzt keine Worte, und doch spricht sie zu uns: Sonne, Sterne, Wälder, Seen, Meere, Berge, alle sprechen sie unaufhörlich zu uns und teilen uns etwas aus ihrem Leben und von ihren Geheimnissen mit. Diese Mitteilungen werden in uns aufgezeichnet, aber wir sind uns dessen nicht bewusst. Trotzdem verdanken wir es ihnen, dass sich nach und nach unsere Sensibilität bereichert und sich unser Verständnis verbessert. Wir wissen nicht, wie dieses Verständnis zustande kommt, aber es geschieht. In gleicher Weise spricht auch ein Eingeweihter zu uns: Durch Strömungen und Strahlen, die er aussendet und durch Teilchen, die von ihm ausgehen.

Wenn ihr euch die Mühe macht, den Satz von Jesus zu vertiefen: »Mein Vater arbeitet und ich arbeite mit Ihm«, werdet ihr erleben, wie sich für euch unbegrenzte Horizonte öffnen. Doch ihr lasst Jesus mit Seinem Vater arbeiten und kümmert euch stattdessen lieber um eure Hühner und Schweine. »Aber«, werdet ihr sagen, »zwischen Jesus und uns ist eine so große Distanz! Er ist Christus, er ist vollkommen, aber wir... es ist Hochmut zu glauben, man könne die gleiche Arbeit machen wie er.« Gut, denkt was ihr wollt, Jesus aber dachte anders als er sagte: »Seid vollkommen wie euer himmlischer Vater vollkommen ist«. Oder: »Wer meine Gebote hält, wird die gleichen Werke tun wie ich, und er wird sogar noch größere vollbringen.« Deshalb sage ich euch, dass die Christen Faulenzer sind. Sie wollen uns weismachen, es sei aus Demut, dass sie die einzige eines Menschen würdige Aktivität nicht unternehmen, die darin besteht, an der Arbeit Gottes teilzunehmen. Aber es handelt sich hier keineswegs um Demut, sondern um Faulheit.*

* Siehe auch Band 215, Kapitel 1.

Glaubt nicht, der Intellekt würde ausreichen, um zu verstehen. Das wahre Verständnis kommt nicht durch einige Zellen im Gehirn zustande, sondern durch den ganzen Körper, selbst durch Arme und Beine, durch den Bauch und die Leber... Der ganze Körper mit allen Zellen muss verstehen. Das Verstehen ist eine Empfindung. Ihr empfindet, und im selben Moment versteht und wisst ihr: Weil ihr es gekostet habt. Kein intellektuelles Verstehen kann sich mit der Empfindung vergleichen. Wenn ihr Liebe fühlt, Hass, Wut oder Kummer, dann wisst ihr, was das ist. Wenn ihr sagt: »Ich weiß, was Liebe ist«, ohne jemals verliebt gewesen zu sein, dann irrt ihr euch, denn ihr könnt es nicht wissen. Wenn ihr aber die Liebe gefühlt habt, dann kennt ihr sie. Vielleicht könnt ihr sie weder erklären noch ausdrücken, aber ihr kennt sie, und ihr kennt sie wirklich. Denn wirkliche Erkenntnis ist Empfindung.*

* Siehe auch Band 228, Kapitel 19.

Überall im Universum beobachtet man den gleichen natürlichen Prozess: Aus dem Chaos muss die Ordnung hervorgehen, die Schönheit, die Vollkommenheit. In der aktuellen Kunst jedoch stellt man fest, wie sich genau das Gegenteil ereignet. Wenn man ein Bild betrachtet, so fragt man sich, was es darstellt: einen Menschen, ein Tier, einen Gegenstand oder eine Landschaft... Es existiert keine Differenzierung mehr, es ist ein Zurück zum Chaos. Die Natur aber arbeitet immer in Richtung Differenzierung und Organisation: Da ist nur eine Zelle, die sich teilt, und nach einigen Monaten erscheint ein menschliches Wesen, in all seinem Reichtum und seiner Komplexität. Soll man nun die umgekehrte Richtung einschlagen und ein Einzeller werden? Nein, das wäre eine Regression, aber zu dieser Regression wollen uns viele Künstler, die weder unterrichtet noch aufgeklärt sind, führen.*

* Siehe auch Band 223, Kapitel 1 und 2.

Die Überzeugung ist eine der größten Kräfte, die es gibt. Man sah, wie manche Führer durch ihre Überzeugung ganze Massen mitgerissen haben: Auch wenn die von ihnen vertretenen Ideen stupide oder kriminell waren, so rissen sie durch ihre Überzeugungskraft doch schließlich auch die Zurückhaltendsten mit... denn die Überzeugungskraft ist eine Macht. Sie ruft Verwüstung und Zerstörung hervor, wenn sie auf das Böse ausgerichtet ist, sie kann aber auch die Welt verwandeln, wenn sie eine göttliche Idee aussendet und für das Gute arbeitet.

Die Überzeugung des geistigen Schülers beruht auf der Kenntnis der göttlichen Gesetze und auf den bereits gelebten Erfahrungen aus vergangenen Inkarnationen oder während der jetzigen Inkarnation. Wenn ein Schüler diese Kenntnisse erlangt und Erfahrungen gemacht hat, besitzt er eine unerschütterliche Überzeugung, die ihn allmächtig macht. Hat er diese Überzeugung jedoch nicht, so heißt dies, dass seine Kenntnisse nicht vollständig sind.*

* Siehe auch Band 238, Kapitel 3.

Wenn es euch mehr und mehr gelingt, eure Gesten, Gefühle und Gedanken unter Kontrolle zu bringen, dann gelingt es euch auch, euer Schicksal zu verändern. Denn unser Schicksal hängt eben gerade davon ab, inwieweit wir fähig sind, auf alles, was wir tun, eine Kontrolle auszuüben. Und was ist nun ein Meister? Er ist ein Wesen, das erreicht hat, alles in sich auf den verschiedenen Ebenen*, auf der physischen, astralen und mentalen Ebene zu kontrollieren. In dem Moment gehorchen ihm die Kräfte der Natur, die Geister und sogar die Tiere, Pflanzen und Steine. Das ist die wahre Meisterschaft, die wahre Königswürde.**

* Siehe Anmerkung und Abbildung auf Seite 392 und 393.
** Siehe auch Band 211, Kapitel 3.

Der Schüler, der daran arbeitet, das himmlische Feuer anzuziehen, weiß, dass dieses Feuer nur an einen Ort kommt, der dafür vorbereitet ist. So arbeitet er unablässig daran, diesen Ort, der in ihm selbst ist, zu reinigen und zu heiligen. Durch Meditation, durch Gebet, durch die tägliche Ausübung der Tugenden errichtet er ein Heim aus einer reinen und lichtvollen Materie, in dem das Feuer seine eigene Quintessenz wiedererkennt und sich daher angezogen fühlt. In der christlichen Tradition wird dieses himmlische Feuer »Heiliger Geist« genannt, und am Pfingstfest wird die Herabkunft des Heiligen Geistes in Form von Flammen, von Feuerzungen auf die Jünger Jesu gefeiert. In dem Moment erhielten sie auch die Gaben des Heilens, des Wahrsagens und der Fähigkeit, »in Zungen« zu sprechen… denn der Heilige Geist kommt nicht allein, sondern in Begleitung von Engeln, Erzengeln, einer ganzen himmlischen Hierarchie und auch mit zahlreichen Dienern der Natur, welche sich im Menschen als Begabungen, Fähigkeiten und Tugenden niederlassen.*

* Siehe auch Band 232, Kapitel 18.

Unser Ideal ist, uns harmonisch zu entwickeln, um in allen Bereichen ein Vorbild zu werden. Unser Ideal ist, gemeinsam voranzuschreiten, verbunden durch die brüderliche Liebe, wie sie von Gott unter allen Menschen gewollt wird. Unser Ideal ist, ein gemeinschaftliches Leben in Harmonie zu führen, denn in diesem Leben liegt aller Segen.

Die Epoche, in der es empfehlenswert war, zurückgezogen zu leben, um sich zu entwickeln, ist nun vorbei, und wir befinden uns im Zeitalter der Brüderlichkeit. Wir sollen uns nicht von den anderen trennen, sondern gemeinsam, Seite an Seite, voranschreiten, um auf der Erde eine universelle Bruderschaft zu errichten, in der alle Menschen eine riesige Familie bilden. Es wird keine Grenzen mehr geben, und anstatt so viel unnützen Aufwand zu betreiben, um sich voreinander zu schützen, werden die Völker in Fülle und Frieden leben.*

* Siehe auch Band 23, Kapitel 4 und Band 24, Kapitel 19 sowie Band 25, Kapitel 2.

Wenn man im Winter eine Tür offen lässt, entweicht die Wärme, und das ganze Haus kühlt aus; und wenn man im Sommer die Türen und Fenster geschlossen hält, erstickt man... Jeder weiß das. Aber sehr wenige sind sich bewusst, dass sie auch innerlich Türen und Fenster haben und dass sie wissen müssen, wann diese zu öffnen und wann sie zu schließen sind. Wie bewahren wir die Wärme, die Freude und das Licht? Wie bewahren wir die spirituellen Reichtümer oder erlangen neue? Indem wir die Türen geschlossen lassen, die mit der niederen Welt verbunden sind, durch die sich die dunklen Geister einschleichen, und indem wir die Türen öffnen, die uns mit der höheren Welt verbinden.*

Die Kabbala spricht von 50 Toren, die der Schüler öffnen muss, es sind die Tore von Binah**, die Tore der Intelligenz. Aber solange die 24 alten Weisen sehen, dass ihr nicht wisst, wann ihr die astralen und oft sogar die physischen Türen öffnen bzw. schließen solltet, entscheiden sie, dass es noch nicht an der Zeit ist, die Tore der Intelligenz für euch zu öffnen.

* Siehe auch Band 227, Kapitel 29 und Band 224, Kapitel 2.

** Siehe Abbildung und Anmerkung auf Seite 394/395 dieses Buches.

Die wahre Moral, die wahre Religion ist in dieser Weisung Jesu enthalten: »Seid vollkommen, wie euer himmlischer Vater vollkommen ist.« * Aber die Entfernung vom Menschen zu Gott ist so groß, dass man sich fragt, warum Jesus uns dieses Ideal gegeben hat, das unsere Vorstellungskraft übersteigt: Vollkommen sein wie Gott selbst! Nun, er wusste jedoch sehr genau, was er tat. Denn auf der materiellen Ebene ist es gut, sich mit kleinen Dingen zufriedenzugeben und für alles dankbar zu sein. Aber auf der spirituellen Ebene sollte man niemals zufrieden, sondern ehrgeizig, unersättlich sein, das höchste, unerreichbarste Ideal anstreben: die Vollkommenheit. Man muss nach allen himmlischen Gütern verlangen. Ja, verlangt dort 100 Prozent... um wenigstens 1 Prozent zu erreichen! Und das, was ihr verlangen sollt, ist das Licht, damit alles in euren Gedanken, euren Gefühlen, euren Handlungen und eurem physischen Körper Licht werde. Das Licht: Dieses Wort umfasst alle Güter, die man sich vorstellen kann, all das, was am reinsten ist, am mächtigsten, am schönsten, am erhabensten... Gott selbst.

* Siehe auch Band 215, Kapitel 3 und Band 25, Kapitel 6.

Die Alten, für die die Erde und nicht die Sonne der Mittelpunkt des Universums war, waren nicht gänzlich im Irrtum: Für die Menschen ist die Erde, ihr Planet, am wichtigsten, sie ist wirklich ihr Universum, dessen Zentrum der Mittelpunkt der Erde ist. Von einem bestimmten Standpunkt aus betrachtet kann man sagen, dass das geozentrische System des Ptolemäus genauso wahr ist wie das heliozentrische System des Kopernikus! Denn die Menschen empfangen die Sonnenenergie nicht direkt, sondern die Erde empfängt sie und übermittelt sie ihnen. Auch wachsen und entwickeln sich die Menschen nach dem Rhythmus der Erde. Sie können sich nicht schneller als ihr Planet entwickeln: Das kollektive Schicksal der Menschheit unterliegt der Entwicklung der Erde. Nur bestimmte, besonders fortgeschrittene Menschen, können sich von der Gesamtheit lösen und sich schneller entwickeln.*

* Siehe auch Band 232, Kapitel 5.

Durch die Prüfungen festigen wir uns.* Es genügt nicht, Momente der Verzückung in Gebet, Kontemplation und Vereinigung mit der Welt des Lichts zu erleben. Diese Bewusstseinszustände sollen andauern, und deshalb müssen sie der Prüfung des Lebens unterzogen werden. Es gibt den Ausdruck »seinen Charakter festigen«, und gerade die Hindernisse und Schwierigkeiten festigen einen Charakter. Täuscht euch daher nicht: Nur weil ihr erhabene Momente der Kommunion mit dem Himmel gekostet habt, bei denen ihr den Eindruck hattet, alles zu verstehen und zu beherrschen, seid ihr danach nicht vor Schwierigkeiten geschützt. Nein, ihr seid davon nicht ausgenommen, im Gegenteil, denn dank dieser Schwierigkeiten werden die in euch entstandenen neuen Formen beständig.

* Siehe auch Band 210, Kapitel 6 und Band 232, Kapitel 6.

Es gab einmal in einem Kloster einen armen Mönch, der intellektuell so begrenzt war, dass man ihm nur die gröbsten materiellen Aufgaben anvertrauen konnte: fegen, Geschirr waschen, Abfälle einsammeln... Aber in seinem Kopf hatte sich eine Wahrheit festgesetzt, eine einzige, die er nie vergaß. Wenn er das Geschirr abwusch, sagte er: »Herr, wie ich diesen Teller wasche, so wasche Du mein Herz.« Und wenn er fegte: »Herr, wie ich diese Zelle fege...« usw. Das ging so jahrelang, und eines Tages wurde er aufgrund der Reinheit, an der er unaufhörlich gearbeitet hatte, hellsichtig und derart weise, dass Kardinäle von weither zu ihm kamen, um ihn um Rat zu fragen. Ja, nur eine einzige Wahrheit...

Und ihr, die ihr so viele Wahrheiten kennt, worauf wartet ihr, bis ihr etwas damit anfangt? Lasst sie nicht im Bereich der Theorie. Wählt einige Wahrheiten aus, arbeitet daran Tag und Nacht, dann werdet ihr die Ergebnisse sehen.*

* Siehe auch Band 1, Kapitel 2 und Band 13, Kapitel 2.

Das wahre Glück liegt in der Aktivität, aber natürlich in einer Aktivität, die auf höhere Ziele ausgerichtet ist als jene, mit der man ein wenig Geld verdient, um seinen eigenen Lebensunterhalt und den seiner Familie zu decken.* Diese materielle Arbeit ist notwendig, aber ungenügend, sie kann niemanden innerlich erfüllen. Um glücklich zu sein, muss der Mensch lernen, eine Arbeit mit den Gedanken, dem Gefühl, der Vorstellungskraft und dem Willen zu machen, denn in einer solchen Arbeit wird er Erfüllung finden. Was dann auch in der Welt geschehen mag, er wird immer seine Arbeit haben. Seine äußere Arbeit kann ihm aufgrund von Ereignissen genommen werden, aber diese innere Arbeit kann er überall ausführen, auch unter schwierigsten Umständen und sogar in der anderen Welt… Denn niemand kann ihm seine Intelligenz, sein Herz, seinen Willen wegnehmen: Das sind die einzigen wahren Reichtümer, auf die er sich immer verlassen kann.

* Siehe auch Band 29, Kapitel 6.

Die meisten Leute verbringen ihre Zeit damit, Gedanken voller Ärger, Hass und Rache auszusenden, die dazu beitragen, Chaos und Katastrophen in der Welt hervorzurufen. Der Schüler jedoch muss alles, was ihn bekümmert, quält oder verwirrt, vergessen und nur daran denken, dass er sich im Licht befindet und das Licht ausstrahlt. Alle Menschen haben die gleichen Möglichkeiten, durch die Gedanken schöpferisch zu wirken, nur benutzen die einen sie für das Böse und die anderen für das Gute, das ist der ganze Unterschied. Es ist nicht so, dass manche begabter oder privilegierter wären und andere benachteiligt, nein, in alle wurden die gleichen Samen, die gleichen Materialien hineingelegt. Anstatt euch nun also zwanzig, dreißig oder fünfzig Mal am Tag einer negativen schöpferischen Tätigkeit hinzugeben, denkt daran, Ordnung in eure Gedanken und Gefühle zu bringen, um etwas Schönes, Harmonisches und Göttliches zu erschaffen.*

* Siehe auch Band 31, Kapitel 3.

Das Geld hat eine enorme Macht über die niedere Natur des Menschen. Es regt sie an, es reizt sie: »Los, du hast die Mittel, diesen da zu ruinieren und jenen auszuschalten... Die Frau ist verheiratet? Das macht doch nichts, was hält dich zurück? Da sie dir gefällt, kannst du sie haben: Du wirst sehen, wie wenig sie dem Auto und den Diamanten, die du ihr schenkst, widerstehen kann.« Oh ja, Geld ist ein sehr schlechter Ratgeber der niederen Natur, das sieht man jeden Tag. Wenn ihr jemanden wirklich kennenlernen wollt, gebt ihm viel Geld und beobachtet, wie er sich verhält. Wenn er sich nicht sofort in Vergnügungen stürzt, wenn er sich nicht eitel, anspruchsvoll, hart, arrogant usw. zeigt, dann ist das ein großartiger Mensch, auf den ihr zählen könnt, denn ihm ist es gelungen, den Versuchungen zu widerstehen, die das Geld mit sich bringen kann.*

* Siehe auch Band 231; Kapitel 5.

Man hört häufig Leute erzählen, dass sie dank eines Unfalls, einer schweren Krankheit oder eines großen Unglücks, ihre wahre Berufung oder sogar ihr Heil gefunden haben. Trotzdem hatten sie anfangs geglaubt, alles sei verloren und waren verzweifelt und aufgebracht. Sicher, manche Prüfungen sind schrecklich, und es ist unmöglich, nicht zu leiden. Aber warum nicht gleich daran denken, dass man eines Tages, am Ende dieser Prüfungen, das Glück finden wird, das auf uns wartet? Warum so viel Zeit in Verzweiflung und Auflehnung verlieren?*

* Siehe auch Band 231; Kapitel 10.

Ihr solltet jeden Tag begeistert und dankbar dafür sein, dass es auf der Erde Millionen hübscher Frauen gibt, bei denen ihr noch nicht das Glück hattet, sie kennenzulernen und zu betrachten und dass ebenso Millionen von intelligenten und starken Männern existieren, denen ihr noch nicht begegnet seid. Denkt an all diese Menschen und freut euch einfach an dem Gedanken, dass sie existieren und dass ihr ihnen eines Tages begegnet könntet, um mit ihnen zu sprechen und sie zu bewundern. Ja, lernt euch daran zu erfreuen, dass die Männer und Frauen existieren und nicht nur daran, sie zu besitzen. Die meisten unter euch sagen, dass sie es vorziehen, eine Frau oder einen Mann zu besitzen. Einverstanden, aber keine Frau kann die Qualitäten aller Frauen in sich vereinen, und auch kein Mann kann all die Qualitäten aller Männer besitzen. Nur wenn ihr an alle Männer und an alle Frauen auf der Erde denkt, werdet ihr die Fülle finden, die ihr sucht.*

* Siehe auch Band 28, Kapitel 8 und Band 205, Kapitel 6 sowie Band 214, Kapitel 3.

Der Mensch braucht Raum, Unendlichkeit, Ewigkeit, diese Nahrung von Seele und Geist, die die materialistische Philosophie niemals in Erwägung gezogen hat. Daher wird der Materialismus eines Tages bankrottgehen. Ja, bestimmte Ereignisse werden geschehen, und das wird den Bankrott bedeuten... Man will die Menschen glauben machen, dass ihr Glück vom technischen Fortschritt, vom Komfort abhängt und hindert sie so daran, mit anderen Bereichen, mit anderen Wesenheiten in Berührung zu treten, die allein ihnen den Frieden, die Liebe und die Fülle bringen könnten, deren sie bedürfen. Diese spirituelle, mystische Welt ist derart abgelehnt, lächerlich gemacht und verhöhnt worden, dass es fast niemanden mehr gibt, der sich angeregt fühlt, dort die notwendigen Elemente für sein Überleben zu suchen. Und die Menschheit ist dabei, an Erstickung, Vergiftung und mangelndem Gleichgewicht zugrunde zu gehen. Nur eine Einweihungsschule gibt uns die besten Bedingungen, mit dieser feinstofflichen Welt in Verbindung zu treten, sie zu atmen, zu essen, zu trinken und uns erfüllt zu fühlen. Wenn wir meditieren, nehmen wir nichts zu uns, weder Nahrung noch Getränke noch Düfte... Es ist die Leere; aber gerade in der Leere erweitert sich die Seele.*

* Siehe auch Band 25, Kapitel 8.

Ihr solltet euch mehr und mehr bewusst werden, welchen Wert diese Augenblicke besitzen, in denen ihr in Stille und innerer Sammlung das Licht, die Gnade des Himmels empfangt. Viele eurer Leiden rühren gerade daher, dass ihr dieses Bewusstsein nicht besitzt. Ihr empfangt Segnungen, aber es dauert nicht lange, und ihr habt sie schnell wieder verloren, ganz einfach, weil ihr den Wert dessen, was ihr empfangen habt, nicht kennt. Ihr stellt euch vor, dass der Himmel ständig seinen Segen herabströmen lassen muss, und wenn ihr gerade nichts Interessanteres zu tun habt, wollt ihr gerne einige Minuten innehalten, um ihn zu empfangen. Nein, in dieser Weise darf es sich nicht abspielen. Der Himmel steht nicht oberflächlichen, leichtsinnigen Leuten zur Verfügung. Zu einem bestimmten Zeitpunkt, unter bestimmten Bedingungen, sendet er seine Segnungen, und wenn ihr nicht bewusst genug seid, sie zu empfangen oder sie nicht bewahren könnt, habt ihr Pech gehabt, und sie verlassen euch wieder. Seid also aufmerksam: Wenn ihr spürt, dass ihr eine Offenbarung, eine Gnade des Himmels empfangen habt, bemüht euch, sie sorgfältig zu bewahren.*

* Siehe auch Band 321, Kapitel 10 und Band 16, Kapitel 12, Teil 1.

Solange sich der Mensch mit dem Bild dessen zufriedengibt, das er im Moment von sich hat, wird er in den niederen Graden der Entwicklung zurückgehalten, denn dieses mittelmäßige und prosaische Bild von sich selbst beeinflusst und begrenzt ihn. Er muss daran arbeiten, von sich selbst ein schöneres, edleres, lichtvolleres Bild zu erschaffen: Auch dieses Bild wird auf ihn einwirken; es wird andere Schwingungen hervorrufen und einen neuen Schwung entstehen lassen. Er wird Lust haben, diesem Bild zu ähneln, und auf diese Weise wird er Fortschritte machen; sonst stagniert er und lernt nie seine eigene Wirklichkeit kennen.

Ihr werdet sagen: »Aber welche Wirklichkeit? Das, was ich jetzt bin, ist die Wirklichkeit!« Nein, diese Wirklichkeit ist noch nicht wirklich. Die wahre Wirklichkeit, das ist euer Höheres Selbst; es ist die einzige Wirklichkeit. Alles Übrige, was ihr sonst als Wirklichkeit betrachtet, ist eine Illusion, eine Lüge. Deswegen muss der Schüler sein Höheres Selbst, sein Göttliches Selbst suchen, welches die einzige Wirklichkeit ist.*

* Siehe auch Band 28, Kapitel 3 und Band 234, Kapitel 16.

Der Schöpfer hat dem Menschen die Freiheit gelassen, und es ist Aufgabe des Menschen, herauszufinden, welche Richtung er einschlagen muss, um sich wirklich zu entfalten. Ihr fragt: »Aber warum? Wäre es nicht manchmal besser, wenn sich der Himmel dem Menschen manchmal aufdrängen würde?« Nein, es liegt am Menschen, zu begreifen, wo sein Vorteil liegt, sich bewusst zu werden, warum er besser diese Richtung einschlägt als jene, besser diese Wahl trifft als jene. Er muss wirklich davon überzeugt sein. Es wäre kein wahrer Vorteil für einen Menschen, gegen seinen Willen auf den Weg des Guten und des Lichts gedrängt zu werden. Und darum lassen der Schöpfer und die himmlischen Wesen ihn frei. Es liegt an ihm, zu begreifen und zu fühlen, welches der beste Weg für ihn ist.*

* Siehe auch Band 12, Kapitel 8 und Band 202, Kapitel 8 sowie Band 312.

Der Mensch bestimmt sich selbst durch seine Wünsche, seine Bestrebungen und sein Ideal. Alle Menschen haben die gleiche Erscheinungsform, aber je nach ihren Bestrebungen nähern sie sich dem Stein, der Pflanze, dem Tier, dem Menschen oder der Gottheit. Manche haben ein völlig versteinertes Innenleben, andere leben dahin wie die Pflanzen, andere sind Sklaven ihrer Instinkte wie die Tiere; andere, die einen höheren Grad des Denkens erreicht haben, der die wahre Errungenschaft des Menschen ist, widmen ihre Zeit dem Studium, der Forschung, dem künstlerischen Schaffen. Und schließlich gibt es noch einige wenige, die all ihre Kräfte und Aktivitäten in den Dienst des Himmels stellen, um seine Pläne zu verwirklichen und sich auf den Weg zur Vergöttlichung begeben. Weil man überall im Universum dieselbe Struktur wiederfindet, existiert eine subtile Beziehung zwischen den Gedanken, den Gefühlen, den Aktivitäten des Menschen und der Gesamtheit der Schöpfung.*

* Siehe auch Band 28, Kapitel 2.

Stärke gründet auf Einheit und Harmonie, verliert diese Wahrheit niemals aus dem Auge. Denkt an die universelle Familie, die ihr bilden sollt, trotz eurer unterschiedlichen Charaktere, Neigungen, Entwicklungsgrade, sozialen Umgebung, Berufe usw. Lasst diese Details beiseite, sie sind völlig unwichtig, sie spielen keine große Rolle im spirituellen Leben. Stärkt in euren Herzen die Überzeugung, dass ihr trotz eurer Verschiedenheit alle der Universellen Weißen Bruderschaft angehört, dass ihr ihre Mitglieder seid und dass ihr dort zusammen betet, meditiert und singt, mit dem Ziel, das Bewusstsein auf der ganzen Erde zu erwecken. Ja, in diesem Moment stellt ihr eine wahre Macht dar.*

* Siehe auch Band 18, Kapitel 10.

Manche haben eine seltsame Vorstellung von dem Zustand, in dem sich der Mensch oben, im Himmel, befindet. Sie glauben, dass er dort nur mit seinem Kopf und nichts anderem sein wird, denn die Leber, der Magen, die Eingeweide und besonders die Geschlechtsorgane sind doch keine sehr edlen Organe. Nun, sie irren sich: Der Mensch geht ganz und gar unversehrt ins Paradies, und wenn ihr wüsstet, in welcher Herrlichkeit, welcher Schönheit, welcher Reinheit! So wie Gott ihn am Anfang geschaffen hat. Er hat Lungen, ein Gehirn, Ohren, Augen, aber in einer anderen Form oder vielmehr aus anderer Quintessenz, denn es gibt dort oben keine Formen mehr, sondern nur Strömungen, Licht und Kräfte. Alles in ihm ist wohl organisiert und funktioniert, als ob er einen Magen, Arme und Beine hätte; nichts fehlt, alles ist da, aber in Form von Fähigkeiten, Tugenden, Qualitäten. Denn die Organe unseres physischen Körpers sind in Wirklichkeit die Darstellung, die Spiegelung himmlischer Qualitäten und Tugenden. Und wenn ihr das menschliche Wesen sehen könntet, umgeben von Farben und Licht, die ständig von ihm ausgehen und hervorsprudeln, würdet ihr niemals müde werden, ihn zu betrachten.*

* Siehe auch Band 23, Kapitel 9.

Wo sucht ihr eure Zukunft? Eure Zukunft ist die Sonne: Eines Tages werdet ihr wie die Sonne, denn die Erde selbst wird wie ihr Vater, die Sonne. Die Erde ist ein Kind der Sonne, sie ist aus ihrem Schoß hervorgegangen. Die Sonne hat sie ausgesandt, aber sie ernährt und erzieht sie weiterhin, damit sie selbst lernt, wie die Sonne zu geben. Bis jetzt ist die Erde weit davon entfernt, so großzügig wie die Sonne geben zu können, auch wenn sie einige Pflanzen und Früchte hervorbringt. Sie muss also noch weiterhin lernen, beobachten und den Worten der Sonne lauschen, die ihr sagt: »Du sollst lernen, zu geben, du sollst lernen, zu strahlen wie ich.«

Ihr werdet sagen: »Ja, aber meint die Sonne auch uns?« Sicher, die Erde und die Menschen haben denselben Ursprung und dieselbe Bestimmung. Jeder Mensch ist eine kleine Erde, und jede dieser Erden muss eines Tages auch wie die Sonne werden.*

* Siehe auch Band 321, Kapitel 10.

Viele glauben, der Intellekt könne sie führen, ihnen neue Horizonte eröffnen und ihnen den Schlüssel zu den großen Mysterien verleihen. Und doch müssen die Menschen mehr und mehr feststellen, dass sie keineswegs durch ihren Intellekt Frieden und Glück finden werden. Im Gegenteil, anstatt ihrem Leben einen Sinn zu geben, lassen Wissenschaft und Philosophie oft nur ihre Quelle austrocknen; sie durchschneiden ihre Wurzeln und stürzen sie in eine grauenvolle innere Unordnung. Wenn ihr daher wollt, dass sich jetzt ein neues Leben vor euch öffnet, dann hört auf, dem Intellekt den ersten Platz einzuräumen und denkt daran, mehr die Qualitäten des Herzens, in Form von Güte, Nachsicht und Großzügigkeit an den Tag zu legen, denn gerade diese Qualitäten sind es, die dem Leben wahrhaft einen Sinn geben.*

* Siehe auch Band 15, Kapitel 9 und Band 243, Kapitel 10.

Die Menschen vergeuden ihr Leben mit gewöhnlichen und dummen Beschäftigungen, mit Leidenschaften und Vulkanausbrüchen, aber sie merken nicht, dass sie dabei sind, etwas Unwiederbringliches zu verlieren. Sie glauben, das Leben sei da, ewig, unerschöpflich, sie könnten tun, was sie wollen, es stehe immer zu ihrer Verfügung. Später wundern sie sich dann natürlich über ihre völlige Erschöpfung. Sie haben alles getan, um so weit zu kommen, aber sie sind erstaunt und beklagen sich. Wenigstens sollten sie sich nicht beklagen, sondern sich sagen: »Was wollt ihr, ich habe Erfahrungen gemacht und sehe jetzt, wo die Wahrheit ist.« Darum seid wenigstens ihr, die ihr das Licht dieser Lehre empfangt, wachsam, vergeudet nicht euer Leben, bewahrt es, wie es in dem Lied des Meisters Peter Deunov heißt: »Sine moi pasi schivota: Mein Sohn, bewahre das Leben, den verborgenen Funken in dir, diese kostbare Gabe...« Wenn die Menschen eine einzige und wahre Wissenschaft brauchen, so ist es allein diese: Zu wissen, wie sie ihr Leben bewahren und es in den Dienst des Himmels stellen können.*

* Siehe auch Band 225, Kapitel 1 und Band 16, Kapitel 13, Teil 3.

Wenn ihr euch in Gefahr befindet, bleibt einen Augenblick unbeweglich, bevor ihr irgendetwas unternehmt... Rührt euch nicht, sprecht nicht, ballt eure rechte Faust, atmet tief ein und verbindet euch mit dem Himmel. Auf diese Weise wird es euch gelingen, eure Zellen zu beherrschen. Danach könnt ihr Maßnahmen zu eurer Rettung ergreifen, aber zunächst bewegt euch nicht, denn wenn ihr euch zu einer unkontrollierten Bewegung hinreißen lasst, ist das so, als hättet ihr einen Damm brechen lassen: Die entfesselten Fluten strömen und ihr könnt die Lage nicht mehr in Ordnung bringen. Auf diese Weise hat man Menschen aus dem Fenster springen oder sich ins Feuer stürzen sehen.

Im Anblick einer Gefahr muss man unbeweglich bleiben und sich mit dem Schutzengel verbinden. Dann werdet ihr spüren, wie Frieden aufkommt, der die notwendige Bedingung für das Erwachen von Kräften ist, die euch retten werden; ihr werdet sie spüren, denn sie sind immer in euch gegenwärtig, aber man muss ihnen die Bedingungen schaffen, um sich manifestieren zu können.*

* Siehe auch Band 221, Kapitel 5.

Wenn es darum geht, euch in der Gesellschaft vor den anderen zu zeigen, seid ihr makellos: Gesten, Worte, Mimik, Kleidung, alles ist perfekt. Aber wenn ihr alleine seid und euch niemand beobachtet, ist es anders, ihr lasst euch gehen und legt ein unordentliches Verhalten an den Tag, ohne an das ganze Volk eurer Zellen zu denken, die euch beobachten. In dem Moment denkt dieses Volk: »Sehr gut, da uns unser Herr dieses Beispiel gibt, werden wir ihn nachahmen, dann wird er schon sehen!« Und so rufen auch sie Unordnung in euch hervor, in eurem physischen und psychischen Organismus. Wenn ihr dagegen mit ihnen umzugehen wisst, ist dieses Volk fähig, Wunder zu vollbringen. Durch eine geduldige, intelligente Arbeit kann der Mensch bestimmte lichtvolle Wesenheiten in sich erheblich stärken und ihnen Bedingungen verschaffen, in denen sie ihre Macht manifestieren können. Er selbst ist vielleicht schwach, aber diese Wesenheiten sind mächtig, und dank ihnen kann er überall hingehen, um die Geschöpfe zu erleuchten und das Kommen des Reiches Gottes vorzubereiten.*

* Siehe auch Band 18, Kapitel 6 und Band 208, Kapitel 3.

Gott verbreitet seine Liebe über alle Wesen, über gute und boshafte, aber der Mensch kann diese Liebe annehmen oder abweisen.* Gott sendet sie uns, aber wenn wir uns verschließen und Ihn nicht gleichfalls lieben, so empfangen wir nichts, und alles hat den Anschein, als ob Er uns nicht lieben würde. In Wirklichkeit ist es Gott egal, ob wir Ihn lieben oder nicht, das wird Ihn nicht ändern. Aber wenn wir Ihn nicht lieben, bringen wir uns selbst in eine schlechte Lage: Da wir von Panzern umgeben sind, kann Gott nicht in uns eintreten. Der Herr hat das Universum auf absoluten Gesetzen errichtet. Wenn wir Gefühle des Zweifels, der Auflehnung nähren, verströmen wir so dichte Dämpfe, dass diese die Strahlen der göttlichen Sonne daran hindern, bis zu uns zu gelangen, und sofort sind wir eingehüllt in Dunkelheit und Kälte.

* Siehe auch Band 16, Kapitel 2 Teil 4.

Wir müssen daran arbeiten, unser Leben intensiver zu machen, denn dieses Leben wird Phänomene von höchster Magie erzeugen, die auf die Herzen, auf die Seelen, auf geistige Wesen, auf die Wesenheiten und Kräfte der Natur und sogar auf physische Gegenstände wirken. Ja, der Moment kommt, wo die ganze Welt begreifen muss, dass es dumm ist, eine ganze Ewigkeit in Herrlichkeit für eine unbedeutende Existenz zu opfern, die man damit verbracht hat, zu essen, zu trinken, zu schlafen und sich ein wenig im Leben durchzuschlagen. Die Eingeweihten handeln anders: Sie sind im Gleichgewicht, in Frieden, in der Freude, in Gesundheit, weil sie daran gearbeitet haben, ihr Leben zu reinigen und schön und kraftvoll zu gestalten; sie haben verstanden, dass die wahre Magie im Leben zu finden ist und nirgendwo anders. Ja, das Leben einhauchen zu können, es gibt keine höhere Magie als diese: alle Wesen zu lieben, sie anzuregen, sie zu begeistern, sie wiederzuerwecken. Das ist die wahre Magie, das wahre Leben.*

* Siehe auch Band 5, Kapitel 1 und Band 225; Kapitel 1 sowie Band 314, Teil 1 und 2.

Die kosmische Intelligenz hat Wesenheiten in den Menschen hineingesetzt, die ihn überwachen. Sobald er dabei ist, durch seine Nachlässigkeit oder seine Böswilligkeit etwas in seinem Intellekt, seinem Herzen oder in seinem physischen Körper zugrunde zu richten, beginnen diese Wesenheiten, ihn zu stechen und zu beißen, um ihm zu sagen: »Los, kehr auf den richtigen Weg zurück!« Diese Aufrufe zur Ordnung nennt der Mensch dann Leid. Aber da es ihm ja Warnungen übermittelt, sollte der Mensch das Leiden als Freund betrachten; es kommt nur, um ihm zu zeigen, dass er einen Zustand verlassen hat, wo alles klar und einfach war.* Es ist nun an ihm, die Sprache des Leidens zu verstehen und ihm zu sagen: »Gott segne dich, ich habe verstanden, ich werde meine Irrtümer wieder berichtigen.« In dem Moment, in dem er verstanden hat und entschlossen ist, sich zu bessern, muss das Leiden ihn verlassen, denn es hat seine Arbeit getan, seinen Auftrag erfüllt.

* Siehe auch Band 242, Kapitel 3.

Ein Mann und eine Frau begegnen sich; sie finden einigermaßen Gefallen aneinander und beschließen, zusammenzubleiben, in der Annahme, dass sie auf diese Weise die Leere, die sie in sich spüren, ausfüllen werden. In Wirklichkeit wissen sie nicht, dass diese Anziehung, die sie zueinander drängt, kein oberflächliches, leicht zu befriedigendes Bedürfnis ist, sondern der Ausdruck eines kosmischen Phänomens, das zunächst ihre Seele und ihren Geist betrifft. Und darum muss diese Vereinigung von Mann und Frau sich zuerst oben, in der göttlichen Welt, in der Welt des Lichts vollziehen. Erst danach kann sie auf der physischen Ebene stattfinden, und dann, ja dann wird es die Fülle bedeuten, und diese Fülle wird Schöpfungen von unvorstellbarer Schönheit hervorbringen.*

* Siehe auch Band 214, Kapitel 7.

Die wirksamste Methode, um euch mit Gott zu verbinden, ist, sich auf das Licht zu konzentrieren. In Wirklichkeit ist Gott nicht das Licht, Er ist viel mehr als das, und man kann Ihn weder erkennen noch sich Ihn vorstellen. In der Genesis heißt es, dass Gott am ersten Tag das Licht erschaffen und aus diesem den Stoff des Universums gemacht hat. Das Licht ist somit die erste göttliche Emanation und enthält alle göttlichen Qualitäten und Tugenden. Und darum kann man Gott nur durch das Licht erkennen. Nun, hier ist eine Übung, die ihr jeden Tag ausführen könnt: Denkt jeden Tag mehrmals daran, euch auf das Licht zu konzentrieren, euch im Licht auszuruhen, mit dem Licht zu verschmelzen, euch von ihm durchdringen zu lassen, stellt euch vor, dass das ganze Universum in diesem Licht badet. Ihr werdet nach und nach spüren, dass sich alles in euch beruhigt, dass dieses Licht euch wahre Wissenschaft, wahren Frieden, Ausgeglichenheit und Kraft bringt. Außerhalb des Lichts werdet ihr niemals den Sinn des Lebens finden.*

* Siehe auch Band 31, Kapitel 10 und Band 212, Kapitel 5 und 9 sowie Band 321, Kapitel 5.

Jesus hat gesagt: »Geht hinein durch die enge Pforte.* Denn die Pforte ist weit, und der Weg ist breit, der zur Verdammnis führt, und viele sind's, die auf ihm hineingehen« (Mt 7,13). Diese schmale Pforte, die den Zugang zum Reich Gottes bildet, ist die der Einweihung. Die Einweihung ist eine Askese, die den Menschen lehrt, sich seiner Schwächen und all seiner niederen Neigungen zu entledigen. Man kann sie mit der Öffnung vergleichen, durch die eine Schlange kriechen muss, um ihre Haut zu wechseln. Ein Schüler ist, wer sich vorbereitet, durch diese schmale Pforte zu gehen, die ihm seine alte Haut, das heißt seine irrigen Auffassungen, seine verderblichen Neigungen abstreift. Jeder von euch muss durch diese schmale Pforte gehen, und anstatt euch zu beunruhigen und Angst zu haben, freut euch, dass ihr dank ihrer ein neuer Mensch werdet, mit neuen Gedanken, neuen Gefühlen und einem neuen Verhalten, welche würdig sind, für einen wahren Sohn, eine wahre Tochter Gottes. Man kann sagen, dass der Mensch im Laufe seines Lebens drei Tore durchschreitet: das der Geburt und das des Todes, durch die, unabhängig von ihrem Entwicklungsgrad, alle hindurchgehen müssen. Das dritte Tor, das der Einweihung, können hingegen nur diejenigen durchschreiten, die zu einer großen Arbeit der Reinigung und Loslösung fähig sind.

* Siehe auch Band 32, Kapitel 2 und Band 217, Kapitel 5.

Es gibt unzählige Selbstmordfälle, aber sie können in drei Kategorien unterteilt werden. Ihre Ursache liegt entweder an mangelnder Intelligenz oder in einem Mangel im Bereich des Herzens oder an fehlender Willenskraft. Wenn ihr ein richtiges Verständnis der Dinge habt, wenn ihr wisst, dass eine von einer Vielzahl strahlender Wesen bevölkerte göttliche Welt existiert und dass diese göttliche Welt der physischen Welt ihr Siegel aufgeprägt hat... wenn ihr ferner wisst, dass die Macht der Gefühle und Wünsche so beschaffen ist, dass ihr sie mit Geduld und Beharrlichkeit realisieren könnt... und wenn es euch schließlich noch gelingt, euch zu beherrschen, um nicht mehr einzig danach zu trachten, eure Leidenschaften zu befriedigen, sondern alle Schwierigkeiten als ein Mittel zur Willensstärkung zu betrachten, dann werdet ihr euch niemals dazu entschließen, freiwillig eurem Leben ein Ende zu setzen. Selbst Elend und Entbehrungen, selbst Krankheiten und Einsamkeit werden euch nicht besiegen können, sondern ihr seid derjenige, der den Sieg davonträgt.*

* Siehe auch Band 28, Kapitel 5 und Band 210, Kapitel 8.

Manche Denker haben sogar die Berechtigung der Familie in Frage gestellt, weil sie deren negative Einflüsse sahen, und sie beseitigen wollten: Ihrer Meinung nach sollte nicht mehr die Familie die Erziehung der Kinder* sicherstellen, sondern vom Staat kontrollierte Institutionen. Solche beklagenswerten Auffassungen führen jedoch zu katastrophalen Ergebnissen. Aus den Kindern werden auf diese Weise kleine Monster, die ihren Eltern entfremdet sind und unter gewissen Umständen sogar bereit sind, sie bei der Polizei anzuzeigen, was schrecklich wäre! Die Familie darf nicht zerstört werden. Die Mitglieder einer Familie haben heilige Bindungen untereinander. Man muss die Familie schützen oder ganz einfach den Begriff »Familie« erweitern. Diese Erweiterung ist eine große Arbeit, und es liegt jetzt bei der Jugend, dies zu erreichen.

* Siehe auch Band 203, Kapitel 1, 4 und 11.

Eine Liste der Bücher, auf die in den Tagesgedanken verwiesen wird, finden Sie auf Seite 397 bis 399 des vorliegenden Buches.

Geld ist notwendig; kein vernünftiger Mensch wird euch einreden, dass ihr ohne Geld leben könnt, denn ihr würdet zu Pennern oder zu Parasiten werden. Es ist auch keine Lösung, das Geld abzuschaffen, wie manche vorschlagen, in dem Gedanken, es sei die Ursache allen Unglücks in der Gesellschaft. Geld ist ein Mittel des Austausches*, und wenn man es abschaffen würde, müsste man es durch etwas anderes ersetzen; denn das Leben in einer Gesellschaft gründet auf Wechselbeziehungen, und man befände sich wieder vor dem gleichen Problem, eine andere Art Geld zu haben. Wenn Geld Schaden anrichtet, ist nicht das Geld schuld, sondern derjenige, der sich seiner bedient hat und mit ihm seine Begierden befriedigen wollte: Sobald er schlechte Absichten im Kopf hat, wird das Geld ihm dabei helfen, diese zu verwirklichen. Wenn er sich aber andere Ziele setzt, kann dasselbe Geld in seinen Händen zu einem wahren Segen werden.

* Siehe auch Band 240, Kapitel 13.

Wir können durch die Gedanken* auf unser Verhalten einwirken, und umgekehrt können wir durch das Verhalten auf unsere Gedanken einwirken. Wenn wir üble Neigungen haben, die unseren Gang, unsere Gesten und unsere Ausdrucksweise negativ beeinflussen, oder wenn unser Tun dazu geführt hat, dass wir Ideen und Gefühle akzeptieren, die schlechte Veränderungen in uns hervorrufen, so steht uns die gleiche Wirkung zur Verfügung, um unsere Bewegungen und unsere Ausdrucksweise wieder ins Gleichgewicht zu bringen. Angenommen, ihr hättet zwei Wochen lang keine mystische Atmosphäre in euch spüren und weder meditieren, noch beten oder euch sammeln können, so spiegelt sich all das in eurem gesamten Verhalten. Dann müsst ihr die Situation ändern, indem ihr euch sagt: »Durch die Willenskraft**, durch das Ausführen bestimmter Gesten und Handlungen, werde ich die Liebe in mir wieder zum Fließen bringen und so meine Inspiration wiederfinden.« Wenn ihr auf diese Weise vorgeht, spürt ihr, wie nach und nach wieder das gleiche großartige Gefühl von früher und dieselbe Erfüllung in euch aufsteigen.

* Siehe auch Band 210, Kapitel 7 und Band 224 und Band 211, Kapitel 1.

Ein wahrer Eingeweihter, der die Harmonie, die göttliche Vollkommenheit sucht, weiß, dass diese Vollkommenheit sich überall in der Natur widerspiegelt, aber er weiß auch, dass sie nirgendwo vollkommener in Erscheinung tritt, als im menschlichen Körper*. Woanders sieht man sie überall verstreut: Die Ozeane, zum Beispiel, stellen einen Teil des menschlichen Körpers dar, die Flüsse einen anderen, die Berge und der Himmel wiederum andere. Aber nur Mann und Frau können die ganze Fülle dieser Schönheit zum Ausdruck bringen: Gott hat im Mann und in der Frau die ganze Schöpfung zusammengefasst, alles, was im Kosmos existiert. Wenn diese Spiegelung vollkommen in einem menschlichen Körper verwirklicht ist, betrachtet ein Eingeweihter ihn mit Entzücken. Er sagt sich: »Das ist ein Geschöpf, das besser als die anderen alle Tugenden Gottes widerspiegelt.« Aber er bleibt nicht bei diesem Menschen stehen; während er ihn betrachtet, strebt er danach, die Herrlichkeit des Schöpfers wiederzufinden.

* Siehe auch Band 216, Kapitel 7,8,11 und Band 219, Kapitel 6 sowie Band 6, Kapitel 11.

Damit eure Seele von unsichtbaren Wesen besucht wird, die euch helfen, schützen und verwandeln werden, arbeitet daran, eine von allen disharmonischen Schwingungen gereinigte Atmosphäre herzustellen. Denn nur im Schoße der Liebe, der Schönheit, der Reinheit und des Lichts können sich in euch großartige Veränderungen vollziehen.

Wenn ihr in einem Wald seid, bei einer Quelle oder am Ufer eines Sees, so verweilt dort, bewegungslos, lasst euch von der Stille*, der Frische und der Klarheit durchdringen. Wenn ihr das Wasser und die Vögel singen hört, wenn ihr das Laub rascheln hört und bei Nacht die Sterne betrachtet, dann gebt euch ganz diesem Frieden und dieser Harmonie hin... Und ihr solltet auch lernen, die Menschen genauso wie die Natur zu erspüren. Wenn ihr einem Menschen gegenübersteht, der einen Duft wie ein Garten voller Blumen und eine Musik wie die einer Quelle um sich verbreitet, dann versucht ihn zu spüren, denn dieser Mensch kann euch erleuchten, euch führen, euch retten.

* Siehe auch Band 229, Kapitel 2,9,12 und 14.

Ob sie davon sprechen oder nicht, ob sie sich dessen bewusst sind oder nicht, alle Männer und alle Frauen suchen ihre Schwesterseele.* Aber die große Mehrheit weiß nicht, dass die Schwesterseele ein Begriff aus dem Innenleben ist. Um seine Schwesterseele in einem Mann oder einer Frau zu finden, muss man sie zunächst innerlich gefunden haben, durch Meditation und Kontemplation, sonst sind alle Versuche mehr oder weniger zum Scheitern verurteilt. Es ist sehr wichtig, diese Wahrheit zu kennen. Wenn der Mann in sich das weibliche Prinzip gefunden hat und die Frau das männliche, und wenn sie ihm dienen und für es arbeiten wollen, dann sollen sie sich ruhig lieben und heiraten, ihre Liebe wird eine Quelle des Segens sein! Durch ihren Geliebten wird die Frau den himmlischen Vater und der Mann durch seine Geliebte die göttliche Mutter sehen... In dem Augenblick öffnen sich alle Schatzkammern vor ihnen, und sie leben Tag und Nacht in Verzückung, Ekstase und Schönheit.

* Siehe auch Band 14, Kapitel 19 und Band 237, Kapitel 17.

Habt ihr schon einmal beobachtet, wie viel Zeit ihr wirklich mit der äußeren Welt verbringt? Das sind einige Minuten, einige Stunden... Und wie oft seid ihr mit euch selbst zusammen? Den ganzen Tag, das ganze Leben lang! Das beweist, dass euer inneres Leben* wichtiger ist und dass Überfluss, Reichtum und Ordnung nicht im Äußeren, sondern vielmehr zuerst in eurem Inneren herrschen müssen. Doch man sieht, wie die äußere Welt sich mit Gegenständen, Produkten, Apparaten, Bauten und den verschiedensten Waffen anfüllt, während die Menschen innerlich mehr und mehr in Unordnung, Schwäche, Elend und Leere leben. Es ist Zeit, dass sie daran denken, all das innerlich zu realisieren, worum sie sich im Äußeren schon bemühen. In uns selbst sollten wir Reichtum, Schönheit und Kraft besitzen; denn was wir auf diese Weise erreicht haben, kann uns nichts und niemand je wieder nehmen.

* Siehe auch Band 12, Kapitel 7 und Band 221, Kapitel 7 und 8.

Die Sonne sendet in den ganzen Raum strahlende Teilchen von größter Reinheit. Und wenn ihr euch richtig konzentrieren könnt, wird es euch gelingen, viele alte, abgenutzte, starre Teilchen loszuwerden, um sie durch neue, von der Sonne kommende Teilchen zu ersetzen. Dies ist eine äußerst nützliche Übung, die ihr morgens beim Sonnenaufgang ausführen könnt. Versucht mit ganzem Herzen und ganzer Seele, diese göttlichen Teilchen* in euch aufzunehmen. Auf diese Weise werdet ihr nach und nach die Materie eures Wesens erneuern und dank der Sonne wie ein Sohn, wie eine Tochter Gottes denken und handeln.

* Siehe auch Band 30, Kapitel 4.

Ein Mann hat viele Hühner in seinem Hühnerstall und ist sehr freigebig und freundlich zu ihnen: Jeden Tag sorgt er für sie und füttert sie. Und doch verschwindet ein Huhn nach dem anderen. Warum? Was ist geschehen? Nun, der Mann holt sie sich, schneidet ihnen den Kopf ab, und seine Frau legt sie in den Kochtopf. So sorgen sie erst für sie, um sie dann zu verspeisen; wobei sie sagen: »Hm! Das Huhn ist köstlich, gerade richtig!« Genau das bezeichnen die meisten Menschen als Liebe, sie spüren die Liebe wie einen Appetit, den man stillen muss. Dies ist eine alte Neigung, die ihnen aus dem Tierreich geblieben ist und an der sie arbeiten müssen.

Im neuen Leben wird man lernen, dass die erste Regel, die es zu beachten gilt, wenn man jemanden liebt, lautet, an ihn zu denken und nicht an sich. Liebe bedeutet zuerst, herausfinden zu wollen, was die Seele des geliebten Wesens benötigt, wie man ihm in seiner Evolution helfen kann und wie man ihm für sein Wachstum, seine Entwicklung und seine Befreiung, gute Bedingungen schaffen kann.*

* Siehe auch Band 214, Kapitel 4,5,6 und Band 226, Kapitel 15.

Ihr müsst wissen, dass jede Geste magisch ist. Wenn ihr daher am Morgen jemandem begegnet, grüßt ihn niemals mit einem leeren Gefäß in der Hand, denn ohne es zu wollen und ohne es zu wissen, seid ihr dabei, ihm Leere, Armut und Misserfolg für den ganzen Tag zu wünschen. Ihr meint, dies habe keine Bedeutung und die Menschen in der Welt würden dem keine Beachtung schenken... Wenn die Menschen unbewusst sind, ist dies kein Grund, sie nachzuahmen. Sie sollen handeln wie sie wollen, aber wir hier, die wir die Gesetze des neuen Lebens lernen, müssen uns darin üben, in allen Dingen bewusst zu sein. Wenn ihr also am Morgen euren Freunden begegnet, tragt nicht nur keine leeren Gefäße in der Hand, sondern füllt auch euer Herz mit viel Liebe, während ihr ihnen einen guten Tag wünscht. Wenn ihr mit den positiven Kräften der Natur zu arbeiten wisst, werden alle euch schätzen und lieben.*

* Siehe auch Band 14, Kapitel 15 und Band 207, Kapitel 8.

Vielen Menschen scheinen die mystischen Zustände der Ekstase und Erleuchtung als anormal und sogar gefährlich. Ihrer Meinung nach darf man nur dem Intellekt vertrauen, denn dort herrscht wenigstens Vernunft, man hat den »Kopf an der richtigen Stelle«. Aber wenn es darum geht, sich Vergnügungen, Instinkten und Leidenschaften* hinzugeben, ist das anders. Anstatt dort ihren Verstand einzusetzen und zu erkennen, dass sie damit alle möglichen schädlichen Elemente in sich einlassen, die sie dann zugrunde richten, geben sich diese so gesetzten und vernünftigen Leute ihnen nach Herzenslust hin. In diesem Fall denken sie, es sei nicht nur erlaubt, sondern empfehlenswert, die Vernunft nicht einschreiten zu lassen, um sich besser den Reizen und Empfindungen hingeben zu können. Und das nennen sie dann »leben«. Aber sie irren sich: Gerade da wäre es wünschenswert, einen kühlen Kopf zu bewahren, diese Vergnügungen abzulehnen und stattdessen zu versuchen, göttliche Zustände zu erleben.

* Siehe auch Band 206, Kapitel 8.

Welchen Menschen schenkt ihr gewöhnlich Beachtung und Wertschätzung? Den Reichen, Gelehrten, Berühmten, denen, die Erfolg haben, die eine hohe Stellung in der Gesellschaft haben. Und wenn ihr Menschen begegnet, die große moralische Qualitäten zum Ausdruck bringen, wie Geduld, Güte, Nachsicht, Reinheit und Großzügigkeit, so schätzt ihr sie nicht und bemerkt sie übrigens nicht einmal. Wie falsch ist diese Einstellung! Denn dank dieser Menschen, die weder Aufmerksamkeit, noch Blicke auf sich ziehen, ist das Leben auf der Erde überhaupt noch möglich. Während die anderen sich abmühen, um bekannt zu werden und die ersten Plätze einzunehmen, gehen sie bescheiden, im Hintergrund, ihrer segensreichen Tätigkeit nach. Das Licht, der Friede und die Harmonie, die sie ausströmen, reinigen die Atmosphäre und machen die Luft für alle atembarer. Ich sage euch dies nicht, damit ihr euch von all den glänzenden und talentierten Menschen abwendet, nein, denn auch unter ihnen besitzen glücklicherweise manche große moralische Qualitäten. Ich möchte nur eure Aufmerksamkeit auf die Gegenwart einfacher, guter und reiner Menschen lenken, da ihr es bisher noch nicht gewohnt seid, auf sie zu achten.*

* Siehe auch Band 30, Kapitel 2.

Es ist schon gut, wenn man gerne an Wasserfällen und Flüssen spazieren geht, reines Quellwasser trinkt und in Seen oder im Meer badet, aber das ist keine wirkliche Arbeit, und es wird nicht die geringste Veränderung in euch geschehen, solange ihr nicht wisst, wie ihr wirklich mit dem Wasser in Verbindung tretet, zu ihm sprecht und euch mit ihm verbindet.

Um mit dem Wasser in Berührung zu treten, ist die erste Bedingung, sich ihm mit Respekt zu nähern, mit dem Wissen, dass in ihm schöne und reine Wesenheiten wohnen, die euch nur wohlgesonnen sein werden, wenn ihr ihnen Achtung und Liebe entgegenbringt. Wenn ihr zum Beispiel baden wollt, vor allem in einem See, seid aufmerksam, tut es nicht in jeder beliebigen Geistesverfassung. Bittet die Wasserwesen um Erlaubnis; denn wenn ihr badet, ist es so, als würdet ihr euch in ihrem Wohnbereich von euren Unreinheiten befreien, und ihr solltet euch im Klaren sein, dass ihr sie dadurch stören könnt. Seid also sehr aufmerksam.*

* Siehe auch Band 13, Kapitel 6.

Die Regierenden eines Landes* sind fortwährend der Kritik und Feindseligkeit der Bürger ausgesetzt. Und überall, in den Kabaretts, den Varietés, im Radio und Fernsehen, zeichnet man ein lächerliches, groteskes Bild von ihnen. Auf diese Weise wird man sie bestimmt nicht dazu bringen, sich zu bessern. Im Gegenteil, indem man sie mit negativen Gedanken stört, schafft man die Bedingungen dafür, dass sie Irrtümer begehen und schlechte Entscheidungen für ihr Land treffen. Ihr seht, das kann sehr weit führen. Wenn ihr also eurem Land wirklich helfen wollt, dann schimpft nicht fortwährend auf denjenigen an der Spitze, sondern schickt ihm Licht, damit er immer inspiriert ist. Ihr könnt nicht eurem ganzen Land helfen, denn es ist riesig, aber es genügt, einem einzigen Menschen zu helfen, das ist leichter, und er wird dann allen Gutes tun, weil sehr viel von ihm abhängt. Wenn es ihm gelingt, gerechte Gesetze zu verabschieden, die der öffentlichen Gesundheit, dem Bereich des Wohnens, der Ausbildung und der Arbeit dienen, werden alle von der Tatsache profitieren, dass einer inspiriert war.

* Siehe auch Band 10, Kapitel 5 und Band 24, Kapitel 19.

Wenn ihr keinen anderen Wunsch habt, als ein gewöhnliches, prosaisches, unbedeutendes Leben zu führen, könnt ihr euch gehenlassen, es ist dann unnütz, wachsam zu sein und Anstrengungen zu machen, um euch zu beherrschen und eure Instinkte zu zügeln. Diese Beherrschung wird sogar schädlich für eure physische und psychische Gesundheit. Ihr werdet unerträglich für eure Familie und für eure gesamte Umgebung; ihr fühlt euch frustriert, werdet verbittert, hart und intolerant. Damit eure Wachsamkeit und Selbstbeherrschung ihren Daseinsgrund haben, braucht ihr ein sehr hohes Ideal* und den Wunsch, aus eurem Leben etwas Großes, Schönes, Edles zu machen, ihr müsst das Bedürfnis haben, ihm ein anderes Element hinzuzufügen, ein Element des Geistes, des Lichts. Sonst machen eure Anstrengungen keinen Sinn.

* Siehe auch Band 5, Kapitel 6 und Band 307.

Die Eltern kümmern sich um ihre Kinder, das ist gut und so soll es auch sein. Aber haben sie zuvor an sich selbst gearbeitet? Nein, oft haben sie irgendwie dahingelebt, haben ein Durcheinander in sich entstehen lassen und geben jetzt ihren Kindern das Beispiel eines beklagenswerten Verhaltens, welches deren Psyche und sogar Gesundheit auf sehr negative Weise beeinflussen wird. Man muss sich zunächst mit sich selbst befassen, bevor man andere erzieht oder beeinflussen will, sonst verhält es sich genauso, als ob ihr mit von Kohle geschwärzten Händen einen kleinen Fleck auf dem Gesicht von jemandem entfernen wollt. Ihr beschmutzt ihn nur noch mehr.*

* Siehe auch Band 15, Kapitel 11 und Band 203; Kapitel 5.

Nichts, was der Mensch innerlich erschafft, bleibt ohne Wirkung und zuallererst auf ihn selbst. Wenn ihr durch eure Gedanken, Gefühle und Wünsche versucht, in euch das Paradies zu erschaffen, so werdet ihr als Erster darin leben. In welcher Umgebung ihr euch auch befinden mögt, ihr seid im Paradies. Und dann werden nach und nach eure Verwandten, eure Freunde und alle Menschen, die sich euch nähern, zu spüren beginnen, dass es dort sprudelnde Quellen gibt, singende Vögel und duftende Blumen, und sie werden zueinander sagen: »Kennt ihr diesen Garten? Welch ein Frieden, welch eine Reinheit, welch ein Segen!« Und ihr werdet von ihrer Freude und ihrer Dankbarkeit umgeben sein.*

* Siehe auch Band 9; Kapitel 1 und Band 233, Kapitel 17.

Die größte Gefahr für die Menschen liegt darin, dass sie die meisten ihrer Befriedigungen auf der physischen Ebene suchen, denn diese Suche macht sie egoistisch, ungerecht, unehrlich und sogar kriminell. Um eine Gehaltserhöhung, eine gehobenere Stellung, einen größeren Marktanteil oder eine mondäne Einladung zu bekommen, stürzen sie sich in Intrigen und akzeptieren alle möglichen Bloßstellungen. Selbst angenommen, sie erreichten ihr Ziel, was können ihnen diese Erfolge wirklich bringen? Und wie viele unter ihnen fühlen sich noch unzufriedener, wenn sie dann erreicht haben, was sie sich wünschten! So haben sie anderen Schaden zugefügt, und sie selbst sind nicht glücklicher. All das ist wirklich nicht sehr vorteilhaft.

Derjenige, der das Glück in der Materie sucht, ist dem Goldsucher vergleichbar, der Tonnen von Sand bewegt, um dann gerade einmal ein Goldkörnchen zu finden. Auch das ist nicht sehr lohnend. Um Gold in Mengen zu finden, muss man die Materie ein wenig beiseitelassen und sehr hoch zur Sonne, zum Geist hinaufsteigen.*

* Siehe auch Band 208; Kapitel 4 und Band 231, Kapitel 10.

Versucht, das richtige Verhalten dem Herrn gegenüber herauszufinden und voller Achtung, Bewunderung und Liebe an Ihn zu denken, denn in dem Moment schwingt ihr in Einklang mit Ihm, und alles, was Er besitzt, beginnt euch zuzufließen. Ihr spürt, dass ihr durch Sein Licht erleuchtet werdet, dass ihr mit Seiner Liebe liebt, dass ihr frei seid durch Seine Freiheit und Freude empfindet durch Seine Freude. Wenn ihr jemanden von Herzen liebt, teilt ihr miteinander die gleichen Empfindungen, weil ihr auf der gleichen Wellenlänge schwingt. Das ist ein physikalisches Gesetz. Aber die Menschen denken niemals daran, die Gesetze, die sie in der physischen Welt entdeckt haben, auch im geistigen Bereich anzuwenden.

Der Schöpfer bedarf natürlich nicht eurer Liebe oder eurer Verehrung, Ihm fehlt es an nichts, Er lebt in der Fülle; ihr aber habt es nötig, Ihn zu lieben, denn dank dieser Liebe erhebt ihr euch in die Welten der Schönheit, des Lichts und der Freiheit, die zu Ihm gehören.*

* Siehe auch Band 23, Kapitel 3.

Man kann die Menschen nicht dazu zwingen, sich zu wandeln. Wenn sie selbst kein Bedürfnis danach empfinden, wenn sie die Bedeutung einer geistigen Philosophie und Disziplin nicht begriffen haben, kann man sie nicht dazu zwingen, man muss sie in Ruhe lassen. Ihr Verhalten zeigt nur, dass sie noch sehr jung sind und Erfahrungen und Lektionen brauchen. Sie werden leiden, sicher, und diese Leiden werden sie eines Tages dazu zwingen, ihr Leben zu ändern. Vor denjenigen jedoch, die mit ihrem prosaischen, stumpfen und begrenzten Leben nicht zufrieden sind, öffnet sich ein weites Feld großartiger Aktivitäten. Diese Aktivitäten werden symbolisch durch das dargestellt, was die Mythologie als die »zwölf Aufgaben des Herkules« bezeichnet hat. Die zwölf Aufgaben des Herkules sind mit dem Tierkreis verbunden, sie repräsentieren zwölf Tätigkeiten für den Menschen, die es ihm ermöglichen, die zwölf Tore zu öffnen und zum neuen Jerusalem zu werden, der Stadt des Lichts, in der es weder Dunkelheit, noch Krankheit, noch Tod mehr geben wird.*

* Siehe auch Band 8, Kapitel 5 und Band 26, Kapitel 2.

Alles, was außerhalb von uns existiert, existiert in gleicher Weise in uns*. Alles, was es auf und in der Erde gibt, alles, was in den Flüssen, den Seen, den Meeren und Ozeanen existiert, alles, was im Himmel existiert, die Sterne, die Galaxien, existiert auch in uns. Und das erklärt, warum es den Menschen seit seiner Erschaffung immer drängt, die Welt, die ihn umgibt, zu erforschen und zu verstehen. Er will sich selbst damit erforschen und begreifen.

Solange der Mensch jedoch die tieferen Ursachen dieser Neigung nicht kennt, wird er sich bedauerlicherweise damit zufriedengeben, die Außenwelt zu betrachten, aufzuschreiben und zu registrieren, ohne jemals das Wesentliche zu begreifen. All die Forschungsunternehmungen der Wissenschaftler zur immer besseren Erfassung der gewaltigen Reichtümer der Natur sind großartig. Aber die Eingeweihten sind viel weiter vorgedrungen; sie haben diese Forschungen in sich selbst vorangetrieben und dabei die Grenzen ihres Bewusstseins bis ins Unendliche ausgedehnt.

* Siehe auch Band 200 und Band 236, Kapitel 11.

Ein Schüler muss das Ideal haben, sich mehr und mehr dem göttlichen Wort zu nähern. Die erste Regel, um das zu erreichen, ist, sich dafür zu entscheiden, dass man nicht mehr verleumdet** oder kritisiert, sondern seine Zunge zügelt, indem man sich sagt: »Wenn ich mich gehenlasse, werde ich niemals die wahre Macht des »Wortes*« besitzen. Also muss ich aufmerksam sein.« Was redet man nicht im Laufe eines Tages alles so daher! Man wirft, nur so, leichtsinnig mit Worten um sich, in der Meinung, dass, wenn man sich geirrt hat oder zu weit gegangen ist, einige Worte zur Entschuldigung genügen. Nein, man weiß nichts von den Wegen eines Wortes, den Regionen, die es durchquert, den Schäden, die es dort anrichtet. Und selbst wenn man versucht, diese Schäden wieder zu beseitigen, bleibt dies sehr schwierig, denn in der Zwischenzeit haben sich andere Schichten darübergelegt, und es ist schwierig, diese zu durchdringen, um den Ort zu berühren, an dem das Unheil angerichtet worden ist. Man bilde sich nicht ein, es genüge, den durch Worte verursachten Schaden wiedergutzumachen, indem man sich entschuldigt oder »Schadenersatz« bezahlt. Vor den Menschen ist es vielleicht wiedergutgemacht; aber vor den astralen und kosmischen Gesetzen ist das nicht der Fall.

* Siehe auch Band 203, Kapitel 6 und Band 227, Kapitel 45.

Die Eingeweihten versuchen das Problem der Liebe zu lösen, indem sie das große Buch der Natur entziffern, denn Gott hat bereits von Anfang an alle Lösungen darin aufgezeichnet. Die Bienen und Schmetterlinge z. B. lehren uns, wie man liebt. Die meisten Menschen verstehen die Liebe auf die Art der Raupen, die die Blätter der Pflanzen fressen. Aber die Raupe wird eines Tages ein Schmetterling, der keine Blätter mehr frisst, sondern die Blüten aufsucht, um sich, ohne sie zu beschädigen, von ihrem Nektar zu nähren. Auch die Biene nährt sich vom Nektar der Blüten, aus dem sie dann den Honig, das beste aller Nahrungsmittel, herstellt. Wie der Schmetterling liebt der Eingeweihte alle Blumen, das heißt alle Menschen, und seine Liebe verletzt sie nicht, denn er nimmt von ihnen nur ein winziges Atom und stellt dann, wie die Biene, in seinen Laboratorien den Honig her, der der ganzen Welt als Nahrung dient. Ihr seht, alle Lösungen befinden sich in der Natur, und dort muss man nach ihnen suchen.*

* Siehe auch Band 15, Kapitel 21.

Die beste Art und Weise, sich zu erholen, ist nicht das Nichts-Tun, sondern ein Wechsel der Tätigkeit. Gerade in einer geistigen Lehre ist die Arbeit sehr verschieden von all dem, was ihr gewöhnlich tut. Es geht dort nicht darum, seinen Lebensunterhalt zu verdienen, sondern den göttlichen Teil eurer selbst zu entwickeln, der im alltäglichen Leben durch alle möglichen Beschäftigungen und Sorgen gequält und erstickt wird.

Wenn ihr jedoch eine geistige Gemeinschaft aufsucht und dabei die in der Welt übliche Geisteshaltung beibehaltet, so ist das unnütz, denn dann werdet ihr leiden, euch belästigt und nervös fühlen und nichts von dem finden, was ihr braucht. Eine solche Gemeinschaft ist nur für diejenigen von Nutzen, die Ordnung und Harmonie in sich herstellen wollen und die ihrer göttlichen Natur ermöglichen wollen, sich zu entfalten und eine gewaltige Arbeit zum Wohle der ganzen Welt auszuführen. Ich sage euch dies zu eurem Besten: Entschließt euch, die Zeiten, die ihr in der Bruderschaft verbringt, so gut wie möglich zu nutzen, um euch in Harmonie, Liebe und Licht zu entfalten.*

* Siehe auch Band 206, Kapitel 9.

Die Leute sind wirklich sonderbar. Wenn ein unangenehmer Mensch ihnen Leid zufügt, klagen sie: »Was hat er für einen schlechten Charakter!«, »was für ein übler Charakter!« oder auch »was für ein charakterloser Schwächling!« Da vergessen sie ganz plötzlich, dass derjenige ein Universitätsprofessor mit vielen Titeln ist, der dreißig Bücher geschrieben hat usw., sie sehen nur seinen Charakter. Sie müssen erst selbst gestochen, gebissen, gequält oder enttäuscht werden, um zu verstehen, wie wichtig diese Sache mit dem Charakter ist. Bis dahin stellten sie die intellektuellen Fähigkeiten über alles. Es ist jetzt Zeit für jeden von euch, dem Charakter wieder den ersten Platz einzuräumen, was bedeutet, jeden Tag unermüdlich daran zu arbeiten, die Kräfte und Qualitäten zu erwecken, die der Schöpfer in euer Herz, eure Seele und euren Geist gelegt hat.*

* Siehe auch Band 233, Kapitel 7.

Ihr hört es nicht gerne, wenn von Selbstbeherrschung gesprochen wird, wo doch alle in eurer Umgebung die sexuelle Freiheit fordern und diese Forderung scheinbar sehr wohlbegründet rechtfertigen. Es versteht sich, dass ihr keine Lust habt, auf Vergnügen zu verzichten, aber versucht wenigstens zu erkennen, welche Vorteile es mit sich bringt, auf einige von ihnen zu verzichten. Es geht nicht darum, sich etwas zu versagen, um nichts mehr zu haben und sich im Leeren wiederzufinden. Es geht darum, zu begreifen, dass es vorzuziehen ist, bestimmte grobe, materielle Vergnügen durch andere, feinere, geistigere zu ersetzen.* Wenn ein Arzt feststellt, dass ein Patient dabei ist, seine Gesundheit durch übermäßigen Genuss von Fleisch, Süßigkeiten oder Alkohol zu gefährden, rät er ihm nicht dazu, nichts mehr zu essen. Er weiß genau, dass dieser seinen Rat überhaupt nicht befolgt, oder noch schlimmer, befolgte er ihn, sterben würde! Er empfiehlt ihm also, diese Nahrungsmittel durch andere, gesündere und leichtere, zu ersetzen. Genau das empfehle ich euch auch, aber in einem anderen Bereich. Ich dränge euch nicht dazu zu verhungern, sondern euch anders zu ernähren.

* Siehe auch Band 231; Kapitel 3,10 und Band 23, Kapitel 2.

Derjenige, der Erschütterungen, Katastrophen und Feuersbrünste braucht*, um sich lebendig zu fühlen, zeigt, dass er noch ein primitiver, barbarischer Mensch ist. Man kann dies übrigens durch die Geschichte verfolgen: Alle diejenigen, die Städte und Länder niedergebrannt haben, alle diejenigen, welche Scheiterhaufen und Verbrennungsöfen entzündet haben, waren Barbaren. Das Bedürfnis, Gegenstände oder Lebewesen zu verbrennen, ist ein Überbleibsel primitiver Wildheit. Und das Gleiche gilt für den Bereich der Gefühle: Derjenige, der bei sich und anderen fortwährend das Feuer der Leidenschaft entzündet, begeht einen Akt der Barbarei. Das ist charakteristisch für Menschen, die noch nicht gelernt haben, sich und andere in der richtigen Weise zu erwärmen, d. h., die nicht gelernt haben, in der richtigen Weise zu lieben.

* Siehe auch Band 232, Kapitel 14.

Eine Liebesbeziehung ist nur sinnvoll, wenn ihr mit eurem Partner etwas Festes und Dauerhaftes aufbauen könnt*. Versucht herauszufinden, ob zwischen euch auf den drei Ebenen: der physischen, der Ebene des Gefühls und der Ebene des Denkens – Harmonie besteht, oder ob ihr nur einer vorübergehenden Laune, dem Reiz des Vergnügens, nachgebt. Wenn ihr im Bereich des Gefühls, des Geschmacks und der Vorstellungen keine Affinität besitzt, redet euch nicht ein, dass das bedeutungslos sei und sich die Dinge mit der Zeit schon regeln werden. Ganz und gar nicht, im Gegenteil; wenn nach einiger Zeit sich erst einmal das Neue bei gewissen Vergnügungen erschöpft hat, wird man gewahr, dass gerade die psychischen und intellektuellen Affinitäten außerordentlich wichtig sind, und dass, wenn diese Affinitäten nicht existieren, allmählich Zwietracht entsteht.

* Siehe auch Band 233, Kapitel 20.

Wie viele unter euch fühlen sich noch schwach und verlassen und beklagen sich. Dabei könnt ihr nicht behaupten, dass ihr nicht seit Jahren Erklärungen, Ratschläge und Methoden empfangen habt. Im Gegenteil, nichts als das habt ihr in meinen Vorträgen und Büchern finden können, aber euch fehlt das Vertrauen in das, was ihr besitzt, und anstatt Übungen zu machen und daran zu arbeiten, den Funken sprühen zu lassen, bleibt ihr in Kälte und Dunkelheit. Ihr habt den Feuerstein*, aber ihr schlagt ihn nicht. Entschließt euch also endlich, diesen Stein einmal, zweimal, dreimal, ja hundertmal zu schlagen, dann wird das Feuer letztendlich entfacht werden. Selbst alles Wissen wird euch nichts nützen, wenn ihr euch nicht darin übt, es anzuwenden. Es ist unerlässlich, dass ihr mit dem Willen (dem Feuerstein) auf das Wissen einwirkt. Wenn ihr gelernt habt, das Feuer in euch zu entfachen, müsst ihr nicht mehr der Dunkelheit und Kälte begegnen, ihr werdet euch nicht mehr allein oder ohne Liebe fühlen. Dank des Eifers, der in euch entfacht ist, habt ihr das Gefühl, die ganze Welt bis hin zu den Sternen entflammen zu können.

* Siehe auch Band 10, Kapitel 21 und Band 216, Kapitel 6.

Es gibt ein Gesetz, das besagt, dass ihr etwas umso mehr anzieht, je mehr ihr Furcht davor habt. Wenn ihr also nicht wollt, dass ein Unglück über euch hereinbricht, fürchtet es nicht! Seid ihr erst einmal stark, lassen euch alle in Ruhe. Aber wer kennt diese Wahrheit? Die meisten sind ihren Ängsten ausgeliefert*, ohne zu wissen, dass sie das Ergebnis mangelnden Wissens, mangelnden Lichtes sind. Der Beweis: Wenn ihr irgendwo an einem dunklen Ort seid, fühlt ihr euch erst in dem Moment beruhigt, in dem ihr Licht anmachen könnt. Welch phantastische Schlussfolgerungen könnt ihr aus diesem Phänomen für den geistigen Bereich ziehen! Die Dunkelheit, d. h. die Unwissenheit, setzt euch allen Gefahren aus, und darum habt ihr Angst. Aber strahlt Licht aus, d. h. bewaffnet euch mit den notwendigen Wahrheiten, um der Situation gewachsen zu sein, und eure Angst wird verschwinden.

* Siehe auch Band 31, Kapitel 5 und Band 221, Kapitel 5.

Die Stille ist die Sprache der Vollkommenheit*, während der Lärm Ausdruck einer Fehlerhaftigkeit und Anomalie ist oder aber eines Lebens, das noch ungeordnet und anarchistisch ist und beherrscht und verfeinert werden muss. Kinder z. B. machen Lärm, weil sie von Energie und Vitalität überströmen. Alte Leute sind dagegen still. Ihr sagt: »Natürlich lieben die alten Leute die Stille, weil sie weniger Energie haben und der Lärm sie ermüdet.« Das stimmt ein bisschen, aber es kann genauso gut sein, dass sich in ihnen eine Entwicklung vollzogen hat, und ihr Geist sie jetzt dazu drängt, still zu werden. Um ihr Leben zu überprüfen, nachzudenken und Schlussfolgerungen zu ziehen, brauchen sie diese Stille, in der sich eine Arbeit der Loslösung, Vereinfachung und Synthese vollzieht. Das Streben nach Stille ist ein innerer Prozess, der die Menschen zum Licht und zum wahren Verständnis der Dinge führt.

* Siehe auch Band 229; Kapitel 1.

In der Natur ist das Herz durch die Ozeane vertreten. Die Natur bietet ihr Herz an, setzt es der Sonne aus und sagt: »Mein Herr, ich gebe Dir mein Herz, mein Blut. Bediene Dich, damit die Pflanzen, die Tiere und die Menschen in der Fülle leben können.« Die Sonne nimmt einen Teil dieses Blutes, erhebt es, füllt es mit geistigen Gaben, und wenn es zur Erde zurückkehrt, ziehen alle Wesen Nutzen daraus und erfreuen sich daran.

Auch der Eingeweihte vollzieht in sich selbst dieses Geschenk des Ozeans an die Sonne. Er öffnet sein Herz dem Schöpfer und sagt: »Ich gebe es Dir.« Dieses inbrünstige Gebet, dieses im Herzen des Menschen ausgeführte Opfer, ist vergleichbar mit dem, was sich in der Natur abspielt. Dank der Erhebung seines Herzens, seines Blutes, begegnet der Mensch der Sonne, Gott selbst. Diese Begegnung bereichert ihn mit neuen und göttlichen Essenzen, welche sich auf sein ganzes Wesen übertragen.

Viele Menschen akzeptieren die Philosophie der Anarchie, ohne die Gefahren dieses eingeschlagenen Weges zu sehen, denn früher oder später werden sie zerstört werden. Wenn sie die Gesetze der Natur, die Erschaffung des Universums, die Regionen, aus denen es besteht und die diese Regionen bevölkernden Geschöpfen studieren würden, dann würden sie begreifen, dass sie sich innerhalb des Körpers der lebendigen Natur befinden und dass sie sich harmonisch zu diesem Ganzen verhalten müssen. Wenn sie darauf beharren, durch ihre anarchistische Haltung Aufruhr zu erzeugen, nimmt die Natur ein »Abführmittel« und scheidet sie aus. Anarchisten werden niemals lange akzeptiert. Wenn es nicht die Menschen sind, die sie aus dem Weg räumen, dann kümmert sich die Natur selbst darum, denn sie duldet keine Disharmonie. Diese ist wie ein Tumor, ein Krebs in ihrem Körper, und die Natur heilt sich, indem sie die Unerwünschten hinauswirft.*

* Siehe auch Band 12 Gesamtwerk, Kapitel 1 und 4.

Es kommt vor, dass ihr beim Singen viel Kraft in eure Stimme legt. Das ist nicht schlecht. Aber die Kraft kann nicht sonderlich viele geistige Empfindungen hervorrufen. Man sollte mehr dem Gefühl den Vorrang geben, weil es etwas Lebendigeres, Feinstofflicheres bringt und der Stimme Ausdruck verleiht. Und wenn ihr eurer Interpretation dann noch das Licht, das heißt einen Gedanken hinzufügt, ist es perfekt. Sehr lautes Singen bringt nie die besten Ergebnisse. Es ist zwar dem Anschein nach sensationell, aber es berührt nicht die subtilen Regionen der Seele und des Geistes. Wichtig ist, dosieren und Maß halten zu können. Die Kraft soll nicht vorherrschend sein, sondern sie muss nur da sein wie ein Rohstoff, an dem das Gefühl arbeitet, um die Stimme ausdrucksvoll werden zu lassen, während der Gedanke ihr ein Ziel setzt.*

* Siehe auch Band 223, Kapitel 5 und 6.

In jedem Augenblick des Tages sollte euch bewusst sein, was in euch eintritt und was von euch ausgeht, das heißt, ihr müsst die Gedanken, die Wünsche und die Gefühle analysieren, die in euch eindringen und gleichzeitig auch die Elemente, die euch verlassen, die ihr verliert. Das ist eine ganze Wissenschaft, die sich hier vor euch offenbart. In eurem inneren Labor studiert ihr an euch selbst die Wirklichkeit der Dinge, ihr beobachtet, ob ihr voranschreitet oder im Gegenteil Rückschritte macht. Wenn man nicht bewusst ist, wie soll man dann merken, was vor sich geht? Manchmal frage ich bestimmte Personen: »An was denken Sie?« Und sie antworteten mir: »Ich weiß es nicht.« Das erstaunt mich. Etwas tritt in sie ein, und etwas geht heraus, wie in einer Mühle, aber sie achten nicht darauf und wissen nicht einmal etwas von all dem Kommen und Gehen. Wie wollen solche Menschen Herr der Situation werden? Sie bleiben immer schwach, immer unterlegen.

Welche Energien euch auch durchströmen mögen, ihr müsst ihre Natur und die Regionen, aus denen sie kommen, erkennen, um sie einordnen zu können. Auf diese Weise macht ihr Fortschritte.

Jede große Epoche der Erdgeschichte ist durch das Übergewicht eines der vier Elemente gekennzeichnet: Erde, Wasser, Luft und Feuer. In unserer Epoche wird das Feuer vorherrschen, und die Menschheit wird das Feuer in allen seinen Formen kennenlernen. Deshalb müssen wir uns kräftigen und Freunde des Feuers werden. Indem wir uns mit der Sonne verbinden, die das wahre Feuer ist, indem wir sie liebend betrachten, ändern wir nach und nach die Schwingungen unseres Wesens, bis wir fühlen, dass wir mit der Sonne verschmelzen. Diejenigen, die die Sonne lieben, die begriffen haben, welchen Platz sie in ihrem spirituellen Leben einnehmen muss, werden den negativen Erscheinungen des Feuers widerstehen.*

* Siehe auch Band 201, Kapitel 2.

Im Augenblick der Verklärung auf dem Berg Tabor ist Jesus seinen Jüngern in einem derartigen Licht, einem solchen Glanz erschienen, dass sie es nicht ertragen konnten und mit dem Gesicht zu Boden fielen. Diese Verklärung war ein plötzliches Hereinbrechen des spirituellen Körpers, des Glorienleibes von Jesus, in die physische Ebene. Für Jesus war der Augenblick noch nicht gekommen, seinen Lichtkörper vom physischen Körper zu lösen, um endgültig in ihm zu leben. Aber er konnte schon in der ganzen Fülle seiner Ausdruckskraft erscheinen. Einige Personen konnten den Glorienleib bestimmter Eingeweihter sehen, als diese im Zustand des Entzückens, der Ekstase waren: Ihr Gesicht strahlte, und Licht leuchtete aus ihrem ganzen Wesen hervor. Dank dieses Körpers können sich die Eingeweihten an andere Orte begeben und auch von ferne auf Geschöpfe einwirken, um ihnen zu helfen. Ja, und sogar, wenn sein physischer Körper verbraucht oder krank ist, kann ein Eingeweihter weiterhin arbeiten und Hilfe schicken, denn der Glorienleib und der physische Körper sind zwei ganz verschiedene Realitäten. Der Glorienleib ist immer da, lebendig und strahlend. Er kann die Geschöpfe über Entfernungen hinweg aufsuchen, um sie zu belehren, zu beraten, zu trösten oder zu segnen.*

* Siehe auch Band 209, Kapitel 6.

Wenn der Begriff der Hierarchie den Menschen im täglichen Leben geläufig ist, so deshalb, weil er ihnen von der kosmischen Intelligenz gegeben wurde, die nicht nur im Universum, sondern auch in ihrem physischen Körper eine Hierarchie errichtet hat. Der Mensch besteht aus dem Knochensystem, das der Welt der Mineralien entspricht. Wie die Welt der Mineralien, spielt es die Rolle der materiellen Stütze; an den Knochen sind die Muskeln befestigt, ebenso wie die Vegetation im Boden verankert ist. Das Kreislaufsystem mit seinen Kanälen und Blutgefäßen entspricht den Flüssen, den Wasserläufen und Seen, denn das Wasser ist das Blut der Erde und ernährt die ganze Vegetation. Das Atemsystem entspricht der Luft, und das Nervensystem schließlich entspricht der Sonne, von der alles abhängt. Daher sind es auch nicht die Knochen, die alles lenken, sondern das Nervensystem, das am feinsten, zartesten und weitesten entwickelt ist.

Warum hat man aus dieser Feststellung keine philosophische Schlussfolgerung gezogen? Warum hat die Wissenschaft die Menschheit in die Irre geführt, indem sie der Materie den ersten Platz einräumte, anstatt ihn dem Geist zuzusprechen?*

* Siehe auch Band 211, Kapitel 8.

Wenn ihr ängstlich oder irritiert seid, quält euch nicht und geht nicht überall hin, um die anderen zu beunruhigen, sondern bleibt ruhig. Beginnt damit, bewusst zu atmen und sprecht dann ein Wort mit Liebe aus, macht eine Bewegung mit Liebe, schickt einen Gedanken mit Liebe. Ihr werdet feststellen, dass alles, was innerlich gärte und faulte, sehr weit fortgejagt wurde. Indem ihr die Liebe herbeigerufen habt, habt ihr eine Quelle in euch geöffnet. Lasst sie nun arbeiten, sie wird alles reinigen. Ihr seht, das ist einfach. Es genügt, sein Herz zu öffnen und die Liebe auszulösen. Versucht es, und ihr werdet euch fragen, warum ihr diese Methode noch nicht benutzt habt. Man hört über Liebe sprechen und man lacht. Man spielt mit der Liebe, anstatt sie als das wirksamste Mittel des Heils anzuwenden.

Die Menschen haben alle notwendigen Mittel, damit das Reich Gottes auf die Erde komme. Das einzige Hindernis ist ihre Unwilligkeit: Sie wollen nicht an dieser Arbeit für das Wohl der Menschheit teilnehmen. Jeder bleibt mit seinen eigenen Interessen beschäftigt. Wie kann sich unter solchen Bedingungen das Reich Gottes verwirklichen? Wenn alle einverstanden wären, die wenigen dazu notwendigen Schritte zu tun, würde es sehr schnell Verbesserungen geben. Aber das Wichtigste ist die Zustimmung.

Nehmt zum Beispiel einen Mann wie Hitler, glaubt ihr, er habe derart außergewöhnliche Fähigkeiten gehabt? Absolut nicht, aber er hatte die Chance aufgrund der damaligen Umstände, die Zustimmung Millionen Deutscher zu erhalten. Deswegen ist er so mächtig geworden. Und wenn jetzt die Zustimmung den Ideen der universellen Brüderlichkeit gegeben würde – anstatt den Ideen des Rassismus und der Ausschließung –, dann hätten wir das Reich Gottes, das goldene Zeitalter.

Das männliche und das weibliche Prinzip sind zwei Kräfte, die, sobald sie beide gegenwärtig sind, beginnen, eine bestimmte Arbeit zu tun. Selbst wenn Mann und Frau sich dessen nicht bewusst sind, findet diese Arbeit statt: Das männliche Prinzip wird aktiv, dynamisch, während das weibliche Prinzip empfangend wird. Die Eingeweihten, die immer viel weiter gehen im Verstehen aller Naturerscheinungen, benutzen dieses Gesetz im spirituellen Leben, um bestimmte Qualitäten in sich zu erwecken. Es handelt sich dann nicht mehr um Mann oder Frau, sondern um göttliche Prinzipien. Um in sich die weiblichen Eigenschaften der Empfänglichkeit, der Demut, der Sanftmut, der Güte und des Gehorsams zu entwickeln, vergegenwärtigt sich der Eingeweihte das männliche Prinzip, den Himmlischen Vater. Und um die Macht, die Kraft, den Willen zu entwickeln, verbindet er sich mit dem weiblichen Prinzip, der Göttlichen Mutter. Indem er so die männlichen und weiblichen Qualitäten entwickelt, schreitet der Eingeweihte auf dem Weg der Vollkommenheit voran.*

* Siehe auch Band 237, Kapitel 5.

Da ihr ein spirituelles Ideal habt, solltet ihr euch wenigstens die paar Tage, die ihr an brüderlichen Kongressen teilnehmt, diesem vollständig widmen und nicht einen Fuß hier und einen dort haben, denn in einer solchen Zweigleisigkeit werdet ihr keine großen Ergebnisse erzielen. Wenn ihr nach Hause zurückgekehrt seid, könnt ihr alle eure Beschäftigungen wieder aufnehmen, aber während der Kongresse versucht, euch etwas zurückzuziehen, um euch selbst wiederzufinden, um zu verstehen, wer ihr seid, was der Sinn eurer Existenz ist und um endlich eine kleine Zwiesprache mit der göttlichen Welt zu halten. Sonst sind eure Gedanken in den Momenten der Konzentration und der Meditation abwesend. Wozu dient es dann, dass ihr hier seid? Es ist sogar verlorene Zeit für euch. Da wir zusammenkommen, um zu uns selbst zu finden, uns zu reinigen und fähig zu werden, eine göttliche Arbeit auszuführen, solltet ihr darauf achten, euch nicht in Aktivitäten zu zerstreuen, die in euch Elemente einführen, welche nicht zu dieser Arbeit gehören.

Ein Engel wollte einmal das Leben auf der Erde kennenlernen, und um es besser zu erkunden, nahm er die Gestalt eines Schweines an. Sein Leben erschien ihm großartig, köstlich. Er fraß Eicheln ebenso wie das saftige Gericht, das man Mastfutter nennt. Er war mit einer charmanten Sau verheiratet und war von vielen entzückenden kleinen Ferkeln umgeben. Mein Gott, was für ein Glück! Er konnte sich von diesem Glücksgefühl nicht mehr losreißen, sodass die anderen Engel oben anfingen, sich zu beunruhigen. Dieses Praktikum dauerte viel länger als vorgesehen! Sie schickten ihm Botschaften, aber es war nichts zu machen. Schließlich fanden sie als einzige Möglichkeit diejenige, ihm den Kopf abzuschlagen. Das Schwein wurde also geschlachtet und gegessen, und als der Engel aus dieser (so appetitlichen) Form herauskam, war er erstaunt, sich so lange in diesem Zustand vergessen zu haben und dankte seinen Brüdern für die Befreiung.

Leider machen viele Menschen die gleiche Erfahrung. Sie versinken derart tief in der Materie, dass sie wie Schweine werden... und sollten sich dann nicht wundern, wenn der Himmel ihnen ein paar kräftige Schläge schickt und sie zwingt, sich von ihrer tierischen Form zu lösen, um ihre göttliche Form wiederzufinden.

Weil der Weg dorthin manchmal schwer zu erkennen ist, haben viele Leute keinerlei Lust, in die geistige Welt vorzudringen: Sie haben Angst, sich zu verirren. Es ist wahr, man kann sich verirren, genau wie man sich auf hoher See verirren kann, wenn man keinen Kompass hat. Aber im spirituellen Leben kann man auch einen Kompass haben, und an dem Tag, an dem man den Hafen erreicht, ist man begeistert. Übrigens gibt es Mittel, sich zurechtzufinden, sogar ohne den Weg zu sehen. Was sieht die Besatzung eines Unterseebootes, um sich in den Tiefen des Meeres zu orientieren? Nichts, aber das Unterseeboot ist mit Apparaturen ausgestattet, und der Kommandant weiß die Hinweise zu interpretieren, sodass die Reise ohne Zwischenfälle verläuft. Nun, der Mensch ist auch einem Unterseeboot vergleichbar: Er besitzt in seinem Inneren Apparate, die ihm die Orientierung ermöglichen. Aber diese Apparate sind verrostet, weil er sie seit Inkarnationen nicht mehr benutzt hat, oder sie funktionieren schlecht wegen seines ungeordneten Lebens. Es ist jetzt seine Aufgabe, sie wieder funktionsfähig zu machen.*

* Siehe auch Band 219, Kapitel 1.

Seit Jahrhunderten hat der Mann seine Autorität über die Frau ausgenutzt. Er hat sich egoistisch, ungerecht, gewalttätig und grausam gezeigt. Und jetzt erwacht die Frau. Aber sie erwacht nicht im wahren Licht. Sie erhebt sich, um sich zu rächen, und die Folgen werden nicht die besten sein – auch für sie nicht. Die Frau muss jetzt dem Mann verzeihen. Sie ist die Mutter, sie hat mehr Liebe als der Mann. Sie ist ihrer Natur nach gütig, nachsichtig, großzügig und opferbereit und sollte nicht danach trachten, sich zu rächen. Die Frau muss sich über ihre persönlichen Interessen erheben, um in sich größere Tugenden zu erwecken.

Alle Frauen auf der Erde sollten sich vereinigen für eine aufbauende Arbeit, eine Arbeit an den Kindern, die sie zur Welt bringen, und an den Männern, den Vätern ihrer Kinder, um sie mitzureißen für eine Arbeit an der Regeneration der Menschheit.

Bewahrt in eurem Inneren immer den Wunsch, zu lernen und euer Gesichtsfeld zu erweitern, denn dieser Wunsch ist kostbar. Leider ist es so, dass viele, wenn sie den Umfang der Geisteswissenschaft sehen, erschrecken – anstatt sich zu freuen – und sich dann in ihr Schneckenhaus zurückziehen. Sie spüren, dass sie nicht nur viele Änderungen in ihrer Denkweise, sondern auch in ihrem Verhalten akzeptieren müssten, und es gefällt ihnen nicht, so überrumpelt zu werden. Sie ziehen es vor, sich an die von ihnen selbst erschaffene, kleine, begrenzte Welt zu halten, diese erscheint ihnen sicherer und bequemer. Aber da sollten sie sich nichts vormachen: Wer in seinen alten Ansichten steckenbleibt, wird allen möglichen Unannehmlichkeiten ausgesetzt. Es sind die Ereignisse des Lebens, die ihn, ohne nach seiner Meinung zu fragen, durchrütteln werden, um ihn zur Weiterentwicklung zu zwingen. Gebt euch nicht länger der Hoffnung hin, ihr könntet in einer Stagnation glücklich und unbehelligt bleiben.*

* Siehe auch Band 213, Kapitel 3.

Die Leere sucht die Fülle, um ausgefüllt zu werden. Die Fülle zieht die Leere an, um ihr von ihrem Überfluss zu geben. Seit dem Ursprung der Welt ist es diese Begegnung zwischen Leere und Fülle, welche das Leben erschafft und erhält. Was ist die Zeugung eines Kindes? Die Vereinigung der Leere und der Fülle. Was ist die Ernährung? Der Eintritt der Fülle (Nahrung) in die Leere (Magen). Und was ist das spirituelle Leben? Die Vereinigung der Leere (menschliche Seele) mit der Fülle (der Gottheit). Denn die menschliche Seele ist eine Jungfrau, die sich empfangend und demütig zeigen muss, um den Geist Gottes anzuziehen, damit er sie befruchte. Fülle und Fülle stoßen sich ab, aber die Demut, die eine Art Armut ist, ist zur gleichen Zeit ein Reichtum, denn sie erlaubt es, die Gottheit anzuziehen. Man muss leer sein, d.h. demütig gegenüber Gott, um von Seiner Fülle erfüllt zu werden. Wenn ihr gefüllt, aufgeblasen und hochmütig seid, stoßt ihr Ihn ab. Gegenüber den Menschen ist es anders. Um den Menschen zu helfen, müsst ihr gefüllt sein. Wenn ihr demütig seid, werden sie euch erdrücken. Man muss also leer sein vor Gott und voll vor den Menschen.*

* Siehe auch Band 237, Kapitel 14.

Warum hat die Natur dem Mann den Instinkt gegeben, die Frau in ihrer Nacktheit betrachten zu wollen? Warum versucht er immer, sie unbekleidet zu sehen? Unglücklicherweise wissen die Menschen die Sprache der Natur nicht zu interpretieren. Sie bemerken an sich gewisse Instinkte, befassen sich nur mit deren gröbsten Offenbarungsformen, kapitulieren, sinken ab, und dann ist es vorbei. Warum lernen sie nicht, diese Instinkte für ihre geistige Höherentwicklung zu nutzen?

In Wirklichkeit will die Natur den Mann dazu bringen, über den äußeren Schein hinauszugehen, um eine andere Wahrheit zu erfahren. Der Mann muss lernen, die Frau über ihrer körperlichen Nacktheit zu betrachten, nämlich in der Nacktheit ihrer Seele und ihres Geistes, d.h. in größter Reinheit, in größtem Licht. Oben gibt es nichts Unreines oder Hässliches mehr, sondern nur Unschuld und Herrlichkeit.*

* Siehe auch Band 205, Kapitel 2 und 7.

Ein Sonnenstrahl ist in Wirklichkeit ein Strom aus Milliarden von Teilchen, und jedes dieser Teilchen enthält ein außergewöhnliches Wissen über die Sonne und ihre Bewohner. Wenn ihr gelernt haben werdet, die Sonnenstrahlen zu empfangen, zu verstehen und zu entschlüsseln, werden sie euch das Wissen der Sonne bringen. Und nicht nur ihr Wissen, sondern auch ihre Liebe zu allen Geschöpfen und schließlich auch ihr Leben und ihre Kraft. Die meisten Menschen empfangen nur deshalb fast nichts von der Sonne, weil sie sich damit zufriedengeben, bei ihrem Betrachten an andere Dinge zu denken. Sie müssen die Natur dieser Strahlen kennenlernen und sich bereitmachen, sie zu empfangen, um von all diesem Reichtum zu profitieren. Die Sonnenstrahlen können euch alles geben, aber nur unter der Bedingung, dass sie in euch eine offene Türe finden.*

* Siehe auch Band 10 Gesamtwerk, Kapitel 2.

Es ist sehr wichtig, dass ihr lernt, in der Stille zu essen und euch dabei auf die Nahrung zu konzentrieren. Denn die Lebensmittel sind keine tote Materie, sondern sie sprechen zu uns, sie teilen uns ihre Geheimnisse mit. Die Nahrung ist kondensiertes Sonnenlicht, es sind kondensierte Klänge. Ja, denn das Licht ist vom Klang nicht getrennt, aber um ihn zu hören, muss man aufmerksam sein und sollte nicht seine Gedanken woanders haben. Wer sich darin geübt hat, zu lauschen, zu dem spricht das Licht, es singt, es ist Musik, es ist das göttliche Wort. Im Lärm der heutigen Welt können wir nichts mehr davon hören, und das ist so schade! Die Stille hingegen bereitet die Bedingungen vor, damit wir die Sprache der Nahrung verstehen lernen.*

* Siehe auch Band 204, Kapitel 2 und Band 229, Kapitel 4.

Seit der Entdeckung des Lasers ist die Wissenschaft gezwungen, anzuerkennen, dass es keine größere Kraft gibt als das Licht. Unglücklicherweise kann diese Kraft für das Böse ebenso wie für das Gute benutzt werden.

Die uns vorangegangenen Zivilisationen hatten dank des Lichts bereits unerhörte Verwirklichungen erreicht. Die Atlanter machten neben vielen anderen Entdeckungen auch die des Lasers. Sie konnten sich des Sonnenlichts bedienen, um die sehr ausgefeilten Maschinen anzutreiben, die sie besaßen. Alles funktionierte mit dem Licht. Nur benutzten sie ihre Wissenschaft und ihre Macht auf sehr ungute Weise, und das war der Grund für ihren Untergang.

Es ist eine angeborene Neigung der menschlichen Natur, alles zur Befriedigung ihrer niederen Instinkte, also für Gier und Herrschsucht, zu benutzen. Wenn es daher an der Spitze der Menschheit keine vernünftigen und erleuchteten Wesen gibt, die fähig sind, das Gleichgewicht zwischen Moral und Technik aufrechtzuerhalten, werden große Katastrophen entstehen wie jene, die den Untergang von Atlantis verursacht haben.*

* Siehe auch Band 25/26 Gesamtwerk, Kapitel 8.

Es gibt nichts im Himmel oder auf der Erde, das euch verbieten kann zu lieben. Die Liebe ist das Leben. Aber man muss lernen zu lieben, d. h. lernen, seine Liebe zu vergeistigen und zu sublimieren. Warum? Um mit dieser Liebe eine Arbeit zu verrichten. »Wie bitte, eine Arbeit? Und wo bleibt das Vergnügen...?« – »Das Vergnügen wird durch die Arbeit ersetzt.« – »Haben wir dann kein Vergnügen mehr?« – »Doch, ihr habt Vergnügen, aber ein viel feineres, viel vollkommeneres, ein Vergnügen, das durch nichts verdorben werden kann, während das Vergnügen, wie man es im Allgemeinen versteht, früher oder später zu Asche wird.« Es gibt ein Vergnügen, das dem Golde gleicht und eines, das dem Blei gleicht. Gold rostet nicht, oxidiert nicht. Es ist immer edel, kostbar, strahlend. Dagegen ist das Blei matt. Wenn ihr es schneidet, glänzt es ein paar Minuten, aber nachher wird es von neuem glanzlos.

Wenn die Alchemisten versuchten, das Blei in Gold zu verwandeln, wünschten sie in Wirklichkeit nur, die niedere menschliche Natur in die höhere göttliche zu verwandeln. Das ist alles. Und das ist möglich, wenn der Mensch lernt, das Vergnügen durch die Arbeit zu ersetzen.*

* Siehe auch Band 14, Kapitel 8 und 13, Band 216, Kapitel 5.

Es gibt ein universales Heilmittel, um die Gesundheit und das Gleichgewicht des Organismus wiederherzustellen. Dieses Mittel ist die Liebe. Das Leben und die Liebe sind verbunden, und damit das Leben im Überfluss strömt, muss man die Liebe rufen. Ja, das Leben wird aus der Liebe geboren. Da wo Liebe ist, ist Leben. Da wo die Liebe schwindet, naht der Tod.

Alle Religionen lehren uns die Liebe zu Jenem, der das Leben schenkt. Dieses Wesen, welches das Universum erfüllt, können wir überall finden. Es ist in der Erde, den Pflanzen, dem Wasser, der Luft, im Feuer, in unserem Körper, in der Sonne, den Sternen, überall.

Jede Tätigkeit, die ihr ausführt, enthüllt eure Erziehung, euren Charakter, eure Intelligenz und euren Sinn für Ästhetik. Ihr sagt: »Oh, aber ich muss doch nur kehren und den Boden aufwischen.« Glaubt ihr, das wäre so einfach? Auch da muss man nachdenken und sich wachsam zeigen. Einzig durch die Art, wie ihr diese Arbeit beginnt, die ihr so leicht findet, enthüllt ihr eure Intelligenz. Sogar um zu kehren, muss man einer bestimmten Ordnung folgen und vorsichtig sein, um nicht zu viel Staub aufzuwirbeln. Ihr sagt, dass ihr einen Staubsauger verwendet. Das ist sehr gut. Aber auch da muss man achtgeben, um nicht dieselbe Stelle mehrmals zu saugen und andere zu vernachlässigen, um nicht alle Möbel anzustoßen, mit dem Kabel keine Stühle umzuwerfen usw. Keine Arbeit lässt sich ohne Aufmerksamkeit, ohne Überlegung ausführen. Egal, ob es sich um eine körperliche oder geistige Arbeit handelt, zuerst muss man sehen, wie sie zu organisieren ist, in welcher Reihenfolge sie auszuführen ist. Man nennt dies »eine gute Arbeitsmethode haben«. Also beobachtet euch. Welche Aufgabe ihr auch angeht, denkt über die Art und Weise nach, wie ihr sie vorbereitet und ausführt.*

* Siehe auch Band 224, Kapitel 1 und 6.

Ihr wisst nicht, im Zustand des Entzückens zu leben, jenem Zustand der Weite, der Leichtigkeit und der Liebe, welcher Flügel verleiht. Die Vögel wissen, dass sie zum Fliegen ihre Flügel ausbreiten müssen. Wie kommt es, dass die Vögel das Geheimnis gefunden haben, und die Menschen sich jeden Tag einengen, sich betäuben und sich eingraben? Offensichtlich sind sie nicht so intelligent wie die Vögel.

Jemand sagt: »Ich fühle mich komisch, ich finde an nichts mehr Geschmack.« Das heißt lediglich, dass Sie nicht wissen, wie Sie Ihre Flügel ausbreiten sollen. »Ja, aber ich habe Doktortitel von mehreren Universitäten.« – »Das ist möglich, aber Ihre Flügel sind zusammengefaltet..., oder jemand hat sie Ihnen abgeschnitten, das kommt auch vor. Innerlich haben Sie sich die Flügel abschneiden lassen.«

Wenn ihr jeden Tag fliegen möchtet, so lernt, jene Gedanken und Gefühle in euch zu nähren, die euch Flügel verleihen.

Das, was euch daran hindert, göttliche Offenbarungen zu empfangen, sind eure materiellen Sorgen, von denen ihr euch nicht lösen könnt. Es handelt sich nicht darum, eure Angelegenheiten zu vernachlässigen. Aber ihr solltet sie wenigstens einen Moment lang irgendwo ablegen können, so wie man eine Last absetzt.

Beobachtet beispielsweise einen Träger, der im Hochgebirge für eine Expedition Gepäck transportiert: Von Zeit zu Zeit setzt er alles ab, verschnauft, setzt sich hin, knabbert etwas, trinkt, und dann nimmt er seine Last wieder auf und setzt seinen Weg fort. Könnt ihr es nicht genauso machen? Lasst eure Sorgen von Zeit zu Zeit für eine oder zwei Stunden irgendwo liegen. Ihr könnt sicher sein, dass niemand kommt und sie euch wegnimmt. Es gibt nicht viele Anwärter, um die Lasten der anderen zu übernehmen! Legt sie also in vollem Vertrauen ab und stellt den Kontakt mit dem Himmel wieder her.

Habt ihr keine intellektuellen oder künstlerischen Begabungen? Ist euer Herz nicht entwickelt, weil ihr niemals an der Güte, der Großzügigkeit oder dem Edelmut gearbeitet habt? Seid ihr weder schön noch stark noch widerstandsfähig, und mangelt es euch an Gesundheit? Nun, das ist kein Grund zu glauben, euer Leben sei unnütz. Es gibt immer etwas zu tun. Und was? Konzentriert euch auf die guten Eigenschaften, die ihr gerne besitzen würdet, arbeitet daran, durch die Gedanken ein Idealbild von euch zu formen. In eurer nächsten Inkarnation werdet ihr Ergebnisse sehen, und schon in dieser wird sich etwas in euch verändern, ihr werdet nicht mehr genau so wie vorher sein.

Kein Wunsch, ob gut oder schlecht, bleibt ohne Ergebnis. In dem Moment, in dem ihr einen Wunsch verspürt, verwirklicht er sich augenblicklich in einer Welt aus feinstofflicher, unsichtbarer Materie. Damit er sich auf der physischen Ebene verwirklicht, braucht es Zeit, manchmal Jahre oder sogar Jahrhunderte. Aber wenn ihr die Geduld habt, euch lange, sehr lange auf die gleiche Idee zu konzentrieren, dann wird sie eines Tages sichtbar und greifbar.*

* Siehe auch Band 242, Kapitel 2 und 18.

Betrachtet einen Fluss: Sein Bett ist immer das gleiche, aber das Wasser, das fließt, ist immer ein anderes. Man bezeichnet den Fluss immer mit dem gleichen Namen: Themse, Seine oder Mississippi, aber das darin fließende Wasser ist jeden Tag neu. Die Flussbewohner, die Wassertropfen, kommen und gehen, und ständig treten neue an ihre Stelle, während sie zum Meer fließen. Im Meer angekommen, werden sie von der Sonne erwärmt, werden leicht und feinstofflich und steigen in die Atmosphäre auf in Form von Dampf und Wolken, bis sie eines Tages wieder als Regen oder Schnee herunterfallen, um in Bächen und Flüssen von den Gebirgen zu strömen. So vergeht und erneuert sich alles unablässig.

Nun, auch ein Land ist wie ein Fluss. Es trägt immer denselben Namen, aber es inkarnieren sich nach und nach verschiedene Menschen, die von anderswo herkommen. Und ein Land ist auch wie ein Haus, dem es bestimmt ist, ein paar Jahre von diesen Mietern bewohnt zu werden und während der folgenden Jahre von anderen. Die ersten Jahre hörte man Musik, Gesänge, dann wechselten die Bewohner, und es herrscht eine andere Atmosphäre, die vielleicht prosaisch oder hektisch ist, aber das Haus ist doch immer dasselbe. So erklären sich die Veränderungen, die sich in der Geschichte zahlreicher Länder ereignen.

Ihr wollt bei einem Meister in die Lehre gehen, solltet dabei aber wissen, dass ihr nichts erreichen werdet, wenn ihr nicht aufrichtig und ehrlich seid. Es ist die Beschaffenheit eurer Gedanken und Gefühle, die euch vorankommen lässt. Der Meister ist nur ein Mittel. Alle, die sich einbilden, dass ihre geistigen Fortschritte schneller gewesen wären, wenn sie einen Meister oder einen noch größeren Meister gehabt hätten, täuschen sich; vielleicht hätten sie dann nur größere Prüfungen durchstehen müssen! Und glaubt nicht, dass in Jesu Nähe eine Katze zu einem heiligen Johannes hätte werden können. Nein, sie bleibt eine Katze, und aus dem Ferkel wird vielleicht ein doppeltes Ferkel.

Natürlich ist es gut, einen weisen Meister voller Liebe zu haben, aber vergesst niemals das Wichtigste, nämlich das, was ihr selbst seid. Fangt also damit an, eure Gedanken und Gefühle zu verbessern, das höchste Ideal zu nähren und wisst, dass es euch dann früher oder später gelingen wird, jene himmlischen Wesenheiten anzuziehen, die ihnen entsprechen.*

* Siehe auch Band 207, Kapitel 4.

Bereitet euch jeden Morgen auf den Sonnenaufgang vor. Im Augenblick, wo ihr euch auf den Weg begebt, um der Morgenröte zu begegnen, solltet ihr in eurem Kopf und in eurem Herzen den Gedanken haben, dass ihr diesem außergewöhnlichen Ereignis, das sich im Universum abspielt, nicht nur beiwohnt, sondern daran teilnehmt. Was gibt es Schöneres und Wesentlicheres als die Geburt des Tages? Ihr wendet ein, dass eure Anwesenheit daran nichts ändert, dass der Tag beginnt, egal, ob ihr dabei seid oder nicht. Sicher, aber für euch ist es wichtig, denn es besteht eine Beziehung zwischen dem, was in der Natur vorgeht und dem, was in euch vorgeht. Wenn ihr wisst, wie ihr den Sonnenaufgang betrachten sollt, werdet ihr all die reinen und lichtvollen Kräfte fühlen, die in dem Augenblick zu arbeiten beginnen, indem der erste Strahl aufleuchtet. Ihr werdet verstehen, wie wichtig es ist, mit den Strahlen zu arbeiten, um auch in eurem Bewusstsein den Tag zu erwecken.*

* Siehe auch Band 201, Kapitel 2.

Wenn ihr meditiert, lasst alle anderen Beschäftigungen beiseite und konzentriert euch auf das Licht, als ob euer Leben davon abhinge. Ihr könnt euch dieses Licht in irgendeiner Farbe vorstellen, aber es ist vorzuziehen, das Weiß zu nehmen, denn die weiße Farbe ist eine Synthese aller anderen Farben. Das weiße Licht vereint die Allmacht des Violett, den Frieden und die Wahrheit des Blau, den Reichtum und die ewige Verjüngung des Grün, die Weisheit und die Erkenntnis des Gelb, die Gesundheit und Robustheit des Orange, die Kraft und Dynamik des Rot.

Wenn ihr euch wirklich auf das Licht konzentrieren könnt, wenn ihr es als eine Existenz fühlt, die vibriert und pulsiert, wo alles Friede und Fülle ist, dann werdet ihr anfangen wahrzunehmen, dass dieses Licht auch eine Musik ist, jene universale Musik, die man die Musik der Sphären nennt. Es ist der Gesang von allem, was im Universum existiert. Und zur gleichen Zeit atmet ihr das duftende Parfum ein, das von ihm ausströmt. Es gibt keine würdigere, glorreichere, wirksamere Arbeit als die Arbeit mit dem Licht.

Unsere Lieder sind Schätze, die ihr für die Ausgeglichenheit und die Entfaltung eures inneren Lebens nutzen solltet. Wenn ihr das Gefühl habt, nicht mehr so genau zu wissen, woran ihr seid, wenn ihr gedanklich aus dem Konzept geratet, dann singt: »Misli, pravo misli – denke recht«, und schon seht ihr den Weg wieder klarer. Wenn ihr meint, dass euch niemand mehr liebt, singt: »Bog e lubov – Gott ist Liebe.« Was wollt ihr dann noch mehr, da Gott euch niemals alleine lässt? Falls ihr euch ein bisschen müde oder erschöpft fühlt, singt: »Sila, zdrave e bogatstvo – Kraft und Gesundheit sind ein Reichtum«, und ihr erhebt euch und begebt euch wieder an die Arbeit. Wenn ihr findet, dass das Leben trübe ist und euch nichts so richtig Freude macht, dann singt: »Krassiv e jivota – Schön ist das Leben.« Wenn ihr schließlich glücklich seid, singt: »Blagoslaviai douche moia Gospoda – Meine Seele, lobe den Herrn.«

Hier habt ihr also Mittel und ein ganzes magisches Arsenal. Lernt, euch seiner zu bedienen.*

* Die Lieder wurden auf der Doppel-CD »Chants de la Fraternité Blanche Universelle« veröffentlicht, die 53 Lieder in bulgarischer Sprache enthält. Die CD ist beim Prosveta Verlag erhältlich, und auf seiner Internetseite www.prosveta.de werden Hörproben angeboten.

Die Menschen sind sich selten ihrer schlechten mentalen Angewohnheiten bewusst. Der eine ist sofort verspannt und regt sich auf, wenn er mit einer Arbeit beginnen soll, ein anderer ist vor jeder neuen Situation als Erstes negativ oder verwirrt, wieder ein anderer ist aufgebracht und der Nächste entmutigt... Da sie sich aber dieser Haltungen nicht einmal bewusst sind, können sie auch nicht dagegen angehen und finden so in jeder beliebigen Situation einen Vorwand, wieder in die gleichen Fehler zu verfallen. Das Erste also, was ihr tun müsst, ist, euch zu beobachten, um euch kennenzulernen.* Von dem Moment an, da in euch Klarheit herrscht, habt ihr bereits die Mittel, die Situation in Ordnung zu bringen: Ihr erhaltet sofort einen Impuls, um alle Möglichkeiten, die Gott in euer Unterbewusstsein, Ichbewusstsein und Überbewusstsein gelegt hat, zu mobilisieren. Durch diese Angewohnheit, euch zu beobachten und euch selbst gegenüber wachsam zu sein, macht ihr dann täglich Fortschritte.

* Siehe auch Band 17/18 »Erkenne dich selbst«.

Wenn es uns gelingt, uns zu stärken und unser Verständnis der Dinge zu erweitern, kann uns ein Unglück, das einen anderen lähmen oder vernichten würde, stärker, edler und gesünder machen. Man sollte also nicht danach trachten, das Böse zu vernichten, sondern sich stärken, um ihm widerstehen zu können. Was tut man gegen den Regen, den Schnee und den Sturm? Geht man aus dem Haus und befiehlt den Naturkräften, sich zu beruhigen? Vielleicht in den Märchen, ja, aber im gewöhnlichen Leben kümmert man sich darum, sein Haus zu befestigen. Man überprüft die Isolierung, installiert eine gute Heizung und das genügt, man hat seine Ruhe. Warum tun wir also nicht das Gleiche? Warum kämpfen wir gegen das Böse, anstatt uns nur darum zu bemühen, stärker und widerstandsfähiger zu werden, um besser zu verstehen und zu handeln?*

* Siehe auch Band 210, Kapitel 3 »Jenseits von Gut und Böse«.

Um aus den Begrenzungen seines Bewusstseins herauszukommen, muss der Schüler lernen, seine Vorstellungskraft sehr weit zu erheben, bis hin zu jenem Wesen, das alles umfasst und alle Geschöpfe ernährt: Er stellt sich die Frage, wie dieses Wesen das Werden des Menschen sieht, welches Seine Pläne für ihn, für seine nahe und ferne Zukunft sind. Indem er versucht, diesem unendlich großen, lichtvollen und vollkommenen Wesen näher zu kommen, gelingt es dem Schüler, aus sich herauszugehen. In seinem Inneren, in seinem Unterbewusstsein, Bewusstsein und Überbewusstsein vollzieht sich eine Arbeit, und die Empfindungen und Erfahrungen, die er dabei macht und erlebt, sind unbeschreiblich. Es ist eine der segensreichsten Übungen für den geistig Suchenden. Indem er sich ihr täglich widmet, gelingt es ihm, sich von seinem begrenzten Ich zu entfernen und mit jenem Ozean des Lichts, der Gott ist, zu verschmelzen.* Darin findet er den einzig wahren Lohn der Erkenntnis, der Freiheit und des Glücks.

* Siehe auch Band 201, Kapitel 2 »Surya-Yoga«.

Was man in der spirituellen Arbeit* ein für alle Mal begreifen muss, ist, dass es sich dabei um eine extrem feine Materie handelt, die unseren gewöhnlichen Forschungsmöglichkeiten entgeht. Aber die Ergebnisse, die man auf der spirituellen Ebene erreichen kann, sind ebenso wirklich wie jene, die auf der physischen Ebene erreicht werden können. Genauso wie es real ist, dass ihr auf der physischen Ebene Holz sägt oder eine Suppe kocht, ist es auf der spirituellen Ebene real, dass ihr Kräfte auslöst, Energieströme lenkt und das Bewusstsein anderer erhellt. Früher oder später sind die Ergebnisse da. Solange man diese Gesetze nicht kennt und in seiner spirituellen Arbeit sofort konkrete Resultate erwartet, entmutigt man sich und zerstört manchmal sogar das, was man bereits aufgebaut hat.

* Siehe auch Band 23, Kapitel 9 »Wie man an seiner eigenen Materie arbeiten kann« und Band 18, Kapitel 2.

Es heißt: »Du sollst den Herrn, deinen Gott, lieben von ganzem Herzen, aus ganzer Seele, mit all deinen Gedanken und aus ganzer Kraft.« Ja, denn in der Liebe zu Gott* ist alles enthalten: Gesundheit, Schönheit, Licht, Intelligenz, Kraft und Freiheit. Wenn wir Gott mit unserem ganzen Wesen lieben, wenn Er in uns den ersten Platz einnimmt, wenn wir uns täglich, dreimal, viermal, zehnmal anstrengen und aus uns herausgehen, um mit dieser Unendlichkeit zu verschmelzen, aus der uns das Leben, das Glück, die Kräfte und alle Segnungen zuströmen, dann begreifen wir, dass kein Geschöpf unsere Liebe so sehr verdient wie Gott. Ja, denn niemand, weder unsere Eltern, unsere Frau, unser Mann, unsere Kinder noch unsere Freunde können uns etwas so Wesentliches geben, niemand. Sie geben uns einige Gegenstände, einige Worte, ein Lächeln, aber das ist weit, weit davon entfernt, sich mit dem Leben und den Segnungen vergleichen zu können, die uns aus der göttlichen Quelle zuströmen.

* Siehe auch Band 231, Kapitel 10 »Entwickelt eure Sensibilität für die göttliche Welt« und Band 222, Kapitel 4.

Die meisten Ehen enden mit einer Enttäuschung. Obgleich der Mann und die Frau zu Beginn instinktiv und unbewusst die Hoffnung haben, dass diese Liebe wunderbar und himmlisch sein wird, dass sie endlich ihre Schwesterseele gefunden haben und dass sie die Fülle kosten werden. Woher haben sie diese Hoffnung? Aus einer fernen Erinnerung, aus dem tief in ihrem Inneren vergrabenen Wissen, dass sich die Vereinigung des weiblichen und männlichen Prinzips oben in der göttlichen Welt in größter Herrlichkeit und Erfüllung verwirklicht. Aber weil sich der Mann und die Frau zu tief unten suchen, finden sie diese Erfüllung nicht. Die wahre Ehe* ist die Vereinigung, die Mann und Frau mit ihrer Seele und ihrem Geist verwirklichen. Wenn sie enttäuscht sind, so deshalb, weil sie diese Heirat nicht verwirklichen konnten. Das Glück ist nur möglich, wenn es ihnen gelingt, sich oben zu vereinen.

* Siehe auch Band 24, Kapitel 14 »Die wahre Ehe« und Band 15, Kapitel 2.

Die Menschen sind einzigartig: Sie hören auf die Ratschläge des Erstbesten, der ihnen sagt, wie sie im Leben Erfolg haben können, was sie über Politik und Religion denken sollen…, welchen Umgang sie brauchen, wie sie ihre Gesundheit wiederfinden usw. Dabei fragen sie sich nicht, ob diese Person wirklich die Fähigkeiten besitzt, ihnen Rat erteilen zu können. Sie gleichen jenem Mann, der, als er seine Haare verlor, in ein Geschäft ging, um sich eine Lotion zu kaufen. »Hier haben wir ein sehr wirkungsvolles Produkt«, sagt der Geschäftsmann, »es heißt Pilokarpin, damit reiben Sie sich jeden Abend ein, Sie werden sehen, es wirkt Wunder.« Er kauft das Produkt und geht freudig nach Hause, ohne bemerkt zu haben, dass der gute Mann, der für dieses Mittel Reklame gemacht hatte, kein einziges Haar auf dem Kopf hatte. Wenn das Mittel so gut ist, warum hat er dann eine Glatze?

Die Leute lassen sich von irgendjemandem überreden, ohne nachzudenken und die Merkmale zu sehen, die beweisen, dass der andere, der ihnen diese schöne Rede hält, unfähig ist, ihnen in irgendeiner Weise zu helfen. Leider stimmt das in allen Bereichen.

Wir müssen fähig sein, alle Unreinheiten,* die wir aus unserer Umgebung erhalten, zu verwandeln. Die Unreinheiten der Nahrung, der Luft und sogar der Gedanken und Gefühle, die die Menschen aussenden. Aber auch alles, was man von den anderen an Kritik, Hass und Undankbarkeit erhält, muss man verwandeln. Was für Steine haben die Eingeweihten nicht schon von allen Seiten abbekommen... Berge von Steinen! Doch sie fanden das Mittel, sie in Edelsteine zu verwandeln. All die Schätze, die sie uns hinterließen, sind Steine, die man auf sie geworfen hat, und an denen sie gearbeitet haben. Dies ist die wahre Alchemie. Da die Erde fähig ist, gewöhnliche Materie in Edelsteine zu verwandeln, warum nicht auch wir? Wesentlich ist nur, daran zu denken. Ein Mensch besitzt alle Kräfte und Mächte, er hat in seinem Inneren sogar den Stein der Weisen, der alles in Gold verwandelt. Solange den Menschen diese Philosophie fehlt, werden sie sich unglücklich und erdrückt fühlen, und die leiseste Kritik wird sie umwerfen.

* Siehe auch Band 202, Kapitel 2 »Du sollst das Feine vom Dichten sondern«.

Die Sonne ist das beste Restaurant, das existiert, darum besuchen wir es jeden Morgen. Aber um dort Essen zu bekommen, braucht man Gold. Nicht Gold in den Taschen, das nützt nichts, sondern Gold im Gehirn. Wenn der Gastwirt, der Sonnengeist, sieht, dass ihr in eurem Inneren einige Goldstücke habt, sendet er euch sofort die schmackhaftesten Speisen. Andernfalls sitzt ihr da und gähnt, kratzt euch und seufzt: »Ich fühle nichts und erhalte nichts, es lohnt sich nicht, in dieses Restaurant zu gehen.« Ihr wartet auf die Bedienung, aber man wird die anderen bedienen und nicht euch. Euch sagt man: »Wartet, wartet, geht zuerst und sammelt Gold, wenn ihr dieses Gold habt, wird man euch bedienen.« Gold zu haben, bedeutet die göttliche Weisheit zu verstehen*, sie zu schätzen, zu lieben und sie zu suchen. Wenn die Geister der Sonne sehen, dass ihr dieses Gold habt, kümmern sie sich sofort um euch.

* Siehe auch Band 222, Kapitel 4 »Herz, Intellekt, Seele und Geist« und Broschüre Band 326, Kapitel III.

Der Mensch kann auf der Erde nichts verbessern, wenn er es nicht versteht, sich zu erheben, um andere Regionen zu kontemplieren.* Regionen, die bevölkert sind mit weiterentwickelten Wesen, welche ihm als Beispiel und Vorbild dienen können. Er kann nichts Schöneres, nichts Besseres erschaffen, wenn er nicht irgendwo eine Wirklichkeit wahrgenommen hat, welche die unsere übertrifft. Gerade dies ist die Arbeit des geistigen Schülers. In seinen Meditationen, Kontemplationen und Ekstasen gelingt es ihm, jene Vollkommenheit, die oben ist, wahrzunehmen. Anschließend bemüht er sich, sie hier auf der Erde zu reproduzieren. Das ist die einzige Methode wirklicher Verwandlung. Und wenn die Menschen trotz ihrer Bemühungen nicht viel auf der Erde ändern können, dann liegt es daran, dass sie sich nicht zu erheben wissen, um eine Welt zu kontemplieren, die sie übertrifft.

* Siehe auch Band 215, Kapitel 5 »Wie im Himmel also auch auf Erden« und Band 18, Kapitel 6.

Oft sind die Menschen selbst verantwortlich für die schlechten Bedingungen, in denen sie leben. Aber sie bemerken es nicht und beschuldigen immer die anderen, ihnen dieses nicht gegeben und jenes nicht erleichtert zu haben. Selbst wenn man ihnen gibt, wonach sie verlangen, wird dies in Wirklichkeit nicht viel verändern, denn wenn man schwach, faul und unwissend ist, wird man nicht glücklicher, und vor allem bessert man sich nicht, im Gegenteil. Wie oft hat man schon gesehen, dass sich der Mensch nur noch mehr erniedrigt, wenn man all seine Wünsche erfüllt. Zuvor haben ihn die Schwierigkeiten* wenigstens noch gezwungen, nachzudenken und Anstrengungen zu machen. Doch von dem Augenblick an, wo die Hindernisse wegfallen, kann man sagen, dass der Weg zur Hölle weit geöffnet vor ihm liegt. Das bedeutet nicht, dass man die Menschen in Entsagungen und Schwierigkeiten halten soll, nein. Aber es ist gefährlich, all denjenigen, die sich nicht zu beherrschen wissen und die das materielle Leben vor das spirituelle Leben stellen, große materielle Erleichterungen zu verschaffen, denn damit setzt man sie den schlimmsten Versuchungen aus.

* Siehe auch Band 31, Kapitel 4 »Wie man mit Schwierigkeiten umgeht«.

Stellt euch vor, ihr blast mit großer Heftigkeit auf einen blühenden Zweig: Die Blütenblätter fliegen in alle Richtungen davon, und nichts bleibt übrig von jener Gestaltung und Anordnung, welche seine ganze Schönheit ausmachte. Das Gleiche tut ihr, wenn ihr euch der Wut, der Eifersucht, der Habsucht oder der Sinnlichkeit überlasst: Ihr verursacht einen Windstoß, einen Strom, der die Anordnung der Atome und Elektronen in euch stört. Die Störung dieser inneren Organisation ist der Grund und Ausgangspunkt psychischer oder sogar physischer Krankheiten, und ihr werdet dadurch von der spirituellen Welt getrennt. Sprecht deshalb zu euren Zellen, wenn ihr ein Unwohlsein, eine Störung fühlt, sagt ihnen: »Beruhigt euch, ich sende euch Wellen der Harmonie und Liebe: Seid gehorsam und nehmt eure Arbeit wieder auf.« Erlaubt es niemals, dass sich ein negativer Zustand in euch einnistet*, versucht sofort, ihn zu beheben.

* Siehe auch Band 210, Kapitel 10 »Sich spirituell stärken, um die Prüfungen zu überwinden«.

Die höhere Liebe ist ein Bewusstseinszustand, und alle Wesen müssen eines Tages lernen, darin zu leben. Dieser Bewusstseinszustand kann nicht beschrieben werden, und man kann ihn auch demjenigen, der nicht bereit ist, ihn zu leben, nicht erklären. Alles, was man tun kann, ist zu versuchen, ihn nach und nach dahin zu führen. Dieser Bewusstseinszustand ermöglicht es dem Menschen, in seinem Inneren mit dem Universum verbunden zu sein. Er ist dann wie ein Instrument, das mit allem Existierenden in Harmonie schwingt. Er empfindet einen tiefen Frieden und vor allem ein immenses Wohlwollen allen Wesen gegenüber. Er weiß nicht, wo dieser gute Zustand herkommt, er fühlt nur, dass er sein ganzes Wesen erfasst hat und ihn drängt, Liebe und Verständnis zu offenbaren. Er sieht die Natur und die Menschen in einem neuen Licht und ist glücklich.*

* Siehe auch Band 239, Kapitel 9 »Die Liebe ist größer als der Glaube«.

Die ganze Welt wird jetzt unterrichtet, selbst die primitivsten Völker, aber man kann dabei nicht übersehen, dass dieser Unterricht von Unruhen und Auflehnungen begleitet wird. Wie kommt es, dass das Wissen, die intellektuelle Entwicklung*, die ja etwas Gutes sind, zum Grund für so viele Kriege und Leiden werden? In Wirklichkeit liegt die Ursache nicht im Wissen selbst, sondern in der Art des Wissens. Was die Leute als Erstes sehen, wenn man ihnen die Augen öffnet, ist die soziale Ungleichheit: Die anderen sind reich und mächtig, während sie selbst arm und schwach sind. Das erweckt natürlich Auflehnung und Neid in ihnen. Jetzt wünschen sie sich alles Mögliche, das sie sich bis dahin nie gewünscht hatten. Und da sie nicht wissen, wie man es erlangen kann, benutzen sie das einfachste Mittel: die Gewalt. Ihr werdet sagen: »Heißt das etwa, man solle die Leute in der Unwissenheit und im Dunkeln halten?« Nein, die Eingeweihten sind nicht für die Unwissenheit, aber sie sind auch nicht für ein Wissen, das im Menschen etwas anderes erweckt, als die Wünsche seiner Seele und seines Geistes.

* Siehe auch Band 25, Kapitel 3 »Jugend und Revolution«.

Man sagt, dass die auserwählten Wesen ein Zeichen auf der Stirn tragen. Das ist wahr, aber es ist kein Zeichen, das ein sichtbares oder unsichtbares Wesen von außen heranbringen kann. Der Mensch selbst, durch seine Arbeit, seine spirituelle Würde, schreibt solch ein Zeichen auf seine Stirn. Denn, wie oft habe ich es euch schon gesagt: Alles wird aufgezeichnet, unsere Handlungen, Gefühle und Gedanken hinterlassen nicht nur um uns herum Spuren, sondern auch und vor allem in uns selbst. Unser ganzes Wesen wird von den Manifestationen unseres psychischen Lebens geprägt, modelliert und geformt.* Ja, das ist ein Gesetz: Jedes Mal, wenn wir Güte, Gerechtigkeit, Geduld und Liebe zeigen, werden diese Tugenden in uns eingeschrieben. Aber sie werden nicht nur in uns eingeschrieben, sondern sie erzeugen auch um uns eine Art magnetisches Feld, das aus dem Raum segensreiche Kräfte anzieht, die uns beschützen.

* Siehe auch Band 230, Kapitel 9 »Die 144 000 Diener Gottes«.

Wenn es euch gelingt, dem Höheren Ich in euch den ersten Platz zu geben, dann nehmt ihr bereits an der kosmischen Arbeit des Christus und Gottes selbst teil.* Ja, das ist etwas Geheimnisvolles, eine Aktivität, die sich in einer anderen Sphäre entfaltet und oft sogar ohne euer Wissen. Wenn ihr von euren täglichen Aufgaben eingenommen seid, wisst ihr nicht, was euer Geist in euch macht. Eines Tages aber, wenn euer Gehirn genügend entwickelt sein wird, könnt ihr vielleicht der Arbeit eures Geistes im Universum bewusst werden. Im Augenblick ist das Wichtigste, dass ihr die Verbindung zu ihm wiederherstellt. Gerade dies muss während der Meditationen eure einzige Bemühung sein: Die Bewohner in euch zu beruhigen, um euer Höheres Ich zu erreichen, welches die Quintessenz Gottes selbst ist.

* Siehe auch Band 222, Kapitel 13 »Das höhere Ich« und Band 211, Kapitel 10.

Solange die Menschen ihr Vertrauen auf die materiellen Verwirklichungen setzen, werden sie Enttäuschungen erleben: weil diese Errungenschaften ihrer Natur gemäß nicht von Dauer sind. Sie sollten sie also ein wenig beiseitelegen und sich an die Arbeit machen, um schließlich das unerreichbarste Wesen zu erreichen, Gott selbst oder ihr Höheres Ich, damit es herabkommt und sich in ihnen manifestiert... Ja, dann werden sie echte Verwirklichungen erleben, innere Verwirklichungen im Bewusstsein, und diese sind unmittelbar und von Dauer.* Um solche Realisationen zu erreichen, müsst ihr euch auf ein erhabenes Ideal konzentrieren, von dem ihr von vornherein wisst, dass es sich auf der physischen Ebene nie verwirklicht. Aber innerlich werdet ihr diese Verwirklichung spüren, ihr werdet sie im selben Augenblick erleben, und sie wird euch niemals verlassen.

* Siehe auch Band 210, Kapitel 2 »Das Gute und das Böse – zwei Kräfte, die das Rad des Lebens drehen«.

Die Einsamkeit ist das größte Leid, das der Mensch in seinem Leben empfinden kann. Deshalb sucht jeder nach demjenigen oder derjenigen, mit dem oder der er seine Gedanken und Gefühle austauschen kann, ein Wesen, auf das er sich stützen kann. Doch es ist schwierig, das gesuchte Wesen zu finden, und so viele Bücher erzählen von dieser Angst, von diesem Leid, das der Unmöglichkeit entspringt, eine Schwesterseele zu finden, mit der man sich austauschen kann! Weil das menschliche Herz letztendlich nur durch Gott vollkommen erfüllt werden kann. Wer die Einsamkeit besiegen und täglich das Gefühl haben will, dass er nicht alleine ist, dass er von unsichtbaren Wesen umgeben ist, die ihn mit einer unendlichen aus Freude und Glück bestehenden Anwesenheit erfüllen, muss sich mit Gott vereinen.* Aber er muss sich mit Gott als Manifestation vereinen, was bedeutet, mit der Weisheit, der Liebe und der Wahrheit eins zu werden. Für denjenigen, der die Liebe in sein Herz legt, die Weisheit in seinen Kopf und die Wahrheit in seine Willenskraft, gibt es keine Einsamkeit mehr.

* Siehe auch Band 227, Kapitel 94.

Die Vögel sind das Resultat der Evolution bestimmter Reptilien. Wie konnte diese Entwicklung geschehen? Vielleicht gab es unter diesen Reptilien einige, die unternehmungslustiger, mutiger und neugieriger waren, die als Beispiel vorangingen, und manche sind ihnen gefolgt, bis sie schließlich davonflogen... Während die anderen faul, ängstlich und ohne Ehrgeiz am Boden haften geblieben sind. Das Gleiche geschah auch mit den Menschen: Im Laufe der Geschichte sah man immer wieder eine kleine Anzahl von Wesen, die bereit waren, jenen zu folgen, die sie auf neue Wege führten, während die meisten anderen stagnierten.*

Immer gab es Vorläufer und Mutige, auf diese Weise entwickelt sich die Menschheit: dank der Mutigen. Es hängt vom guten Willen, von der Bewusstheit und der Intelligenz eines jeden von uns ab, diesen Mutigen zu folgen, um sich zu verwandeln, ein Vogel zu werden und frei zu sein.

* Siehe auch Band 29, Kapitel 7 »Nehmt teil an der Arbeit der Universellen Weißen Bruderschaft«.

Viele sagen sich: »Ich strenge mich an, aber wozu soll es gut sein, nachdem doch überall das Gesetz des Egoismus und des Sich-gegenseitig-Auffressens herrscht? Die Fische fressen einander in den Ozeanen, die Raubtiere in den Wäldern, und in den menschlichen Gesellschaften sieht man überall nur Egoismus, Gewalt und Grausamkeit. Warum sollte ich eine Ausnahme machen? Es ist besser, mit Krallen und Zähnen zu kämpfen und Schläge auszuteilen, auf diese Weise werden wir etwas erreichen... « Das stimmt alles, aber diese Leute beurteilen nur, was sie auf der Erde sehen, und das ist nur die eine Hälfte der Wahrheit. Wenn sie einen Blick zum Himmel werfen würden, könnten sie die Sonne sehen, und die Sonne ist die andere Hälfte der Wahrheit.* Die Tiere und Menschen tun nichts anderes als aufsaugen, verschlingen, nehmen, vernichten, und die Sonne tut nichts anderes als glänzen, strahlen, aussenden und geben. Warum? Damit wir das Leben, die Wärme und das Licht empfangen. Wären wir noch am Leben, wenn es nicht ein anderes Gesetz gäbe, das Gesetz der Liebe und der Opferbereitschaft, welches nicht das Gesetz der Erde ist, sondern das der Sonne? Nein, also, wenn euch alles, was ihr auf der Erde seht, entmutigt, dann denkt an die Sonne, akzeptiert ihre Gesetze und ihr werdet euch gestärkt fühlen.

* Siehe auch Band 235, Kapitel 16.

Die vier Jahreszeiten können wir in unserem Leben wiederfinden. Der Frühling vergeht sehr schnell, der Sommer ist kochend, aufgewühlt von Leidenschaften. Schließlich im Herbst beruhigt sich alles, das ist die beste Periode, jene, in der der Mensch endlich Herr seiner selbst geworden ist, fähig, Früchte zu bringen. Der Winter dann ist die Saison der Kälte, der Entsagung. Aber der Winter ist keine vollkommen schlechte Zeit, das hängt ganz davon ab, wie der Mensch in den anderen Jahreszeiten gelebt hat. Man kann also sagen, dass der Winter die Wahrheit repräsentiert. Die Kindheit (der Frühling) ist das Leben; die Jugend (der Sommer) ist die Liebe; die Reife (der Herbst) ist die Weisheit und schließlich das Alter (der Winter) ist die Wahrheit... für viele leider eine traurige Wahrheit!* Denn sie können sich keine Illusionen mehr machen im Augenblick des Hinübergehens in die andere Welt. Ihr seht also: das Leben, die Liebe, die Weisheit, die Wahrheit; es ist sehr interessant festzustellen, wie die vier Jahreszeiten mit den vier Altersstufen im Leben des Menschen verbunden sind.

* Siehe auch Band 31, Kapitel 1 »Das neue Leben«.

Die Menschen quälen oder zerreißen sich untereinander für nichts und wieder nichts im gewöhnlichen Leben. Das Feld ihres Bewusstseins ist so eng und begrenzt, dass ihnen nichts wichtiger erscheint als ihre Sorgen, ihre Ambitionen, ihre Liebeleien und ihre Auseinandersetzungen. Sie sehen nicht die Unendlichkeit des Himmels über sich, all diesen unendlichen Raum, der, wenn sie ihre Augen zu ihm erheben wollten, ihnen die Möglichkeit gäbe, ihren Einengungen zu entrinnen und aufzuatmen.* Indem sie an die Unendlichkeit und Ewigkeit denken, fühlen sie, dass sie über dem Ganzen stehen, dass sie durch nichts mehr verletzt werden können, durch keine Sorge, keine Trauer, keinen Verlust, denn es erwacht eine andere Bewusstheit in ihnen. Sie werden die Dinge ganz anders beurteilen und empfinden.

* Siehe auch Band 229, Kapitel 13 »Die Offenbarungen des Sternenhimmels«.

Der Drang, der Mann und Frau zueinander treibt und den man Liebe nennt, kann auf der physischen Ebene nicht wirklich seine ganze Befriedigung finden. Denn es ist nicht der physische Körper, der das Bedürfnis hat zu lieben, sondern das Herz und darüber hinaus noch die Seele und der Geist. Wenn man beim physischen Körper stehenbleibt, kann man nur bestimmte Empfindungen spüren, einige angenehme Gefühle, die sich bald in Eifersucht, Konfrontation und Hass verwandeln.

In der Liebe, so wie in vielen anderen Bereichen auch, darf der Körper nur als Werkzeug und nicht als Ziel verstanden werden.* Alle, die sich nicht bemühen, jenseits des physischen Körpers zu suchen, werden unbefriedigt bleiben und sehen am Ende nur die schlechten Seiten voneinander. Diejenigen hingegen, die daran gearbeitet haben, aus ihrer Liebe einen Austausch auf der Ebene von Seele und Geist zu machen, werden jeden Tag ein neues Glück kosten. Sogar wenn sie alt geworden sind, werden sie einander unablässig neu entdecken, sich aneinander freuen und sich wunderbar finden. Denn sie liebten nicht die Hülle, das Gefäß, den Körper, sondern seinen Inhalt, jenes geistige Prinzip, das aus der einzigen und unerschöpflichen Quelle hervorgegangen ist.

* Siehe auch Band 14, Kapitel 5 »Geist und Materie, die Sexualorgane«.

All jene, die in der Religion den Schwerpunkt auf Vorstellungen, Überzeugungen und Riten legen, welche von den wesentlichen Wahrheiten des Lichts, der Wärme und des Lebens abweichen, verursachen großes Leid. Sie sollten beginnen, sich der Sonne zuzuwenden, um sich von ihr belehren zu lassen! Die Sonne ist großzügig und tolerant, sie sagt: »Glaubt an das, was ihr seht, ich aber werde weiterhin meinen Reichtum an euch verteilen.« Die Menschen würden einander bis zum letzten Mann umbringen, um ihre Vorstellung eines Gottes, den keiner von ihnen je gesehen hat, anderen aufzuzwingen. Ihr entgegnet, dass man Gott nicht sehen kann. Doch, man kann einen Schimmer von Ihm in der Sonne sehen! Die Sonne drückt am besten die göttliche Vollkommenheit aus. Sie verteilt ohne Unterlass Licht, Wärme und Leben, ohne sich darum zu kümmern, wer orthodox, katholisch, evangelisch, jüdisch, muslimisch oder buddhistisch ist... Für die Sonne sind sie alle Kinder Gottes.

Früher oder später wird man diese großen Wahrheiten nicht mehr ignorieren können; die ganze Welt wird die wahre, die einzige Religion finden.* Und die Christen werden verstehen, dass Christus nichts anderes als der Geist der Sonne ist. Natürlich geht es nicht darum, Christus in der Sonnenscheibe zu suchen, die wir am Himmel sehen. Es geht vielmehr darum zu fühlen, dass sich über der Sonne, die ein Symbol darstellt, der Herr voller Liebe selbst befindet.

* Siehe auch Band 235, Kapitel 15.

Der Mensch kann nicht glücklich sein, noch den Frieden kosten, solange in seinem Inneren die hierarchische Ordnung nicht respektiert wird. Wenn der Magen den Platz des Gehirns einnimmt, ist es klar, dass er mit dem Magen denkt und das wird nicht gerade großartig!... Habt ihr gesehen, was in einem Orchester geschieht, bevor der Dirigent kommt: Alle Musiker laufen hin und her, sprechen untereinander, stimmen ihre Instrumente, es ist ein einziger Missklang. Aber sobald der Dirigent, das Oberhaupt des Orchesters, erscheint, wird es still, jeder geht auf seinen Platz, und es entstehen Klänge, die das Publikum in Entzücken versetzen. Dies geschieht, weil jeder auf seinem Platz ist, weiß, was er zu tun hat und es tut.

Damit sich die hierarchische Ordnung in uns niederlassen kann, dürfen nicht mehr die Wünsche und Leidenschaften dirigieren, sondern die Weisheit, die Vernunft und über ihr, an der Spitze, der Geist Gottes.* Wir müssen also bitten und flehen, bis dieses Haupt, der Geist Gottes, sich in uns niederlässt. Von diesem Moment an ist die göttliche Hierarchie wiederhergestellt, und alles in uns wird harmonisch und musikalisch.

* Siehe auch Band 208, Kapitel 7 »Eine neue Auffassung von der Wirtschaft«.

Versucht, so wenig wie möglich über die Fehler der anderen zu sprechen, denn indem ihr sie ansprecht, tretet ihr mit diesen Fehlern in Verbindung und schadet euch selbst.* Wenn ihr die Fehler eines anderen hervorhebt, sagt der Himmel: »Wie viel hast du in deiner Kasse? Gib demjenigen, über den du sprichst, die Hälfte davon. Da du ihn korrigieren willst, musst du ja reich sein, also gib ihm von deinem Reichtum etwas ab!« Wenn ihr aber Gutes über jemanden sagt, dann sagt der Himmel zu ihm: »Gib ihm etwas von deinen Schätzen, weil er gut von dir spricht.« Wenn ihr also Schlechtes über die anderen sagt, sind sie diejenigen, die davon profitieren. Sprecht ihr dagegen gut über sie, profitiert ihr davon.

Nehmen wir an, ihr wart gezwungen, etwas Negatives über jemanden zu sagen, dann endet nicht damit, sondern fügt ein positives Wort hinzu. Was auch immer seine Fehler sein mögen, bemüht euch, eine positive Qualität in ihm zu finden und sprecht darüber, um das Gespräch mit etwas Positivem zu beenden. Man sollte niemals bei der negativen Seite verharren.

* Siehe auch Band 213, Kapitel 10 »Die höhere Natur in sich selbst und anderen fördern«.

Beim Menschen steht der Intellekt zwischen dem Geist und der Materie. Wenn er merkt, dass es der Materie gelingt, die göttlichen Impulse des Geistes zu behindern oder zu blockieren, hat der Intellekt die Möglichkeit, einzuschreiten, um dem Geist seine Kraft zurückzugeben, ihm neue Türen zu öffnen. Der Geist drängt immerzu von innen heraus, aber es ist dem Menschen nicht immer bewusst: Er weiß nicht, dass er die Arbeit des Geistes erleichtern oder – im Gegenteil – sich ihr widersetzen kann, indem er der Materie mehr Möglichkeiten einräumt.*

Die Eingeweihten haben Schulen eröffnet, damit sich die Menschen genau dieser Realität bewusst werden und sich dazu entschließen, an sich selber zu arbeiten, sich zu beherrschen und zu reinigen, um endlich die Manifestation des Geistes zu ermöglichen. Die großen Meister wissen, dass der Mensch die Möglichkeit hat, sich durch den Intellekt festzulegen, um die Richtung seiner Handlungsweise zu bestimmen. Deshalb legen sie sehr viel Wert darauf, dass er sich dieser Rolle bewusst wird, die er im Universum spielen kann, indem er die Arbeit des Geistes an der Materie unterstützt.

* Siehe auch Band 224, Kapitel 7 »Die Kraft des Geistes«.

Der vollkommene, der ideale Mensch, so wie ihn die kosmische Intelligenz in ihren Werkstätten erschaffen hat, ist der Sonne ähnlich.* Alles, was von ihm ausgeht, ist von derselben Quintessenz wie das Licht der Sonne, jedoch im ätherischen Zustand. Je mehr sich also der Mensch der Vollkommenheit nähert, desto mehr werden seine Ausstrahlungen dem Licht ähnlich: Sie verbreiten sich im Raum genau wie das Licht, und diejenigen, die sensibel sind, empfangen sie und sind davon bereichert. Aus diesem Grund soll der Mensch die Vollkommenheit der Sonne anstreben, denn es ist immer diese Kraft, diese Energie der Sonne, die durch sein Gehirn, seine Augen, seinen Mund, seine Hände und seinen ganzen Körper strömt. So wie das Licht, bringt sie nicht nur den Menschen Segen, sondern auch den Pflanzen, den Steinen und der ganzen Natur.

* Siehe auch Band 10 »Sonnen-Yoga«, Kapitel 2, 4, 13, 20 und Band 28, Kapitel 8.

Um an der Menschheit arbeiten zu können, braucht ein großer Meister einen kollektiven Körper; die einen seiner Schüler sind die Augen, die Ohren oder der Mund dieses Organismus, die anderen das Herz, der Magen, die Lungen, die Arme und Beine… Solange der Meister diesen kollektiven Körper nicht beleben kann, ist er eingeschränkt.

Der Geist eines großen Meisters vollzieht also nicht nur Anstrengungen, um sich in seinem eigenen physischen Körper zu inkarnieren, sondern auch im kollektiven Körper einer spirituellen Gemeinschaft, um diese zu entwickeln und zu verbessern. Aber dieser kollektive Körper muss seinerseits ebenso große Anstrengungen machen, um dem Geist des Meisters zu helfen, sich in ihm zu inkarnieren und sich durch ihn zu manifestieren. Anstatt also beim Bild des ans Kreuz genagelten Jesus stehenzubleiben, sollte ein Christ deshalb sein ganzes Bemühen darauf verwenden, sich vorzubereiten, um ein reines, lichtvolles Teilchen dieses Kollektivkörpers zu werden, auf den der Geist Christi einwirkt, um ihn zu beleben. Jesus ist vor zweitausend Jahren am Kreuz gestorben, das ist eine Tatsache, an der nichts zu ändern ist, aber unsere Aufgabe ist jetzt, den Körper Christi zu verstärken, damit sein Geist auf der Erde weiterarbeiten kann.

Die wahre Religion lehrt, dass sich die Menschen dem Licht, der Wärme und dem Leben der Sonne annähern müssen.* Das heißt, dass sie die Weisheit, die erhellt und die Probleme löst, suchen müssen, ebenso die absichtslose Liebe, die verschönert, ermutigt und tröstet, und auch das subtile spirituelle Leben, das aktiv, dynamisch und kühn macht, um das Reich Gottes und seine Gerechtigkeit schließlich auf der Erde zu verwirklichen. Darum kann niemand diese Religion zerstören. Wenn man es versucht, zerstört man sich selbst, weil man sich begrenzt.

Wenn dieses Verständnis einer universellen Religion die Geister einmal durchdrungen haben wird, wird die gesamte Organisation des Lebens universell werden: Es wird dann zwischen den Menschen keine Trennungen, keine Grenzen und keine Kriege mehr geben. Alle müssen die universelle Religion und Brüderlichkeit, die die Sonne uns lehrt, akzeptieren. Indem die Menschen die Sonne in ihren erhabenen Manifestationen des Lichts, der Wärme und des Lebens erkennen, werden sie sich immer mehr dem Göttlichen annähern, und die Erde wird zu einem Paradiesgarten, in dem alle Menschen geschwisterlich zusammenleben.

* Siehe auch Band 206, Kapitel 5 »Die Grundlagen einer universellen Religion und Band 26, Kapitel 2«.

1. Oktober

Nicht das Vergnügen, sondern die Arbeit wird euch das Glück bringen. Seid ihr darüber erstaunt? Wenn ja, so bedeutet dies, dass ihr noch nicht verstanden habt, was die wahre Arbeit ist, sonst würdet ihr wissen, dass ihr dort das Glück finden werdet.

Das heißt nicht, dass ihr euch das Vergnügen vorenthalten sollt, sondern dass ihr es nicht an die erste Stelle als Ziel eures Lebens setzen sollt, denn es macht euch schwächer und ärmer: Alles, was ihr an Emotionen und Empfindungen erlebt, verbrennt nach und nach eure Reserven.

Statt sich das Vergnügen als Lebensziel zu setzen, sollte man sich sagen: »Oh, ich muss aus meinem Leben etwas Vernünftiges, etwas Nützliches, etwas Großes machen« und anstelle des Vergnügens die Arbeit setzen, was bedeutet, die gewöhnliche, egoistische Aktivität durch eine edlere, großzügigere Aktivität ersetzen, die unser Bewusstsein erweitert und in uns neue Möglichkeiten auslöst.*

* Siehe auch Band 206, Kapitel 8.

Eine Liste der Bücher, auf die in den Tagesgedanken verwiesen wird, finden Sie auf Seite 397 bis 399 des vorliegenden Buches.

Auf der geistigen Ebene werdet ihr nur Resultate erzielen, wenn ihr die zur Unterstützung eurer Arbeit notwendigen Eigenschaften und Tugenden besitzt. Nehmen wir als Beispiel einen Talisman. Immer mehr Menschen benutzen einen Talisman, den sie in einem Geschäft gekauft haben. Sie bilden sich ein, es genüge, wenn sie ihn bei sich tragen oder irgendwo bei sich zuhause stehen haben, um beschützt zu sein oder Erfolg zu haben. Das ist ein Irrtum! Selbst wenn es ein Talisman ist, der für euch persönlich von einem großen Magier hergestellt wurde, müsst ihr ihn beleben, ihn mit euren Gedanken, Gefühlen und reinem Leben nähren, wenn ihr wünscht, dass er weiterhin wirksam und stark ist. Andernfalls verliert er nach einiger Zeit seine Kräfte und stirbt. Kein Talisman hält ewig, seine Lebensdauer hängt von den Eigenschaften der Person ab, die ihn trägt.*

* Siehe auch Band 226, Kapitel 5.

Ein Land ist wie ein Fluss, wo sich für einige Zeit sehr unterschiedliche Seelen treffen, die ein Erlass des Schicksals dorthin geschickt hat: Einige stammen bereits aus diesem Land, aber die Mehrzahl kommt woanders her. Wenn daher einige im Namen der Vaterlandsliebe sich gerechtfertigt fühlen, andere Länder zu verachten oder gar zu hassen, so ahnen diese armen Unwissenden nicht, dass sie in einer anderen Inkarnation Bürger dieser Länder waren und damals die gleichen dummen und beschränkten Vorstellungen hatten gegenüber dem Vaterland, das sie jetzt verteidigen wollen!... Ein Land ist nur für die jetzige Inkarnation unser Vaterland. Wie viele Franzosen haben Deutschland oder England verabscheut, ohne daran zu denken, dass sie in einer früheren Inkarnation Deutsche oder Engländer waren und damals Frankreich verabscheut haben!... Dieses Gesetz gilt für alle Länder der Erde und auch für alle Religionen. Wie viele Katholiken haben die Protestanten gehasst und sie verfolgt, ohne eine Sekunde daran zu denken, dass sie in einer anderen Inkarnation selbst Protestanten waren – und umgekehrt.*

* Siehe auch Band 202, Kapitel 7 und Band 233, Kapitel 7.

Solange ihr kein Wissen aus der Einweihungslehre habt, kann es natürlich sein, dass ihr glaubt, alles an euch sei in Ordnung, untadelig und vollkommen. Aber ab dem Tag, da ihr dieses Wissen erhaltet, werdet ihr weniger stolz sein, weil ihr euch gezwungenermaßen eingestehen müsst, dass ihr nicht so toll seid: Ihr seht, dass ihr eure Zeit vertan und eure Kräfte vergeudet habt mit allen möglichen unnützen und schädlichen Aktivitäten. Manchmal seid ihr sogar so entsetzt, dass ihr nur noch den Wunsch habt, in die Dunkelheit zurückzukehren. Aber nein, man muss im Licht bleiben, weil das Licht trotz allem vorzuziehen ist. Lieber soll man sich schmutzig und hässlich sehen, als sich selbst gegenüber blind zu bleiben, denn nur durch dieses Mittel entsteht das Verlangen, sich zu verändern. »Ja, aber wir werden leiden!« Nun, es ist besser, ein bisschen zu leiden und im Licht zu sein. Sich vor der Realität zu verstecken, bringt nie etwas.*

* Siehe auch Band 233, Kapitel 4 und 10.

Alle Menschen, wie sie auch sein mögen, suchen Gott, aber ohne zu wissen, dass sie Ihn suchen. Sie sagen sich nur, dass sie das Glück suchen. Aber wer sucht das nicht? Gott ist überall im Universum, Er ist hinter allem verborgen, was unsere Wünsche weckt. Auch die Ehrgeizigen, die Trinker, die Gefräßigen, die Habsüchtigen, die Wüstlinge suchen auf ihre Weise Gott, denn man kann einen winzigen Teil von Ihm tatsächlich auch im Alkohol, in der Nahrung, der Sexualität, dem Geld, dem Ruhm, der Macht finden... Man kann Gott überall finden, selbst im Sumpf, selbst im Stein, wo Seine Gegenwart wie ein tief verborgener Funke ist. Aber man wird auf diese Weise natürlich nur eine momentane Befriedigung erleben, denn in den dichten Schichten und niederen Formen der Materie kann man Gott nicht wirklich finden, sondern nur im Geist.*

* Siehe auch Band 233, Kapitel 1.

Wie entwickelt sich ein Kürbis? Er hängt zuerst an einem ganz kleinen Stiel, den man leicht brechen kann. Aber in dem Maße, wie der Kürbis wächst, wird auch der kleine Stiel stärker, bis er zum Schluss fähig ist, ein Gewicht von einigen Dutzend Kilo zu tragen. Denkt über dieses Beispiel nach im Hinblick auf eure Arbeit als Schüler. Versucht nicht, die Ströme und Vibrationen der geistigen Welt, die von hoher Intensität sind, aufzufangen, bevor ihr in euch etwas Solides errichtet habt, das es euch erlaubt, allen Spannungen zu widerstehen. Einige, die alles sofort lernen wollen, alle ihre Fähigkeiten auf einen Schlag entwickeln wollen, schaffen sich schwere Störungen, ja sogar Geistesgestörtheit. So wie jener Mann, dem der Arzt ein Medikament verordnet hatte, von dem er einen Monat lang jeden Tag einige Tropfen nehmen sollte. »Ein Monat, das ist zu lange!«, sagte sich der Kranke. Er nahm daher den Inhalt des Fläschchens an einem einzigen Tag zu sich – und starb. Nein, man muss bedächtig und regelmäßig vorgehen, in dem Moment kann sich das Nervensystem stärken und wird fähig, auch die größten Spannungen auszuhalten.

Zwei-, drei- oder viermal am Tag versammeln wir uns, um zusammen zu meditieren, zu beten und zu singen. Das sind wunderbare Augenblicke, die besten unseres Lebens. Aber etwas fehlt vielleicht noch dabei: Alle Energie, aller Schwung haben noch kein Ziel, keine Adresse bekommen. Wenn ihr einen Brief schicken wollt, wird er nicht ankommen, wenn ihr nicht die Adresse darauf schreibt. Ihr müsst eine Adresse darauf schreiben; selbst wenn ihr ihn dann auf der Straße verlieren solltet, würde er von jemandem gefunden und in den Briefkasten gesteckt werden. In ähnlicher Weise müssen die geistigen Energien, die wir projizieren, eine Adresse haben, sie müssen auf ein Ziel konzentriert und ausgerichtet werden, andernfalls kehren sie in das große kosmische Reservoir zurück, wo sie sich zerstreuen, ohne große Ergebnisse zu erzeugen.

Auf der intellektuellen, der emotionalen und der physischen Ebene sind alle aktiv, aber diese Aktivität zerstreut sich, ohne in eine Richtung konzentriert zu werden, daher hat sie keine große Wirkung. Um Ergebnisse zu erzielen, gibt es nur ein Mittel: die Konzentration der Energien auf ein Ziel.*

* Siehe auch Band 224, Kapitel 8.

Die Zahl Vier ist die Zahl der Reinigung und daher auch die Zahl des Leidens, denn das Leiden ist oft das einzige Mittel zur Reinigung. Wenn ihr leidet, so deshalb, weil euch der Himmel durch die Maschen eines Siebes hindurchschickt.

Die Zahl Vier steht für die Reinheit, für das Leiden und für die Beschränkung. Die Vier entspricht auf der physischen Ebene der Beschränkung (seht, wie sehr ein Quadrat den Eindruck eines Geheges, des Eingeschlossenseins, ja sogar des Gefangenseins vermittelt), auf der Astralebene dem Leiden und auf der Mentalebene der Reinheit*. In diesem Gefängnis, unserem physischen Körper, sind wir eingeschlossen und leiden, aber wir leiden, um reiner zu werden. Einmal gereinigt, sind wir frei; wir kommen aus dem Gefängnis heraus.**

* Siehe Anmerkung und Abbildung auf Seite 392 und 393.
** Siehe auch Band 218, Kapitel 6 und Band 242, Kapitel 3.

Die Wissenschaftler machen Studien in ihren Labors und das ist gut, aber dafür verlassen sie ihre inneren Labors, welche die Natur in sie gelegt hat, und in welchen sie ebenso wunderbare Phänomene erzielen könnten wie jene, die ihnen auf der physischen Ebene gelingen. Warum sollte auch alle Herrlichkeit außerhalb des Menschen und nicht in ihm sein? Wie viele Leute sagen zu euch: »Kommen Sie in mein Atelier, meine Werkstatt, meine Fabrik...« Aber sie werden nie zu euch sagen: »Kommen Sie, um zu sehen, was in mir ist«, weil sie wissen, dass sich dort Unordnung und alle entfesselten Leidenschaften befinden, was kein schöner Anblick ist. Ihr wärt davon nicht begeistert.*

* Siehe auch Band 222.

Die Feinde sind manchmal nützlicher als die Freunde. Ja, wenn ihr die Dinge richtig versteht, werdet ihr sehen, dass sie eure wahren Freunde sind. Denn sie sind unbarmherzig, sie ersparen euch nichts und werden alles hervorheben, was nicht geht. Ihr sagt: »Aber oft übertreiben sie!« Ja, das ist wahr, aber das macht nichts, sie dienen euch als Mikroskop, was manchmal sehr nützlich ist. Die Wissenschaftler benutzen Mikroskope jeden Tag! Das ermöglicht, Einzelheiten zu erkennen, die sonst unentdeckt bleiben würden.

Wenn ihr also wirklich weiterkommen wollt, müsst ihr die Idee akzeptieren, dass eure Feinde oftmals nützlicher sind als eure Freunde. Sie zwingen euch dazu, an euch zu arbeiten, euch zu verbessern, Lösungen für die Probleme zu finden, die sie euch stellen. So werdet ihr dank eurer Feinde stärker und intelligenter.*

* Siehe auch Band 242, Kapitel 4 und 7.

Solange ihr euch von den anderen getrennt glaubt, werdet ihr sie nicht kennen. Um die Wesen zu kennen, müsst ihr fühlen, dass sie in euch leben. Auf diese Weise wird eine Verbindung hergestellt, die euch ermöglicht zu wissen, was sie fühlen. Es kommt vor, dass neben euch jemand leidet, und ihr habt keine Ahnung davon, weil die Kommunikation unterbrochen ist. Aber seht eine Mutter an: Selbst wenn sie von ihrem Kind räumlich getrennt ist, fühlt sie, wenn es leidet, weil sie mit ihm in Kommunikation bleibt.

Ihr müsst eure Existenz auf die Idee der Einheit gründen. Wenn ihr diese Idee als Basis für eure Beziehungen mit den anderen nehmt, wird sich alles aufklären, ihr werdet die Menschen besser verstehen und könnt sogar hellseherische Fähigkeiten entwickeln.

Ihr habt ein hohes Ideal und merkt, dass es euch nicht gelingt, es zu realisieren, weil es zu schwer ist und ihr euch ihm nicht gewachsen fühlt. Also sagt ihr euch: »Es lohnt sich nicht weiterzumachen, ich bin dumm, mich darauf zu versteifen, Jahre habe ich damit verloren, eine unrealistische Idee zu hegen. Vor den Augen der Welt erscheine ich lächerlich. Alle um mich herum waren erfolgreich und sind materiell gut gestellt; nur ich warte noch auf das Ergebnis meiner Bemühungen; jetzt ist Schluss, ich gebe es auf.« Und in diesem Moment durchschneidet ihr in stupider Weise die Verbindung mit dem Himmel; niemals dürft ihr trotz eurer Mängel und Unzulänglichkeiten euer Ideal aufgeben! Wie viele wertvolle Menschen haben ihre Arbeit eingestellt, ohne zu wissen, dass sie ihr Ziel erreicht hätten, wenn sie beharrlich geblieben wären.*

* Siehe auch Band 203,Kapitel 3.

Ein wirklicher Meister stellt euch alle für euer spirituelles Weiterkommen nützliche Methoden vor, aber ihr müsst die Arbeit machen, um Ergebnisse zu erzielen. Er wird es nicht für euch tun, das würde auch gar nichts nützen. Um bestehen zu bleiben, muss eine spirituelle Errungenschaft oder eine seelische Gabe durch eure eigenen Bemühungen und eure Arbeit unterhalten werden. Ein Meister kann euch also Türen öffnen, aber ihr selbst müsst hindurchgehen, er wird euch nicht dazu drängen, und nur wenn er gesehen hat, dass ihr Fortschritte macht, wird er euch neue Türen öffnen. Jedes Mal, wenn der Meister sieht, dass ihr Fortschritte macht, stellt er euch vor einen höheren Grad, und ihr müsst diesen neuen Grad bewältigen. Hört also auf, darauf zu warten, dass plötzlich jemand kommt und euch die Erleuchtung bringt, indem er euch seine Hand auflegt oder einige magische Formeln spricht. Niemand, nicht einmal euer Meister, der euch nahesteht, wird dies tun. Selbst wenn er es wollte, könnte er es nicht, denn das ginge gegen die Gesetze des Lebens selbst.*

* Siehe auch Band 207, Kapitel 1.

Wenn man den Menschen studiert, so stellt man fest, dass einige Neigungen so tief in ihm verwurzelt sind, dass sie durch nichts ausgerottet werden können, während andere Neigungen ständig durch Ratschläge, Lektüre und Gebet unterstützt werden müssen, um nicht ganz zu verschwinden.

Wenn es sich z.B. um Hunger, Durst, Schlaf, das Verlangen nach Besitz und nach bestimmten Genüssen handelt, so ist es nicht nötig, dass jemand kommt, um euch daran zu erinnern; sie sind bereits so stark in euch verankert, dass ihr euch ihrer nicht entledigen könnt, selbst wenn ihr es wolltet. Wenn es aber darum geht, vernünftig zu sein, sich weise und vorausblickend zu verhalten oder Eigenschaften der Uneigennützigkeit oder Großzügigkeit an den Tag zu legen, braucht ihr Anregung. Es gibt also etwas im Menschen, das da ist, fest verwurzelt, während andere Eigenschaften so schwach sind, dass sie immer gefördert und ermuntert werden müssen.*

* Siehe auch Band 207, Kapitel 2.

Wenn eine Frau ein Kind erwartet, so versuchen dunkle Wesenheiten der unsichtbaren Welt in ihr eine offene Tür zu finden, durch die sie eintreten und sich im Kind niederlassen können, und es ist das Verhalten der zukünftigen Mutter, welches diese Türen öffnet oder verschließt. Wenn daher eine schwangere Frau seltsame Impulse in sich verspürt, die sie nie zuvor empfunden hat, so sollte sie wissen, dass dies bereits beweist, dass böswillige Wesenheiten sie umkreisen und versuchen, sie zu beeinflussen. Wenn sie ihnen nicht widersteht, werden diese Wesen in das Kind eindringen und es während seines ganzen Lebens aufsuchen, um auf seine Kosten zu essen und zu trinken. Die Mutter muss daher sehr wachsam sein und die »Schlüssel« haben, d.h. lichtvolle und harmonische Gedanken, um die Türen zu schließen und ihr Kind zu schützen.*

* Siehe auch Band 203, Kapitel 1 und 2.

Die Edelsteine vibrieren in Harmonie mit der kosmischen Intelligenz; sie verhalten sich fügsam und gehorsam, daher sind sie klar und lassen das Licht durchscheinen. Die anderen, undurchlässigen Steine, widersetzen sich dem Licht; und weil das Licht sie nicht durchdringen kann, verlässt es sie und bestrahlt sie nur an der Oberfläche. Der Edelstein hingegen hat verstanden und sagt: »Ich muss das Licht durch mich strömen lassen, damit es in der ganzen Fülle seiner Nuancen in Erscheinung treten kann. Dann wird man mich lieben, mich schätzen und sich mit mir beschäftigen. Man wird nicht zulassen, dass ich beschmutzt werde oder dass mich irgendjemand zerstört, sondern ich werde immer gut sichtbar, immer herrlich anzusehen auf einer Halskette oder Krone prangen.« So denkt der Edelstein. Interpretiert diese Geschichte nun selbst.*

* Siehe auch Band 212, Kapitel 5 und 7.

Schon seit Jahren reden Astrologen und Esoteriker vom Kommen des Wassermann-Zeitalters. Diejenigen, die mehrere Planeten im Zeichen Wassermann haben, sind besonders darauf vorbereitet, die neuen Wellen aufzufangen, welche von dieser Konstellation ausgehen. Es sind Erneuerer und Erfinder. Das Sternzeichen Wassermann ist ebenfalls die Ursache für alle Entdeckungen auf psychischem und esoterischem Gebiet und vor allem für die Idee der Kollektivität und der Brüderlichkeit. Deshalb wird nun die ganze Welt verpflichtet sein, sich mit diesem Gedanken der Brüderlichkeit und der Universalität zu befassen und damit zu arbeiten.*

* Siehe auch Band 220, Kapitel 2 und 7.

Egal, mit welcher Arbeit euch die Vorsehung oder das Schicksal beauftragt hat, ihr müsst euch bemühen, sie so gut wie möglich auszuführen. Wenn ihr euch weigert, sie zu tun oder wenn ihr sie nachlässig ausführt, unter dem Vorwand, sie sei eurer nicht würdig, so stoppt ihr damit eure Entwicklung und werdet später gezwungen sein, zurückzukommen, um das zu korrigieren und wiedergutzumachen. In dem Moment werdet ihr feststellen, wie schwierig es ist, eine Arbeit wiederaufzunehmen, die ihr vollendet zu haben glaubtet.

Wenn wir auf der Erde leiden und uns mit Schwierigkeiten herumschlagen, so deshalb, weil wir unsere Arbeit wieder aufnehmen müssen. Der Himmel hat uns zurückgeschickt, damit wir unsere Fehler gutmachen, und um uns zu zeigen, dass wir nicht zu arbeiten wissen und noch lernen müssen. Das ist der Sinn unserer aufeinander folgenden Inkarnationen. Wenn wir uns weigern, diese Lektionen zu lernen, wird man uns erneut zurückschicken, und unsere Fehler werden immer schwieriger zu korrigieren sein.*

* Siehe auch Band 202, Kapitel 4 und 7.

Wie viele Leute sagen sich: »Oh, die Einweihungslehre ist wunderbar, wir fühlen, dass sie die Lösung für unsere Probleme bringen würde, aber wir haben keine Zeit, zu studieren oder Übungen zu machen: Wir sind schon mit Familie, Arbeit und Beziehungen überlastet.« Und so fühlen sie sich gerechtfertigt. Wenn sie jedoch Intuition besitzen würden, wenn sie sehr fortgeschrittene Seelen wären, hätten sie sich nicht in eine Situation begeben, die sie dermaßen begrenzt. Sich so sehr engagiert zu haben bedeutet, dass sie in ihren vorhergehenden Inkarnationen nicht die notwendige Entwicklung machten, die es ihnen jetzt erlauben würde, von dieser wunderbaren Lehre zu profitieren. Warum gibt es einige, die sich seit ihrer Kindheit darauf vorbereitet haben, die fühlten, dass sie frei bleiben müssen, um einem Ideal zu dienen? Sie trugen Erinnerungen an die Vergangenheit in sich, wo sie den göttlichen Wesenheiten ein Versprechen abgaben, bevor sie sich inkarnierten. Die anderen glauben sich immer gerechtfertigt, sich in die Materie verstricken zu lassen. Sie sagen: »Was willst du, mein Alter, so ist das eben, so ist das Leben!« Nein, das Leben ist das, was man aus ihm macht. Wenn manche von ihren Geschäften so in Anspruch genommen werden, dann deshalb, weil sie sich innerlich nicht befreien konnten.*

* Siehe auch Band 211, Kapitel 3.

Wenn man ihnen nicht gewachsen ist, sind auch die besten Ladungen erdrückend. Schon um nur das Gewicht des Wissens zu tragen, braucht man ein vorbereitetes Gehirn, sonst schafft man es nicht. Deshalb solltet ihr euch, statt immer Wissen zu wünschen, das Licht wünschen, denn es hat kein Gewicht: Das Licht steht über dem Wissen und bringt euch auch das Wissen. So wie die Sonne die Gegenstände erhellt, so werden von den Strahlen, die ihr mit eurem Geist auf die Dinge der unsichtbaren Welt richtet, diese sichtbar gemacht. Auf diese Weise könnt ihr nach und nach die psychische Welt erkunden, und das Gehirn hat auch Zeit, stärker zu werden. Wenn es dagegen abrupt eine Menge von Kenntnissen aufnehmen soll, wird es wie ein Boden, der unter einem zu großen Gewicht am Ende zusammenbricht.*

* Siehe auch Band 212, Kapitel 4 und 5.

Jesus sagte: »Ich bin der Weg, die Wahrheit und das Leben« (Jh 14,6). Für einen Eingeweihten ist dieses Bild klar, es ist das Bild eines Flusses, der von den Bergen herunterströmt. »Der Weg, die Wahrheit, das Leben«: Der Weg ist das Flussbett; das Leben ist das Wasser, das in diesem Bett strömt, und die Wahrheit ist die Quelle, wo das Leben entspringt. Übersetzen wir weiter: Der Weg, auf welchem das Leben strömt und der es uns erlaubt, zur Quelle zu kommen, ist die Weisheit. Und das Leben, d.h. das Wasser, das die Steine und Pflanzen benetzt, Tiere und Menschen tränkt, ist die Liebe. Was Jesus also sagen wollte ist: Ich bin der Weg der Weisheit, ich bin die Liebe, die das göttliche Leben entstehen lässt, und ich bin die Quelle der Wahrheit, aus der dieses Leben entspringt. Das Wasser ist das Symbol des Lebens und der Liebe. Alle Energien, alle Kräfte, die in der Natur zirkulieren, werden als Wasser dargestellt, eine Flüssigkeit, die benetzt und tränkt und das Leben unterhält. Das Bild der Quelle und des Flusses hat seine Entsprechung im geistigen Leben und genau das ist unsere Lehre, deren Basis die Liebe (das Wasser), die Weisheit (das Flussbett) und die Wahrheit (die Quelle) sind. Jeden Tag könnt ihr die Übung machen, in Gedanken von dem Fluss zu trinken, der von den Gipfeln herunterkommt und an der reinen Quelle der Liebe zu trinken.*

* Siehe auch Band 236, Kapitel 1.

Alle Menschen hören Musik, aber wenige wissen, wie sie dies tun können, um in sich geistige Zentren anzuregen, um in den Raum vorzudringen, um sich zu erheben, sich zu veredeln, sich zu reinigen oder sogar Probleme zu lösen. Wenn man ein Musikstück anhört, muss man zuerst wissen, was es darstellt, ob es eine gute oder schlechte Kraft ist, und womit es verglichen werden kann: Gleicht es dem Wind, dem Donner, ist es wie ein Wildbach, der von den Bergen herabstürzt, ist es wie Elektrizität oder wie Wärme?

Wie auch die ausgesandte Kraft beschaffen sein mag, es geht darum, dass man sie zu nutzen weiß. Wenn es der Wind ist, könnt ihr euch vorstellen, dass ihr auf einem Boot mit voll gesetzten Segeln fahrt. Wenn es die Elektrizität ist, könnt ihr geistige Apparate in Bewegung setzen usw. Die Musik ist eine Kraft. Jeder Ton erzeugt Vibrationen, die ihrer Natur entsprechend im Menschen Impulse auslösen, und er sollte lernen, sich ihrer zu bedienen.*

* Siehe auch Band 223, Kapitel 6 und 7.

In der Gesellschaft kann es einem vielleicht gelingen, auf den ersten Platz zu kommen, indem man Forderungen stellt, Schläge verteilt und die anderen aus dem Weg räumt, aber in der geistigen Welt kann man nur durch intensive, stetige Arbeit Erfolg haben. In dem Moment erhebt man sich wirklich, man macht sich sowohl die niederen Kräfte als auch die Kräfte der Natur untertan und wird eines Tages eine Gottheit. Auf der physischen Ebene versuchen die Menschen, die anderen wegzudrängen und sie zu stürzen, um ihren Platz einzunehmen. Oft gelingt ihnen das auch. Sie müssen aber wissen, dass sie sich auf diese Weise nicht weiterentwickeln können und dass die Erfolge, die sie so erzielen, nicht von Dauer sind. Denn es gibt ein Gesetz, nach welchem die Menschen nur das erhalten können, was sie verdienen. Das ist ein universelles Gesetz, das von den 24 Ältesten erlassen wurde. Ja, die Kräfte der Natur, die wissen, was ihr tut, die wissen, wozu ihr würdig und fähig seid, richten die Dinge so ein, dass ihr früher oder später genau das habt, was ihr verdient.*

* Siehe auch Band 242, Kapitel 1 und 2.

Der Sieg über unsere niedere Natur ist immer ungewiss. Das ist genauso wie mit einem Land, das ein anderes besiegt hat: Man ist nie sicher, ob das von Dauer sein wird. Denn eines schönen Tages, während der Sieger sich auf seinen Lorbeeren ausruht, wird das besiegte Land versuchen, sich zu rächen. Genauso verhält es sich mit der niederen Natur: Selbst wenn es euch in einigen Fällen gelungen ist, einige ihrer Manifestationen zu besiegen, ist der Sieg jedoch niemals endgültig sicher. Von einem Augenblick zum anderen kann sie sich wieder aufrichten, Schläge austeilen, und ihr liegt wieder auf dem Boden. Was muss man daher tun? Ihr müsst eure göttliche Natur, das Christusprinzip, anflehen, sich in euch niederzulassen. Auf diese Weise habt ihr einen mächtigen Verbündeten, mit dem ihr immer rechnen könnt, statt nur ein Sieger zu sein, der sich seines Sieges niemals sicher ist. Und selbst wenn ihr manchmal etwas müde oder schläfrig seid, wird dieser Verbündete nicht aufhören, die niedere Natur in Schach zu halten.*

* Siehe auch Band 213, Kapitel 4 und 7.

Nehmen wir an, der Schüler hätte einige Siege errungen über seine Faulheit, seinen Zorn, seine Eifersucht, seine Sinnlichkeit und so weiter. Wenn er sich nun sagt: »Wie bin ich stark! Ich habe die Versuchungen überwunden«, befindet er sich in Gefahr, denn in diesem Augenblick stellt man ihm dermaßen subtile Fallen, dass er hineintappen wird, daran besteht kein Zweifel. Das kommt, weil er nicht demütig ist, weil er sich über die kleinen von ihm erzielten Ergebnisse Illusionen macht und die ganze Hinterlist seiner niederen Natur noch nicht kennt. Gerade wenn er sich seiner selbst am sichersten fühlt, gewinnt seine niedere Natur wieder die Oberhand und bereitet ihm einige Überraschungen. Der wahre Schüler ist sich dieser Gefahren bewusst. Deshalb wird er etwas unruhig, wenn er einige Siege errungen hat. Er sagt sich: »Was erwartet mich jetzt? Ich brauche nicht zu triumphieren, dazu ist es zu früh!« Er ist nicht nur wachsam, sondern weiß auch, dass nicht er selbst kämpfen kann, sich nicht auf sich alleine verlassen kann. Also bittet er den Herrn, sich in ihm niederzulassen, um ihm die Möglichkeiten zu geben, siegreich zu sein.*

* Siehe auch Band 244, Kapitel 5 und 12.

Die in den Heiligen Büchern zum Ausdruck gebrachten Wahrheiten wurden von außerordentlichen Geistern gelebt. Um sie zu verstehen, muss man sich bis zu ihnen erheben können, man muss auf der gleichen Wellenlänge wie sie schwingen und vor allem auf die gleiche Weise leben. Alles hängt von der Lebensweise ab. Sie erlaubte es den Propheten und großen Meistern, sich der Göttlichkeit zu nähern, und ihr solltet sie annehmen, um ebenfalls zu diesem Verständnis zu gelangen, es gibt keine andere Methode. Macht euch keine Sorgen, wenn ihr die Bibel oder andere Heilige Bücher nicht sofort versteht, denn sie enthalten schwierige Dinge. Lest sie, ohne euch zu beunruhigen, und erhebt euch in Gedanken, indem ihr darum bittet, dass euer Leben geändert wird, dass der Geist euch erleuchtet. Jesus sagte zu seinen Jüngern: »Wenn aber der Tröster kommen wird, den ich euch senden werde vom Vater, der Geist der Wahrheit, der vom Vater ausgeht, der wird Zeugnis geben…« (Jh 15,26). Ohne diesen Kontakt mit dem Geist ist kein wahres Verstehen möglich.*

* Siehe auch Band 234, Kapitel 1, 11 und 235, Kapitel 11.

Es genügt nicht, die Dinge intellektuell zu verstehen und das, was ihr verstanden habt, brillant darlegen zu können, sondern dieses Verstehen muss in eurem täglichen Leben zum Ausdruck kommen. Nicht nur eure Worte, auch eure Taten, eure Gesten, eure Haltung sollen in allen Lebensumständen das von euch Verstandene bezeugen. Im Augenblick sind es noch die Wissenschaftler, die Gelehrten, die Gebildeten, die den ersten Rang einnehmen, weil sie gut reden und schreiben können. Aber in der Zukunft wird sich das ändern. Alle werden sich vor denjenigen verneigen, die an den Tugenden der Güte, der Reinheit, der Integrität, des Edelmuts gearbeitet haben und diese in ihrem Leben zu offenbaren wissen. Deshalb kann es euch genügen, sehr wenig zu wissen, aber ihr solltet Meister eurer selbst werden. Dann wird selbst die Natur euch gehorchen, euch zuhören und euch schätzen.*

* Siehe auch Band 243, Kapitel 8.

Selbst wenn sie den Himmel um Erleuchtung bitten, können all jene, die nicht wirklich daran arbeiten, ihre Lebensweise zu verändern, keine korrekte Antwort erhalten. Warum nicht? Weil die Antwort des Himmels verzerrt wird, wenn sie durch all die unreinen Schichten hindurchgeht, die sie in sich angesammelt haben. Das ist genauso, wie wenn man einen Stock ins Wasser taucht: Er sieht gebrochen aus. Ja, selbst die Ratschläge der göttlichen Welt kommen verzerrt an, wenn sie durch ein Milieu hindurchgehen, das nicht entsprechend vorbereitet ist. Um vom Himmel klare, verständliche und wahre Antworten zu erhalten, muss man Anstrengungen unternehmen, um sich zu reinigen, um loszulassen und sich zu veredeln. Andernfalls ist das Fehlerrisiko so groß, dass es besser ist, gar nicht auf das Empfangene zu hören. Viele Menschen haben einige mediale oder hellseherische Fähigkeiten, und es ist wahr, dass sie Elemente der unsichtbaren Welt auffangen, aber das sind sehr gemischte Elemente, denen man besser nicht vertraut. Allein die Reinheit, der Adel und die Harmonie, die von einem Wesen ausströmen, zeugen für die Echtheit seiner Intuition.*

* Siehe auch Band 228, Kapitel 1 und 2.

Man sagt zu den jungen Menschen: »Beeilt euch, um von eurer Jugendlichkeit zu profitieren, denn sie hält nicht lange an.« Das stimmt natürlich, aber wann? Genau dann, wenn man diese schädlichen Ratschläge befolgt und sich beeilt, um sich zu amüsieren und alle Vergnügungen zu kosten! Dann verwelkt man schnell, und wenn man dann nicht mehr so angenehm und lebendig ist, wird man abgelehnt, das ist normal. Da dies augenscheinliche Tatsachen sind, ziehen die Menschen natürlich ihre Schlüsse daraus. Ja, aber diese Tatsachen sind nur deswegen so, weil man vorher nicht richtig beobachtet und überlegt hat.

Ich würde zu der Jugend sagen: »Wenn ihr für das Licht und für ein hohes Ideal arbeitet, werdet ihr mit zunehmendem Alter immer lebendiger und ausdrucksstärker werden. Ihr werdet euch sogar mehr Lebendigkeit und Ausdrucksfähigkeit erwerben, als dies während eurer Jugend der Fall war. Natürlich werdet ihr ein bisschen gebeugter gehen und ein bisschen mehr Falten und weiße Haare haben, aber haltet euch damit nicht auf: Lasst den Körper ruhig altern und denkt daran, dass sich die Seele durch ihn noch mit einer außergewöhnlichen Jugendlichkeit manifestieren kann.«*

* Siehe auch Band 233, Kapitel 1 und 3.

In den Psalmen heißt es: »Ich werde wandeln vor dem Herrn im Lande der Lebendigen« (Ps 116,9). Das Land der Lebendigen, das ist die Sonne, wo die edelsten und lichtvollsten Wesen wohnen. Sie sind dermaßen lichtvoll und strahlend, dass das Licht, welches den Raum durchquert, ihre Vibration und ihre Emanation ist. Das Licht, das die Planeten erhellt, kommt nicht von der Sonne selbst, sondern von den Bewohnern der Sonne. Die Sonne ist eine fruchtbare und kultivierte Erde, auf der sich eine ganze Zivilisation entfaltet, die das Werk hoher Wesenheiten ist.* Diese Wesen sind es, die dieses lebendige Licht aussenden, das bis zu uns kommt. Das werden die Wissenschaftler eines Tages entdecken.

* Siehe auch Band 10 der Reihe Gesamtwerke »Sonnen Yoga – Die Pracht und Herrlichkeit von Tiphereth«, Kapitel 2 und 5.

Ihr fühlt euch traurig und unglücklich, ihr beklagt euch, dass man euch alleine lässt, dass niemand euch liebt… Nun, das kommt, weil ihr keine Früchte tragt, das solltet ihr wissen. Seht die Bäume an: Während des Winters sind sie schwarz und dunkel, und kein Mensch besucht sie. Aber wenn sie blühen und Früchte tragen, kommen oft Spaziergänger, Kinder und Liebespaare zu ihnen. Wenn also einige Menschen allein sind und niemand sie besucht, so ist dies nicht verwunderlich, sondern die Folge ihrer bedauernswerten Mentalität: Sie fanden es vernünftiger, niemals Früchte zu tragen, um sich die Arbeit zu ersparen!

Die Mehrzahl der Menschen hat diese Mentalität; aber solange sie ohne Blüten, ohne Früchte und ohne Duft bleiben, werden sie äußerlich und innerlich im Elend leben. Warum haben sie nicht gearbeitet, um etwas zu geben? Wenn man gibt, ist man nicht alleine. Wir alle müssen blühen und Früchte tragen, das ist das beste Mittel, um aus all unseren Nöten herauszukommen.*

* Siehe auch Band 213, Kapitel 4 und 238, Kapitel 13.

Man hat Gott oft mit einem Feuer verglichen, aber man weiß nicht viel über dieses Feuer, außer dass es von einer unerträglichen Intensität ist. Es ist das Feuer des reinen Geistes: Im Kontakt mit ihm schmelzen alle Formen und lösen sich auf. All jene, die den Kuss dieses Feuers empfingen, verschmolzen mit ihm in einer einzigen Flamme. Viele Spiritualisten haben überaus komplizierte Bücher über die Erfahrungen der Mystiker geschrieben, doch eigentlich ist es sehr einfach. Die Erfahrung der Mystiker ist die Erfahrung des Feuers, des heiligen Feuers, das der Mensch in seinem Inneren nährt, indem er täglich Teile seiner niederen Natur opfert, genauso wie man dürres Holz ins Kaminfeuer wirft. Betrachtet ein Feuer, wie es brennt: Es vereinigt alle Holzstücke, die vorher getrennt, verstreut waren, in einem einzigen Licht, einer einzigen Wärme, und dann können sie gar nicht anders, als so zu denken und zu fühlen, wie dieses Feuer.*

* Siehe auch Band 232, Kapitel 1 und 9.

Der Augenblick, wenn der Mensch die Erde verlässt, um in die andere Welt überzugehen, ist von höchster Bedeutung. Deshalb hat die Kirche (die sich sonst nicht immer darum kümmert, die Menschen zur Vernunft zu bringen, wenn sie im Laufe ihres Lebens Verbrechen begehen und sündigen) die sogenannten letzten Sakramente, die letzte Ölung, eingeführt, um den Christen auf diese große Reise vorzubereiten. Der Pfarrer versucht, ihn zu den wichtigsten Fragen zurückzubringen. Er erklärt ihm, dass es nun an der Zeit ist, auf sein Leben zurückzublicken, tief in seinem Innersten den Glauben an Gott wiederzufinden und Ihn um Vergebung seiner Sünden zu bitten. Hat er recht? Ja, denn damit richtet er sich nach einer sehr alten Tradition, auch wenn er deren genauen Grund nicht kennt. Wer seinen Körper verlässt, ohne sich jemals darauf vorbereitet oder an die Existenz Gottes und anderer Welten geglaubt zu haben, wird hinterher viel leiden und in den düsteren Regionen des Jenseits umherirren. Deshalb ist es sehr schwerwiegend, die Leute in dem Irrtum zu belassen, dass es kein Leben nach dem Tode gäbe. Unter dem Vorwand, sie von absurden Anschauungen zu befreien, bereitet man ihnen oft noch viel schrecklichere Prüfungen als jene, die sie auf der Erde zu bestehen hatten.*

* Siehe auch Band 244, Kapitel 8 und 9.

Die Liebe ist eine kosmische Energie, die überall im ganzen Universum verbreitet ist. Man findet die Liebe in der Erde, im Wasser, in der Luft, in der Sonne und in den Sternen, man findet sie in den Steinen, den Pflanzen, den Tieren, und man findet sie natürlich auch bei den Menschen, aber eben nicht ausschließlich bei ihnen. Deshalb solltet ihr euch nicht der Liebe beraubt fühlen, nur weil ihr keinen Mann oder keine Frau habt, die ihr in euren Armen halten könnt. Es sind nicht der Körper oder das Fleisch, die euch die Liebe geben, denn dort findet sich die Liebe nicht. Die Liebe kann sich des physischen Körpers als Stütze bedienen, aber sie selbst ist anderswo: Sie ist überall, sie ist ein Licht, ein Nektar, eine Ambrosia, die den Raum erfüllt.*

* Siehe auch Band 239, Kapitel 9 und 11.

Die Leute glauben, sich selbst zufriedenzustellen, wenn sie den Versuchungen nachgeben. Nicht im Geringsten, denn sie arbeiten dabei für andere! Leider merken sie dies erst am Ende, wenn sie sich ausgeraubt, geschwächt und leer fühlen. Dann erst verstehen sie, dass sie ihr ganzes Leben für andere gearbeitet haben und nicht für sich selbst, also nicht für jenen Teil in ihnen, der ständig wachsen, sich bereichern und entfalten muss. Und wer sind nun diese »anderen«? Düstere Wesen der Astralebene, die sich fortwährend auf unsere Kosten ernähren und bereichern!

Es gibt hingegen auch andere Wesen in der unsichtbaren Welt, Lichtwesen, für die wir arbeiten können und dabei selbst etwas gewinnen, denn durch jede Anstrengung, die wir unternehmen, um sie zufriedenzustellen, vermehren sich unser Vermögen, unser Reichtum und unsere Kraft.*

* Siehe auch Band 210, Kapitel 7 und 8.

Einverstanden, der Mensch besitzt einen physischen Körper, aber dies ist kein Grund, immer nur dessen Organe, den Magen, die Eingeweide usw. zu betrachten. Was bringt euch das? Natürlich werdet ihr einwenden, dass euch der Magen und die Eingeweide gar nicht interessieren, sondern dass ihr bei den Menschen die Schönheit sucht, und man diese Schönheit im Blick, im Gesicht, den Händen usw. finden kann. Ja, aber auch dort solltet ihr nicht stehenbleiben. Versucht noch weiter zu gehen, sonst erwarten euch Enttäuschungen, weil ihr euch durch rein materielle Einzelheiten selbst begrenzt. Wenn ihr euch immer inspiriert und glücklich fühlen wollt, dann versucht euch an der Anwesenheit und an den feinstofflichen Ausströmungen aller euch umgebenden Wesen zu erfreuen, indem ihr denkt, dass eine unsichtbare Gottheit in ihnen verborgen ist. Jenseits des physischen Körpers eines Mannes oder einer Frau liegt all das, was seiner Seele und seinem Geist entströmt, und das ist das Wichtigste.*

* Siehe auch Band 223, Kapitel 9.

Die Eingeweihten lesen nicht oft in den Büchern, die die Menschen geschrieben haben. Das wahre Buch ist für sie das große Buch der lebendigen Natur. In dieses Buch vertiefen sie sich unaufhörlich, um seine Symbole, Strukturen und Formen zu interpretieren. Und das Buch der lebendigen Natur beschränkt sich nicht auf die Aufzählung von Mineralien, Pflanzen, Insekten und Tieren, nein, sondern es enthält die Gesamtheit allen Lebens, aller Kreaturen und aller Welten. Es gilt nicht nur die äußere Schale der Natur, sondern das Leben in seinem Sprudeln, seinem Fluss und seinen feinstofflichen Beziehungen zwischen den einzelnen Ebenen des Universums kennenzulernen.*

* Siehe auch Band 216, Kapitel 1.

Wenn ein Meister sich erlaubt, Schüler zu unterrichten, so tut er dies, weil er im Laufe vieler Jahre und bereits schon in früheren Inkarnationen ausgiebig an sich selbst gearbeitet hat. Auch ihr werdet eines Tages Schüler unterrichten können, aber wann? Wenn es euch gelungen sein wird, euch zu beherrschen und alle eure Schwächen zu korrigieren. Tut bis dahin euer Möglichstes, um euch zu verbessern, damit ihr auf die euch umgebenden Personen nur den besten Einfluss ausübt. Dies betrifft nicht nur die Lehrer, Professoren, Direktoren und Eltern, sondern auch die Arbeitgeber und alle, die in irgendeiner Form Verantwortung tragen.*

* Siehe auch Band 202, Kapitel 5 und 6.

Es ist normal, ehrgeizig zu sein und Pläne zu schmieden. Aber Achtung, seid wachsam, denn eure Sehnsüchte bestimmen eure Zukunft. Sobald ihr einen Plan schmiedet, ist es, als würdet ihr euch auf den Weg machen zu einem bestimmten Ort. Und ihr müsst wissen, dass ihr, bevor ihr zum Ziel kommt, notwendigerweise bestimmte Stationen durchlaufen werdet. Deshalb ist es sehr wichtig, die Beziehungen und Affinitäten zu kennen, die eure Wünsche mit diesem oder jenem Aspekt der physischen und psychischen Welt haben. Einen Plan zu haben, ist bereits so, als würdet ihr euren Zug auf bestimmte Schienen stellen. Wenn ihr im Augenblick der Entscheidung nicht klar und wach gewesen seid, so wird euch dieser Zug oft an ungeahnte Orte bringen, und vor allem an Orte, an die ihr gar nicht gehen wolltet. Auf diese Weise findet man Dunkelheit, Konflikte und Unruhen dort, wo man Licht, Frieden und Glück zu finden glaubte.

Was tun die Männer und Frauen, um Freundschaft und Liebe zueinander zu gewinnen? Sie wissen instinktiv, dass sie Geschenke bringen müssen, angenehme Worte und Komplimente aussprechen usw., um der Eitelkeit zu schmeicheln. Indem sie so handeln, wenden sie sich natürlich nicht an die höhere Natur der entsprechenden Person, sondern an ihre niedere Natur, die auf diese Weise gehätschelt und genährt wird. Da braucht man sich hinterher nicht zu wundern, wenn eine unter diesen Bedingungen entstandene Beziehung in Missverständnissen, Spannungen und Konflikten endet. Diese menschliche, allzu menschliche Liebe kann sich nur auf instinktive Weise ausdrücken. Das wird so lange weitergehen, bis die Männer und Frauen lernen, die ebenfalls in ihnen vorhandene höhere Natur mit einzubeziehen, sich an sie zu wenden, um wahrhaft edle und lichtvolle Manifestationen hervorzurufen.

Einen Menschen zu lieben, heißt, ihn nicht mit einem selbstsüchtigen Ziel an sich ziehen zu wollen, sondern darauf bedacht zu sein, ihn unaufhörlich zu erhellen, zu stärken und immer näher an das Bewusstsein seiner göttlichen Bestimmung zu bringen.*

* Siehe auch Band 214, Kapitel 5 und 6.

Alle Geschöpfe sind gezwungen, zu essen und zu trinken, aber danach müssen sie die Rückstände beseitigen. Und was sind das für Rückstände? Es sind alle Elemente, die ihrem Organismus nichts mehr nützen. Dennoch waren diese Elemente in einer Nahrung und in Getränken enthalten, die gut waren, da sie ihnen das Weiterleben ermöglichten. Da haben wir eine Tatsache aus dem täglichen Leben, über die es sich nachzudenken lohnt. Wie hoch auch immer die Qualität der von uns aufgenommenen Nahrung sei, es gibt Rückstände, die eliminiert werden müssen, und diese Rückstände werden an einen bestimmten Ort befördert. Dieses Phänomen findet sich auf allen Ebenen und Stufen im Universum wieder. Man kann daher sagen, dass die Hölle mit ihren Bewohnern als der Ort betrachtet werden muss, an dem sich die Unreinheiten aller Kreaturen sammeln. Diese Hölle, von der das Christentum seit Jahrhunderten so viel gesprochen und die es in den wildesten Formen und Farben beschrieben hat, ist in Wirklichkeit das Auffangbecken, in das sich das »Böse«, also die von allen Wesen ausgeschiedenen Unreinheiten, ergießt.*

* Siehe auch Band 32 Gesamtwerk, Kapitel 13.

Es ist ein Glück für den Schüler, einem Meister zu begegnen, der seine Liebe niemals missbrauchen wird. Denn dank dieser Liebe wird er weiterkommen, sich bereichern. Die Liebe wirkt im Schüler Wunder, weil sie eine Osmose, einen Austausch zwischen ihm und dem Meister, erzeugt. Aber natürlich nur unter der Bedingung, dass diese Liebe uneigennützig ist. Wie viele Schüler behaupten, ihren Meister zu lieben! Sie lieben ihn, d.h. sie stören und belasten ihn. Welchen Segen kann euch eure Liebe bringen, wenn ihr nicht wisst, wie ihr euren Meister lieben sollt? Ihr werdet euch aufzehren, weil der Meister euren Forderungen nicht nachgeben kann, und er wird von den Lasten erdrückt, mit denen ihr ihn beladet. Nun, das ist keine Liebe. Haben alle Schüler, die behaupten, ihren Meister zu lieben, wenigstens einmal daran gedacht, ihm etwas Gutes mit ihrer Liebe zu bringen? Nein, man bringt ihm immer nur Bürden. Die wahre Liebe soll demjenigen, den ihr liebt, Licht, Schönheit und Frieden bringen. Nur unter dieser Bedingung kommt auch ihr durch diese Liebe weiter.*

* Siehe auch Band 207, Kapitel 2.

Alle Spiritualisten, die ihren Blick auf den Himmel fixiert haben und die Erde verachten, unter dem Vorwand, sie sei ein Ort der Verdammnis und der physische Körper ein Werkzeug des Teufels, haben nichts begriffen. Sie fallen zurück, verknöchern, werden zur Mumie, und man fühlt kein Leben mehr in ihnen. Wenn ihr diese Leute trefft, sind sie anscheinend irgendwo da oben, hier unten aber ist nichts mehr vorhanden und da oben auch nicht sehr viel!

Das kommende Wassermannzeitalter bringt eine andere Philosophie mit sich. Der Wassermann lehrt uns, dass der Mensch sich dem Himmel zuwenden, nicht aber sich von der Erde abwenden soll. Er soll den Himmel betrachten, um alles, was schön, rein, lichtvoll und ewig ist, auf die Erde hinunterzubringen. Dadurch wird der Mensch selbst zu einem Spiegelbild, zu einem Träger des Himmels, zu einem Garten, zu einem Hain, zu einer Sonne. Warum soll sich das Paradies nur auf den Himmel beschränken und hier unten immer Elend, Armut und Hässlichkeit herrschen? Nein, in Zukunft wird das anders sein, die Schönheit wird auf die Erde herabsteigen, und alles wird strahlen: die Steine, die Pflanzen, die Tiere und die Menschen.*

* Siehe auch Band 25 Gesamtwerk, Kapitel 1, Band 26, Kapitel 2.

Wenn ich die Intellektuellen und die Bedeutung, die den Universitätsstudien zugeschrieben wird, kritisiere, tue ich das nicht, weil ich die Intellektuellen besonders lächerlich und bösartig oder das Studium besonders unnütz und schädlich finde. Nein, was ich kritisiere, ist diese Tendenz, das Studium und die intellektuelle Arbeit für das Höchste der Erkenntnis und des Denkens zu halten. Als ob es nichts Höheres gäbe! Die kosmische Intelligenz hat dem Menschen einen Intellekt gegeben, damit er ihn gebraucht, damit er Forschungen, Analysen, Messungen und Vergleiche anstellt. Aber der Intellekt ist ein ungenügendes Instrument und der Bereich, den die Menschen dank des Intellekts erforschen können, ist begrenzt und oft sogar widersprüchlich. Deshalb müssen sie ihre Untersuchungen weiter ausdehnen auf den Bereich der Seele und des Geistes, sonst werden sie sich immer hin- und hergetrieben, immer unsicher und unbefriedigt fühlen.*

* Siehe auch Band 18 Gesamtwerk, Kapitel 2 und 4.

Wenn ihr Männern und Frauen begegnet, wollt ihr dann als Erstes wissen, ob ihr Herz und ihre Intelligenz standhaft sind, ob sie ein geistiges Ideal haben? Nein. Wenn ihr ehrlich seid, werdet ihr zugeben, dass das alles nicht besonders zählt, und es euch eher interessiert, ob sie äußerlich so angenehm aussehen, dass ihr sie am liebsten umarmen wollt, oder ob sie reich genug sind, um euch davon profitieren zu lassen. Ja, das ist die Einstellung aller Leute. Jetzt, in einer geistigen Lehre, solltet ihr aber begreifen, dass ihr euch von einer solchen Einstellung befreien müsst, denn nur mit dem, was ehrlich, gut, weise und rein ist in den Menschen, kann man eine wahre Bruderschaft bilden und arbeiten. Was machen Schönheit und Reichtum, wenn sie noch nicht im Dienst der göttlichen Welt stehen? Sie dienen nur dazu, Leidenschaften zu entflammen, die die Bruderschaft zerstören würden. Und versteht mich nicht falsch. Ich sage nicht, dass nur Armut und Hässlichkeit wünschenswert sind, sondern ich sage, dass ihr euch vor den Verführungen, die das Geld und die physische Schönheit auf euch ausüben können, hüten sollt, denn sie lassen euch viel wichtigere Qualitäten vergessen, die wir für das brauchen, was wir hier aufbauen wollen.

Ich habe euch immer gesagt, dass wir von den Verliebten etwas lernen sollten. Ein junger Mann lernt ein Mädchen kennen. Doch sie müssen sich trennen, weil sie sehr weit weg wohnt. Er kann sie also nicht mehr sehen, aber seit ihrer ersten Begegnung wohnt sie in seinem Herzen, seiner Seele, er lebt mit ihr und sie ist für ihn eine dauernde Verbindung zur Welt der Poesie, der Schönheit, der Inspiration. Dieser junge Mann macht im Inneren bereits die Erfahrung des Schülers durch, denn eine Idee, ein Bild, ein Gedanke genügt ihm; er braucht die physische Präsenz nicht, um glücklich und inspiriert zu sein. In Wirklichkeit kann die Vorstellung, die man sich von Dingen und Wesen macht, nämlich viel mächtiger sein als die Dinge und Wesen selbst. Diese Wahrheit solltet ihr kennen und anwenden lernen, sie ist sehr wichtig für eure geistige Vervollkommnung.*

* Siehe auch Band 224, Kapitel 2.

Die Heirat, die wahre Heirat, ist ein kosmisches Ereignis: Sie wird zuallererst oben zwischen dem himmlischen Vater und seiner Gattin, der Mutter Natur, gefeiert. Was die Menschen angeht, die nach dem Bilde Gottes geschaffen sind, wiederholen sie unbewusst dieses kosmische Ereignis. Das ist eine Wahrheit, von deren Verständnis das Christentum noch weit entfernt ist; die Christen stellen Gott als Junggesellen dar. Nein, das ist ein Irrtum. Der Mensch, der nach dem Bilde Gottes geschaffen wurde, kann nichts anderes tun als das, was Gott selbst tut. Sucht der Mann eine Frau, um sich mit ihr zu vereinen und zu erschaffen, so hat Gott selbst auch eine Frau, mit der Er sich vereint, um zu erschaffen. Diese Frau ist die Göttliche Mutter. Das Christentum akzeptiert die Göttliche Mutter nicht. Alle anderen Religionen akzeptieren sie, außer dem Christentum. Aber diese Art von Christentum ist nicht die wahre Lehre Christi.

Die Christen meinen, es setze Gott herab, wenn man sagt, auch Er sei verheiratet. Warum hat Er dann den Menschen gestattet, es zu tun? Woher haben sie diese Idee der Heirat? In Wirklichkeit vollzieht sich alles, was oben geschieht, auch hier unten.*

* Siehe auch Band 214, Kapitel 1 und 2.

Auch wenn es einem Übeltäter gelingt, zu entwischen, wird sein Gewissen dauernd von Unruhe geplagt. Vielleicht hat ihn jemand gesehen, vielleicht hat er irgendeinen Hinweis hinterlassen, durch den er identifiziert werden könnte? Er hat gewisse Prozesse ausgelöst, die sich nun auf seinem Gewissen widerspiegeln, und er kommt nicht mehr zur Ruhe. Es ist demnach klar: Sobald ihr irgendetwas Unehrliches begeht, ist euer Frieden gestört, denn euer Gewissen empfängt von allen Seiten beunruhigende Bilder. Der Schuldige, der sein Gewissen erleichtern will, kann es nicht, denn es hängt nicht von seinem Gewissen ab, das nur die Realität seines Verhaltens widerspiegelt, sondern von der Schuld, die eingeprägt bleibt. Solange dieser Mensch seine Fehler nicht wiedergutgemacht hat, wird sein Gewissen keine Ruhe finden.

Bevor man heiratet, hat man das Recht auszuwählen, ist man aber verheiratet, darf man den Partner nicht mehr vier- oder fünfmal wechseln. Einmal verheiratet, muss man treu sein. Auf die gleiche Weise habt ihr das Recht, bevor ihr einem Meister folgt, zu überlegen, die Sache zu untersuchen und sogar misstrauisch zu sein. Es ist normal, wenn ihr euch fragt, ob dieser Meister eurer Mentalität, euren Bestrebungen, eurem Ideal entspricht, und ob seine Lehre zu eurer innersten Natur passt. Sobald ihr euch aber bei einem Meister engagiert habt, ist es äußerst schädlich für eure Entwicklung, wenn ihr ihm nicht treu bleibt. Wie wollt ihr innerlich etwas Solides und Standhaftes aufbauen, wenn ihr je nach Laune und Neugier hin und her springt? Die geistige Erfahrung besteht nicht in einer Serie von Begegnungen, die man einmal mit einem indischen Meister, ein andermal mit einem Sufi-Meister und noch ein andermal mit einem Zen-Meister usw. hat. Die geistige Erfahrung ist eine Furche, die man in seinem Inneren zieht, und die man unaufhörlich weiter vertieft. Wie aber kann man sie vertiefen, wenn man dauernd den Führer oder die Richtung wechselt?*

* Siehe auch Band 23 Gesamtwerk, Kapitel 5.

Unsere Gegenwart ist das Resultat unserer Vergangenheit. Deshalb haben wir fast keine Macht über die Gegenwart: Sie ist das Ergebnis, die logische Folge der Vergangenheit. Die Gedanken, die Gefühle, die Wünsche, die wir in unseren früheren Inkarnationen gehabt haben, haben im Universum Kräfte und Mächte gleicher Natur ausgelöst, die wiederum unsere Tugenden, unsere Schwächen und die Ereignisse unserer gegenwärtigen Existenz bestimmt haben. Aus diesem Grund ist es beinahe unmöglich, im Laufe dieser Inkarnation das zu ändern, was so durch unser früheres Leben bestimmt wurde. Das Einzige, was in unserer Macht steht, ist das Vorbereiten der Zukunft. Und das Vorbereiten der Zukunft ist es, was die Eingeweihten die Schüler lehren, die in ihre Schule kommen.

Das Kreuz ist ein Symbol, das wir nie genug vertiefen können. Unter vielen anderen Interpretationen kann man es als eine Darstellung des Menschen sehen, als Synthese der beiden Prinzipien Männlich (Geist und Intellekt) und Weiblich (Seele und Herz). Die Vereinigung dieser beiden Prinzipien erzeugt eine Bewegung. Wenn man den Gedanken mit dem Gefühl vereint, entsteht die Bewegung, d.h. die Handlung. Setzt man das Kreuz in Bewegung, bildet es einen Kreis, die Sonne; und je intensiver die Bewegung ist, desto leuchtender wird die Sonne. Die Sonne vereint die beiden Prinzipien, sie ist das sich drehende Kreuz.*

* Siehe auch Band 218, Kapitel 6.

Nur die Arbeit allein zählt, und wenn der Schüler die wahre Arbeit gefunden hat, hört er nicht mehr damit auf. Ich erinnere mich, dass Meister Peter Deunov die Gewohnheit hatte, folgende drei Worte zu wiederholen: »Rabota, rabota, rabota. Vreme, vreme, vreme. Vera, Vera, Vera.« Das bedeutet: »Arbeit, Arbeit, Arbeit. Zeit, Zeit, Zeit. Glaube, Glaube, Glaube.«

Er hat mir jedoch nie erklärt, warum er diese drei Worte zu wiederholen pflegte, was mich wiederum sehr beschäftigt hat, und ich habe begriffen, dass er in diesen drei Worten eine ganze Philosophie kondensierte. So ist die Arbeit, aber auch der Glaube nötig, um etwas zu unternehmen und weiterzuführen, und vor allem die Zeit. Es braucht Zeit. Es genügt nicht, sich etwas brennend zu wünschen, um es dadurch schnell zu verwirklichen. Ja, jetzt weiß ich, was »Vreme« bedeutet. Jahre über Jahre sind vergangen, und ich sehe, welch große Bedeutung »Vreme« zukommt.*

* Siehe auch Band 238, Kapitel 13.

Untersucht die Kräfte, die ihr für gewöhnlich als böse betrachtet, und ihr werdet feststellen, dass sie vielleicht nicht so schlecht sind, wie ihr glaubt. Wie viele Beispiele zeigen uns, dass das, was schlecht für die einen, nicht unbedingt schlecht für die anderen ist! Einige Tiere widerstehen dem Feuer, andere der Kälte, andere dem Gift und wieder andere dem Mangel an Nahrung in außergewöhnlicher Weise. Andere sterben nicht einmal, wenn man ihren Körper in zwei Teile teilt... Die Vorstellungen, die sich die Menschen vom Bösen gemacht haben, sind ihre eigenen Anschauungen und nicht universell gültig. Sie können nicht wissen, was das Böse ist, solange sie es nach ihren Schwächen und Beschränkungen beurteilen. Wenn sie sich einmal der Vollkommenheit nähern, werden sie auch ihre Meinung ändern. Wie die Eingeweihten, die jenseits dieses erschreckenden Aspekts, der den Schwachen Angst einjagt, im Bösen eine segensreiche Kraft oder sogar einen Freund zu finden wissen.*

* Siehe auch Band 210, Kapitel 3 und 9.

Ihr möchtet manchmal gerne gewissen Versuchungen widerstehen, denn ihr fühlt, dass ihr sonst in bedauernswerte Abenteuer hineingezogen werdet; aber trotz eurem Wunsch gelingt es euch nicht, euch zu beherrschen, und ihr erliegt der Versuchung. Warum? Weil ihr in euch die Liebe für etwas Schöneres, Größeres, das sich euren Instinkten widersetzen könnte, nicht entwickelt habt. Hättet ihr diese Liebe, würde sie für euch kämpfen und euch ermöglichen, den Sieg zu erringen. Der Wille allein genügt nicht zum Kämpfen, früher oder später wird er kapitulieren. Es reicht nicht, wenn ihr sagt: »Ich werde mich nicht verleiten lassen, ich werde widerstehen...«. Um dem, was euch nach unten zieht, zu widerstehen, braucht ihr den Beistand einer Kraft, die euch in eine höhere Welt erhebt: ein hohes Ideal.*

* Siehe auch Band 5 Gesamtwerk, Kapitel 10.

Befragt einen Geschäftsmann, der reich geworden ist: Glaubt ihr, er wird euch sagen, er sei glücklich? Nichts ist ungewisser als das. Er wird klagen, er sei überarbeitet, seine Frau profitiere von seiner Abwesenheit, um ihn zu betrügen, sein Sohn sei unfähig, seine Arbeiter faul, seine Aktien seien gesunken, er werde von der Konkurrenz ruiniert werden usw. Ihr werdet ihm zuhören und euch nach einer Weile ebenso niedergeschlagen fühlen wie er. Trotz all seiner Besitztümer wird er euch nie ein Gefühl dafür geben können, wie schön das Leben ist, denn er lebt mit der Angst, dieses oder jenes zu verlieren. Nun ihr seht, es ist nicht nur so, dass er euch nichts geben kann, denn er hat ja schon selber Angst, das zu verlieren, was er besitzt, sondern er wird euch noch euren Frieden und eure Lebensfreude nehmen. Ein Mensch hingegen, der dafür gearbeitet hat, geistige Reichtümer zu erringen, glaubt, dass diese Schätze unerschöpflich sind, und niemand sie ihm nehmen kann. Er wird daher immer bereit sein, sie mit euch zu teilen, und dank ihm werdet ihr, in welchen Bedingungen ihr auch immer seid, die besten Methoden, die besten Mittel haben, um das Gleichgewicht zu finden, um die Schönheit und den Sinn des Lebens zu kosten.*

* Siehe auch Band 238, Kapitel 3.

Im Universum wird die Erde nicht als privilegierter Ort betrachtet, es ist also keine besondere Ehre, wenn man sich hier befindet. Die Erde ist eine Besserungsanstalt, in die die Menschen geschickt werden, um ein Praktikum für ihre Vervollkommnung abzuleisten. Aber dies wird nicht immer so bleiben, denn die Erde ist auch ein weites Feld, das unter der Aufsicht des Herrn von zahllosen Wesen bearbeitet und kultiviert wird. Im Moment ist dieses Feld zum Teil noch unbearbeitet, es wird noch Jahrhunderte und Jahrtausende dauern, um es fruchtbar zu machen. Doch die Bedingungen verbessern sich immer mehr, und eines Tages wird die Erde wirklich ein blühender Garten, ein göttlicher Obstgarten. Sie wird wahrhaftig das Reich Gottes sein, das von den Kindern der Liebe und des Lichts bewohnt wird. Schon seit langer Zeit arbeiten Milliarden von Wesen freiwillig an einer gigantischen Aufgabe, von der sich bisher nur sehr wenige eine Vorstellung machen können.*

* Siehe auch Band 26 Gesamtwerk, Kapitel 3 und 5.

Es ist sehr schwer, in unserem täglichen Leben die Trennung von Gut und Böse zu vollziehen, zu wissen, wo beginnt das eine und wo hört das andere auf, denn sie sind untrennbar ineinander verstrickt. Deshalb steht auf der Smaragdtafel geschrieben: »Du wirst das Feine (das Gute) vom Groben (das Böse) trennen mit großem Fleiß«. Das Böse hält sich am Guten, um aus ihm Kräfte zu schöpfen, und das Gute hängt ebenfalls am Bösen, um sich von ihm zu ernähren, und dies ist ihm gestattet: Die Pflanze hat das Recht, Teilchen aus der Erde zu ziehen, auf der sie wächst, sie richtet sich dabei nach den Gesetzen der Schöpfung und des Lebens. Der Boden aber hat nicht das Recht, der Pflanze Kräfte zu entziehen.*

* Siehe auch Band 210, Kapitel 5.

Die Menschen treffen auf so viele Schwierigkeiten und Fehlschläge, weil sie innerlich gespalten sind: Das Herz zieht in eine Richtung, der Intellekt in eine andere, der Wille in eine dritte, der Magen in eine vierte, das Geschlecht in eine fünfte... Es gibt eine Geschichte, die erzählt, wie sich der Adler, der Fisch, der Maulwurf und der Krebs versammelt hatten, um eine Last zu transportieren: Der Maulwurf zog zur Erde herab, der Fisch zum Fluss, der Adler zum Himmel und der Krebs nach rückwärts... Ihr könnt euch vorstellen, wie gut die Last transportiert wurde! Genau das Gleiche geschieht meistens im Menschen, denn nichts ist schwieriger, als die Einheit aller verschiedenen Tendenzen in seinem Inneren zu erreichen, um sie in eine einzige Richtung zu führen. Es kommt von Zeit zu Zeit vor, dass es einem gelingt, aber so selten! Und doch ist es gerade diese Vereinigung aller Tendenzen, die dem Menschen das wahre Gleichgewicht, die wahre Macht und den wahren Frieden bringt.*

* Siehe auch Band 235, Kapitel 5.

Man erwartet von einem Schüler, dass er fähig sei, die elementaren Kenntnisse der Einweihungswissenschaft zu verstehen und zu vertiefen. Wer in der Vergangenheit zu einer Einweihungsschule zugelassen werden wollte, musste zuerst Prüfungen bestehen, die seine psychischen Fähigkeiten enthüllten. Man schloss ihn zum Beispiel in einem Raum ein, nachdem ihm eine geometrische Figur (Kreis, Quadrat, Dreieck...) gezeigt worden war, und er musste sie interpretieren. Man ließ ihn dort mit etwas Wasser und Nahrung, und einige Tage später bat man ihn, das Ergebnis seiner Meditation zu erläutern. Je nach der Art, wie es ihm gelang, die Figur zu interpretieren, wurde er in die Schule aufgenommen oder nicht. Heutzutage stehen die Einweihungsschulen allen offen, was einerseits eine gute Sache ist, denn jeder kann auf seiner Stufe, wenn es ihm ernst ist, mindestens eine Wahrheit finden, die ihm in der Entwicklung weiterhilft. Diejenigen aber, die die Lehre nicht vertiefen wollen, laufen große Gefahr: Sie vermischen alles und geraten in die schlimmsten Ungereimtheiten.*

* Siehe auch Band 234, Kapitel 3.

Die moralische Ebene ist nicht getrennt von der physischen Ebene, dies ist einfach festzustellen. Nehmen wir das Beispiel eines Alkoholikers. Zuerst war er ein kultivierter, aufmerksamer, edler und großzügiger Mensch, nichts fehlte ihm. Doch von jenem Tag an, als er zu trinken anfing, stumpften diese Tugenden allmählich ab und verschwanden sogar; er wurde grobschlächtig, egoistisch, brutal. Was hat sich verändert? Eben die moralische Seite, das Verhalten. All dies ist zerbröckelt durch das Übermaß an alkoholischen Getränken.

Nehmen wir ein anderes Beispiel: Ein Mann hat eine solche Spielleidenschaft, dass er schließlich beginnt, seine Aufgaben und Verpflichtungen seiner Frau und seinen Kindern gegenüber zu vernachlässigen. Zu Beginn war das Spiel eine Aktivität, die nichts mit Moral zu tun hatte, mit Karten zu spielen, ist an sich etwas völlig Unschuldiges, doch am Schluss war es der moralische Bereich, der die Auswirkungen zu spüren bekam. Wie kann man also die Verbindungen übersehen, die zwischen diesen beiden Ebenen, der physischen und der moralischen, bestehen?

Die Menschen handeln instinktiv mit großer Weisheit: Wenn der Winter naht, legen sie Holz- und Kohlevorräte an und holen die warmen Kleider hervor, um der kommenden Kälte trotzen zu können. Leider sind sie aber viel weniger vorausschauend, wenn es darum geht, die inneren Winter zu überstehen. Da bereiten sie sich nicht vor, und wenn die düstere Zeit kommt, haben sie nichts Besseres zu tun, als sich zu beklagen und zu sagen, dass das Leben keinen Sinn habe. Ihr erwidert, dass die Jahreszeiten des inneren Lebens nicht mit der gleichen Regelmäßigkeit wiederkehren wie in der Natur und dass sie daher nicht vorhersehbar sind. Das ist wahr, aber trotzdem sollte man wissen, dass der Winter wohl oder übel von Zeit zu Zeit wiederkommt; und wenn ihr gelernt habt, euch zu beobachten, werdet ihr jedes Mal gewisse Vorboten in euch entdecken. Lernt also, euch zu beobachten und seid auf der Hut, sobald ihr fühlt, dass diese Periode der Kälte und Dunkelheit naht. Bereitet die spirituellen Elemente vor, die das Feuer und das Licht in euch aufrechterhalten werden. Jesus sagte: »Wandelt, solange ihr das Licht habt, dass euch die Finsternis nicht überfalle« (Jh 12,35). Das heißt: »Profitiert von den guten Bedingungen, um für den Tag gewappnet zu sein, an dem ihr die kommenden Schwierigkeiten zu bewältigen habt.«*

* Siehe auch Band 217, Kapitel 3.

In der Bibel steht, dass beim Jüngsten Gericht eine Auslese unter den Menschen erfolgen wird: Die Guten kommen zur Rechten Gottes und erben sein Reich, während die Bösen zu seiner Linken kommen und ins Feuer geworfen werden. Ihr werdet nun sagen: »Wie ist der Herr grausam! Er kennt kein Mitleid!« Diese Beschreibung des Jüngsten Gerichtes ist tatsächlich unglaubwürdig, denn Gottes Wirken ist stets intelligent und nutzbringend; und er hätte gerne, dass alle zu seiner Rechten stünden, d.h. in der Glückseligkeit und Fülle wären.* Das Jüngste Gericht steht symbolisch für die Begebenheiten im Alltag des Menschen, denn es gibt auch die Mutter Natur, und sie kennt kein Mitleid. Sie ist gerecht und unerbittlich, sie sagt: »Mit diesen dunklen und verformten Materialien kann ich nichts anfangen. Sie müssen in die Fabrik zurückgeschickt und wieder eingeschmolzen werden.« Und mit dem, was aus dem Schmelzofen hervorkommt, macht sie wunderbare Kreationen wie z.B. Perlen. In ihr ist keinerlei Boshaftigkeit.

Was macht der Juwelier? Mit Hilfe einer Lupe prüft er die Edelsteine und sagt: »Dieser Diamant ist vollkommen, und dieser hier hat kleine Flecken«, und er legt ihn beiseite. Er trifft also eine Auswahl. Überall, auf allen Gebieten, ob es sich um die Früchte der Erde oder um Rohstoffe handelt, sortieren die Menschen aus; warum sollte die Natur mit den Menschen nicht in gleicher Weise verfahren?

*Siehe auch Band 209, Kapitel 5 »Das Jüngste Gericht«.

Nachts, während seines Schlafes, verlässt der wahre Geistesschüler seinen Körper, um seinen Meister aufzusuchen, von dem er weiterhin lernt: Er liest die geheimsten Bücher in den Bibliotheken des Universums und nimmt an großartigen Zeremonien teil... Obwohl das menschliche Gehirn noch nicht fähig ist, die Erinnerung an solche Ereignisse zu bewahren, kann er einige Spuren davon behalten, die in seinem Herzen ein so sanftes, ruhiges Gefühl auslösen, dass er sich beim Aufwachen sagt: »Wo bin ich diese Nacht nur gewesen? Was ich gesehen habe, war so schön!« Man muss verstehen, wie heilig der Schlaf wird, wenn man mit dem Ziel einschläft, in die geistigen Schulen zu gehen, denn gerade dort erhält man die wahre Einweihung.*

* Siehe auch Band 228, Kapitel 16.

Es ist unmöglich, sich in der Dunkelheit zu orientieren und zu arbeiten. Von allen Gesichtspunkten aus gesehen und in allen Bereichen, muss das Licht an erster Stelle stehen. Im täglichen Leben haben das alle begriffen: Sobald es Abend wird, werden die Straßen und Häuser beleuchtet; wenn man in der Nacht aufwacht, macht man das Licht an; muss man in die Dunkelheit gehen, nimmt man eine Taschenlampe mit, und fällt der Strom aus, zündet man Kerzen an. Wenn es jedoch um eure Lebensführung geht, was tut ihr? Ihr ändert eure Situation oder zieht in ein anderes Land, ihr verlasst eure Familie, macht eine Arbeit, heiratet, bekommt Kinder – und das alles, ohne um Licht zu bitten. Deshalb geratet ihr ständig in Konflikt mit Menschen und Situationen, verletzt euch und die anderen. Also, sucht das Licht, bittet um Licht...*

* Siehe auch Band 227, Kapitel 15.

Ihr werdet nicht eher glücklich sein, als bis es euch gelungen ist, den Platz zu finden, der wirklich der eure ist. Ihr fragt: »Der Platz? Von welchem Platz sprechen Sie?« Das Wort Platz hat hier mehrere Bedeutungen: Element, Land, Haus, Beruf, Rolle, Ideal... Man sieht oft, wie Menschen hierhin und dorthin gehen, ohne jemals irgendwo zu bleiben: Es ist ihnen noch nicht gelungen, ihren Platz zu finden, sie haben keine Wurzeln und sind unglücklich. Jemand müsste kommen, der sie in einen fruchtbaren Boden pflanzt, wo sie dann zu keimen anfangen. Bis dahin gleichen sie einem Samenkorn, das im Speicher darauf wartet, gesät zu werden. Wenn das Samenkorn in eine gute Erde kommt, keimt es und bringt Früchte, es sagt:* »Jetzt endlich habe ich meinen Platz gefunden!« Dieser Platz ist nicht der Speicher, wo die Gefahr besteht, dass es schimmelt oder von Mäusen angeknabbert wird: Was in Zukunft jeder braucht, ist, in die spirituelle Erde gesät oder gepflanzt zu werden.

* Siehe auch Band 242, Kapitel 6.

Wie viele Menschen bilden sich ein, dass sie, wenn sie einer geistigen Lehre folgen, das Elixier des ewigen Lebens finden, das Allheilmittel, und dass sie zukünftig vor Krankheit, Alter und Tod verschont bleiben werden! Leider sind das Illusionen. Selbst ein Heiliger, selbst ein Eingeweihter, muss eines Tages die Erde verlassen, trotz seines Wissens, seines Lichts und seiner Kraft. Im Licht zu sein, bedeutet nicht, dass man niemals sterben wird. Das Licht ist eine Sache, ein langes Leben eine andere. Das Licht ist sogar damit einverstanden, euch von der Erde wegzunehmen und euch nach oben, in seine Region, mitzunehmen.*

Es sagt: »Mein guter Alter, warum willst du so lange an diesem dunklen Ort bleiben? Ich bin rein, komm hierher, um mit mir zu leben.« Oh ja, oft ist es das Licht, welches die Menschen in die andere Welt zieht.

* Siehe auch Band 29; Kapitel 3.

Wenn ihr allein mit eurem Willen gegen den sexuellen Instinkt ankämpft, werdet ihr zerschmettert. Um die Sexualkraft zu meistern, muss man die himmlischen Wesen herbeirufen, was bedeutet, ein hohes Ideal zu besitzen und eine große Liebe zur Vollkommenheit, zur Reinheit, zur Schönheit zu haben. Es ist also nicht einfach, und es braucht eine ganze Wissenschaft, um dies zu erreichen. Wenn ihr kein hohes Ideal habt, wenn ihr das göttliche, das vollkommene Leben nicht leben wollt, dann kämpft nicht gegen die Sexualkraft, denn sie würde euch zu Boden werfen. Die Verdrängung ist keine Lösung für das Problem der Sexualität; Verdrängung bedeutet nichts anderes, als der Sexualkraft ihren normalen Ausweg zu verweigern, ohne ein Ideal in seinem Kopf zu haben, das auf einer höheren Ebene arbeitet. Allein eine großartige Liebe zu einem hohen Ideal wird euch helfen, eure Energien zu sublimieren.*

* Siehe auch Band 28, Kapitel 7.

Manchmal fühlt ihr euch müde und beginnt zu zweifeln. Ihr fragt euch, ob die von euch unternommenen Anstrengungen auf dem Weg des Guten, auf dem Weg, euch selbst zu übertreffen, sich wirklich lohnen, und ihr seid versucht, dies alles aufzugeben. Nun, genau in diesem Moment müsst ihr aufmerksam und wach sein und wissen, was auf euch wartet, wenn ihr rückwärtsgeht. Sagt zu euch selbst: »Gut, in diesem Augenblick bin ich ein wenig müde, ich habe keine Lust mehr, vorwärts zu gehen, aber das wird bald vorbeigehen; bis dahin darf ich nicht aufgeben.«

Schaut, wie im Leben alles vorbeigeht: Nach dem Frühling kommt der Sommer, dann der Herbst und dann der Winter. Und nach dem Winter kommt wieder der Frühling. Warum sollte es also nicht auch in euch Jahreszeiten geben?*

* Siehe auch Band 11, Kapitel 1.

Wie geht die Auster vor, um eine Perle herzustellen?* Zuerst war da ein Sandkorn, das in ihre Schale fiel, und dieses Sandkorn ist für sie eine Schwierigkeit, es irritiert sie. »Ah«, sagt sie sich, »wie soll ich es loswerden? Es kratzt und juckt mich, was soll ich machen?« Sie beginnt zu überlegen, sie konzentriert sich... sie meditiert! Und eines Tages beginnt sie, einen besonderen Stoff auszuscheiden und das Sandkorn, das sie so stört, damit zu umhüllen, sodass es glatt, glänzend und samtig wird. Nachdem ihr das gelungen ist, ist sie zufrieden und sagt sich: »Ich habe eine Schwierigkeit besiegt!« Das ist also die Lektion der Perlenauster; sie lehrt euch, dass ihr euren Kummer, eure Widerwärtigkeiten mit einer lichten, regenbogenfarbigen Materie umhüllen könnt. Auf diese Weise sammelt ihr unendliche Schätze in euch an. Der wahre Spiritualist ist jener, der es versteht, seine Schwierigkeiten so zu bearbeiten, dass kostbare Perlen daraus werden.*

* Siehe auch Band 7, Kapitel 1 und Band 24, Kapitel 11 sowie Band 26, Kapitel 6.

Gründet euer Leben auf eure eigenen Anstrengungen, zählt auf nichts anderes. Akzeptiert und benutzt all das Gute, was euch die äußere Welt bietet, aber zählt nicht darauf. Denn eure wahre Zukunft liegt darin, alle Regionen des Raumes zu durchwandern, durch Sterne und Sonnen hindurch, und auf diese Reise könnt ihr nur die Reichtümer mitnehmen, die ihr in euch selbst angesammelt habt. Ihr müsst lernen, woran ihr arbeiten und worauf ihr zählen könnt.* Solange ihr auf materielle Bedingungen oder Dinge zählt, werdet ihr früher oder später Enttäuschungen erleben. Wirklich zählen könnt ihr nur auf den Geist; er ist reine Aktivität, ständige Anstrengung. Was das Übrige anbelangt, benutzt es, wenn ihr es habt, und dankt dem Himmel dafür, dass er es euch gegeben hat, aber zählt nicht darauf.

* Siehe auch Band 231, Kapitel 4.

Wir beklagen uns oft darüber, dass Gott grausam ist, dass Er keine Liebe und keine Gerechtigkeit kennt, aber nur wir sind es, die nicht richtig denken. Wir glauben, alle Freuden und allen Erfolg verdient zu haben, und wenn uns ein paar unglückliche Ereignisse treffen, meinen wir, der Himmel habe sie uns ohne Grund geschickt. Wir vergessen, dass Gott uns jeden Tag die Möglichkeit gibt, zu hören, zu sehen, zu atmen, zu gehen, zu fühlen, zu denken. Wie sind wir undankbar! Statt den Herrn ständig mit unseren Beschwerden und Klagen zu belästigen, sollten wir jeden Tag daran denken, wie viel wir Ihm verdanken…, andernfalls werden wir alles verlieren. Wenn wir die Gesundheit nicht zu schätzen wissen, werden wir krank werden. Wenn wir nicht dankbar dafür sind, ein Gehirn, Augen und Ohren zu haben, werden wir dumm, blind und taub werden. Und wenn wir auch nur einen dieser Reichtümer verloren haben, beginnen wir zu erkennen, was er uns bedeutete.*

* Siehe auch Band 15, Kapitel 26 und Band 31, Kapitel 6 sowie Band 227, Kapitel 98.

Wenn ihr Freunde zu euch einladet, bereitet ihr euer Haus auf den Besuch vor, ihr reinigt es, bringt alles in Ordnung und stellt Blumensträuße auf. Wenn eure Freunde dann kommen, bietet ihr ihnen das Beste an, was ihr habt, damit sie sich glücklich fühlen. Was ihr mit euren Freunden tut, müsst ihr auf der spirituellen Ebene mit allen Personen tun, denen ihr begegnet, indem ihr ihnen in eurem Herzen und eurer Seele mit euren besten Gedanken und Gefühlen einen Empfang bereitet. Wenn die Menschen so weit gekommen sind, sich so zu verhalten, dass sie nur die beste Seite bei den anderen erwecken, wird das Goldene Zeitalter* auf der Welt angebrochen sein. Warum solltet ihr nicht ab heute damit beginnen, den anderen nur euer Kostbarstes zu geben?

* Siehe auch Band 25/26.

Stellt euch vor einen Spiegel und berührt eure rechte Augenbraue mit eurer linken Hand; im Spiegel seht ihr dann, dass eure rechte Hand eure linke Augenbraue berührt.* Ein Spiegel ist ein sehr interessanter Gegenstand, weil er uns einige Aspekte der unsichtbaren Welt enthüllt. Im Vergleich zur physischen Ebene werden in der Astralebene die Gegenstände umgekehrt gesehen, wie in einem Spiegel. Zahlen, Daten, alles ist umgekehrt; eine Handlung der Zukunft wird als vergangen dargestellt und umgekehrt. Deshalb ist die Astralebene die Welt der Illusionen. Um die Wahrheit zu erkennen, muss man sich daher darüber hinaus auf die höhere Mentalebene, d.h. die Kausalebene erheben. Genau das ist es, was wir in dieser Lehre lernen.

Wenn es euch gelingt, die Frage des Spiegels zu lösen, werdet ihr die größten Probleme des seelischen Lebens lösen können.

* Siehe auch Band 6, Kapitel 9.

Ihr müsst euch der Gefahren bewusst werden, die darin liegen, lange unter dem Eindruck negativer Gedanken, Emotionen und Gefühle zu bleiben. Man kann es nicht vermeiden, Enttäuschungen, Kummer und Irritationen zu erleben, aber man muss alles tun, um nicht in diesem Zustand zu verharren, weil man sonst vollständig davon gefesselt und überflutet wird. Ihr müsst den Zeitraum ausnutzen, wo es noch leicht ist, euch daraus zu befreien. Bleibt aber nicht auf dieser Ebene stehen, um euch damit herumzuschlagen, denn ihr seid nicht fähig, zu kämpfen. Sich in der Dunkelheit zu schlagen, hat noch niemals das Licht aufleuchten lassen. Man muss aus dem Loch herauskommen. Wenn ihr lange im Zustand der Unzufriedenheit, der Eifersucht, des Grolls, der Rache, des Zorns verharrt, werden diese die Oberhand gewinnen und euch zerstören. Man muss sofort versuchen, diesen Zuständen zu entkommen, sich erheben und sie durch positive Gedanken und Gefühle ersetzen. Auf diese Weise werdet ihr gerettet.*

* Siehe auch Band 231; Kapitel 10 und Band 224, Kapitel 12.

14. Dezember

Beginnt den Tag damit, euch zu sagen, dass ihr mit Liebe leben, essen und atmen sollt. Ihr meint, dies alles zu wissen… Nein, ihr wisst es nicht. Wenn ihr wirklich mit eurem ganzen Wesen zu verstehen beginnt, was es bedeutet, mit Liebe zu leben*, wird euer gesamtes Leben verwandelt sein. Die Liebe wird ohne Unterlass vom Morgen bis zum Abend, ja selbst während des Schlafes hervorströmen.

Mit Liebe zu leben heißt, in einem Bewusstseinszustand zu leben, der alle Handlungen des Lebens harmonisiert, der den Menschen in vollkommenem Gleichgewicht hält. Dieser Bewusstseinszustand ist eine Quelle der Freude, der Kraft und der Gesundheit.

* Siehe auch Band 15, Kapitel 26.

Im Allgemeinen betrachtet man das Alter als eine Prüfung. Und das stimmt, für die Mehrheit der Menschen ist es eine Prüfung, weil sie nicht in Harmonie mit den göttlichen Gesetzen gelebt haben. In Wirklichkeit jedoch kann das Alter der beste Lebensabschnitt sein. Für jene, die während der Jugend und im reifen Alter ein hohes Ideal gehegt haben, verbessern sich viele Dinge im Alter. Verständnis und Klarheit nehmen zu. Wie ist das zu erklären? Man könnte sagen, dass das Gehirn nicht die gleiche Entwicklung durchmacht, wie der physische Körper. Eure Beine, eure Augen und eure Ohren beginnen nachzulassen, aber das Leben der Seele und des Geistes wird immer üppiger und reicher. Es ist, als ob man endlich die Früchte seiner Bemühungen ernten würde. Bereitet euch daher vor, denkt daran, richtig zu leben, solange ihr noch jung seid, damit ihr später diese reiche Ernte genießen könnt.*

* Siehe auch Band 29, Kapitel 3 und Band 231, Kapitel 8.

Alle wollen geschätzt und anerkannt werden für das, was sie tun, und werden sie es nicht, sind sie enttäuscht, verbittert und gequält. Von dieser Schwäche muss sich der Schüler befreien. Sobald er sich bewusst ist, dass seine Tätigkeit nützlich, uneigennützig und lichtvoll ist und er Vertrauen hat in die kosmischen Gesetze, weiß er, dass er früher oder später die Wertschätzung und den Platz erhalten wird, die er verdient. Wenn es etwas gibt, an das ihr glauben sollt, so ist es die Existenz der Gesetze im Universum. Ob ihr ein Wort aussprecht, eine Geste macht, einen Wunsch oder einen Gedanken hegt: Sofort werden diese registriert, eingeordnet und bringen Ergebnisse hervor. Auf diese Gesetze müsst ihr zählen, denn alles um euch herum kann sich ändern, nur nicht diese Gesetze. Sie schicken euch über kurz oder lang genau das, was ihr verdient, je nachdem, wie ihr gearbeitet habt. Zählt daher auf nichts anderes als auf eure Arbeit.*

* Siehe auch Band 29, Kapitel 1Band 227, Kapitel 26.

Wenn ihr in der Nacht aufwacht und aufstehen wollt, schaltet ihr vorsichtshalber zuerst das Licht an. Sobald ihr alles gut seht, könnt ihr machen, was ihr wollt. Stürzt ihr euch hingegen in die Dunkelheit, werdet ihr an Möbel stoßen, Gegenstände zerbrechen, euch verletzen usw. Ja, aber wenn es um eure innere Lebensführung geht, so habt ihr diese Lehre des Lichts nicht verstanden. Symbolisch gesprochen stürzt ihr euch in die Finsternis. Deshalb gelingt es euch nicht, euch zu orientieren, und ihr stoßt rechts und links an.

Ihr solltet das Licht suchen, euch darauf konzentrieren, es über alle Schätze der Welt stellen, es sogar trinken und essen. Sobald ihr eine ruhige Minute habt, schließt die Augen und konzentriert euch auf dieses Bild des Lichts, das das ganze Universum durchdringt und alle Segnungen bringt.*

* Siehe auch Band 30, Kapitel 6 und Band 212, Kapitel 5.

Liebt, und man wird euch lieben. Gebt, und es wird euch gegeben. Und wenn ihr erleuchtet werden wollt, so beginnt damit, jene zu erhellen, die es in geringerem Maße sind als ihr. In diesem Moment wird jemand kommen, der mehr Licht hat und euch sein Licht geben. In der Bibel steht: »Was du nicht willst, das man dir tu, das füg auch keinem andern zu« (Tobias 4,16). Man kann ebenso gut nennen, was Jesus sagte: »Alles, was ihr wollt, das euch die Leute tun sollen, das tut ihr ihnen auch« (Mt 7,12). Denn das ist ein Gesetz. Indem ihr anderen helft, zieht ihr ein Wesen an, das euch helfen wird. Bemüht euch, jemanden zu unterstützen, zu ermutigen, und ihr werdet feststellen, dass der höhere Wille euch stärken wird.*

* Siehe auch Band 1, Kapitel 8.

Die Struktur des Menschen, wie auch die des Universums, gehorcht dem Gesetz der Hierarchisierung: Je mehr man sich zum Gipfel erhebt, desto feiner, reiner und ätherischer wird die Materie. Um Teilchen von diesem ätherischen Stoff zu erhalten, muss man sich also erheben, und das können wir tun. Denn ebenso wie der Schöpfer uns die Mittel gegeben hat, auf die dichten Regionen der Materie einzuwirken, hat Er uns auch Mittel gegeben, Seine feinstofflichen Regionen zu erreichen. Eines dieser Mittel ist das Gebet. Durch das Gebet können wir uns bis in die Welt des reinen Lichts erheben, wo sich die größten Schätze des Herrn befinden. An all diesen Schätzen können wir teilhaben. Sobald wir uns in diese Höhe erheben konnten, steht uns alles zur Verfügung, und wir haben das Recht, uns daran zu bedienen.*

* Siehe auch Band 18, Kapitel 7.

Die niedere Natur in uns ist deshalb so stark, weil sie im Laufe der Jahrhunderte viele große Hindernisse überwinden musste, die sie gezwungen haben, sich mit allen Mitteln zu schützen. Jetzt ist es sehr schwierig, sie zu besiegen. Auf jeden Fall seid ihr mit euren eigenen Mitteln dazu nicht in der Lage. Wenn ihr versucht, allein gegen eure niedere Natur anzukämpfen, werdet immer ihr der Besiegte sein. Um sie zu beherrschen, muss man höhere Kräfte zu Hilfe rufen, d.h. die Gottheit, die Intelligenz, das Licht und sich fest an diese klammern. Auf eure eigenen Fähigkeiten dürft ihr euch nicht allzu sehr verlassen, denn da die niedere Natur so viele Energien entwickeln musste, um zu überleben, widersetzt sie sich jetzt allem und beugt sich nur vor der göttlichen Welt. Wenn ihr der niederen Natur ohne die Waffen des Himmels, ohne das Licht gegenübertretet, erkennt sie euch nicht an. Sie sagt: »Du bist nicht mein Dompteur!« und wirft sich auf euch, um euch zu verschlingen. Der wahre Dompteur ist Gott selbst, Er ist es, der alles erschaffen hat, daher weiß Er auch, wie man diesem Ungeheuer Respekt einflößt.*

* Siehe auch Band 213, Kapitel 2 und Kapitel 6.

Die meisten Handlungen, die wir ausführen, sind Teil der gewöhnlichen täglichen Existenz. Wir können dennoch lernen, sie auf die geistige Ebene zu übertragen, um auf diese Weise die höheren Grade des Lebens zu erreichen. Beim Essen z.B. sind es nicht die Lebensmittel an sich, die das Wesentliche der Nahrung ausmachen, sondern die in diesen Lebensmitteln enthaltene Energie, die eingeschlossene Quintessenz, denn dort befindet sich das Leben. Der Stoff des Nahrungsmittels ist nur die Trägersubstanz. Durch diesen Stoff müssen wir die Quintessenz zu erreichen suchen, um unsere feinstofflichen Körper zu ernähren. Es ist ein Irrtum zu glauben, dass wir nur essen, um unseren physischen Körper zu ernähren. Wir essen, um auch unser Herz, unseren Verstand, unsere Seele und unseren Geist zu ernähren.*

* Siehe auch Band 16, Einleitung und Band 316, Teil 1 und Teil 2.

Der Augenblick des Todes ist deshalb von höchster Bedeutung, weil die folgende Inkarnation viel von diesem letzten Augenblick abhängt. Die Haltung des Sterbenden in dieser Stunde wirkt weiter in die andere Welt, bis zu seiner nächsten Inkarnation.*

Ihr habt sicher schon beobachtet, dass der Zustand, in welchem ihr am Abend einschlaft, während der Nacht auf euch wirkt und euer Erwachen am nächsten Morgen beeinflusst. Wenn ihr in einem schlechten Zustand einschlaft, erwacht ihr am nächsten Morgen in einer schlechten Verfassung, selbst wenn der vorherige Tag gut verlaufen ist. Schlaft ihr hingegen mit guten Gedanken und Gefühlen ein, so wird dieser letzte Moment alles wiedergutmachen und erhellen, selbst wenn der Tag nicht gut verlaufen ist, und ihr werdet am nächsten Morgen in besserer Verfassung erwachen. Genau diese Gesetze wirken sich auch von einem Leben zum nächsten aus.

* Siehe auch Band 4, Kapitel 9.

Wie oft hat man zu mir gesagt: »Sie sprechen zu uns über das Reich Gottes und die universelle Bruderschaft, aber unter den gegenwärtigen Verhältnissen ist das eine Utopie, es ist unmöglich, sie zu verwirklichen.« Nein, es ist nicht unmöglich. Es ist schwierig, weil die Menschen keine große Bereitschaft zeigen, auf die Erfüllung ihrer niederen Wünsche zu verzichten, um sich der Verwirklichung eines göttlichen Ideals zu widmen, aber es ist nicht unmöglich. Es würde genügen, wenn sie sich, statt immer nur die weltliche Ordnung als Bezugspunkt zu nehmen, mit der göttlichen Ordnung beschäftigen würden, um unten das Gleiche wie oben zu verwirklichen. Wenn die Christen endlich die Worte Jesu im Vaterunser:* »Dein Wille geschehe wie im Himmel so auch auf Erden« ernst nehmen, kann sich alles ändern. Es genügt nicht, dieses Gebet vor sich hin zu murmeln, wie man dies seit zweitausend Jahren tut. Denn unbewusst wird gestammelt: »Dein Wille geschehe auf Erden wie im Himmel«, aber man hört weiterhin nur auf den menschlichen, egoistischen und unaufgeklärten Willen. Wann wird man sich endlich entschließen, den göttlichen Willen zu verstehen und zu verwirklichen?

* Siehe auch Band 26, Kapitel 6 und Band 323.

Das Feuer verzehrt den Baum und verwandelt ihn dabei. Es macht ihn sich ähnlich. Der Baum wird zu Feuer, weil das Feuer ihn verzehrt. Das ist ein Gesetz: Jedes Ding, jedes Wesen wird identisch mit dem, von dem es verzehrt wird. Wenn wir unser ganzes Wesen dem Feuer der göttlichen Liebe anbieten, damit es von uns Besitz ergreift und uns verschlingt, wird es uns ihm ähnlich machen. Innerlich besitzen wir genug Materialien, um das göttliche Feuer ewig nähren zu können. Deshalb müssen wir über das Feuer meditieren, indem wir zu verstehen versuchen, wie es am Baum arbeitet, um ihn in Licht und Wärme zu verwandeln.* Dann werden auch wir zu Bäumen des Lichts.

* Siehe auch Band 232, Kapitel 17.

Was feiern wir an Weihnachten? Die Vereinigung von Seele und Geist. Die Seele und der Geist vereinen sich, um einen Keim zur Welt zu bringen, welcher in uns der Ausgangspunkt für ein neues Bewusstsein ist. Dieses Bewusstsein manifestiert sich als ein inneres Licht, das die Dunkelheit vertreibt… als eine Wärme, die so stark ist, dass wir uns nie alleine fühlen, selbst wenn die ganze Welt uns verlassen würde… als eine Lebensfülle, die uns überall strahlen lässt, wo wir unseren Fuß hinsetzen. Dieses Bewusstsein wird von einem reinen Energiestrom begleitet, der uns stimuliert, am Kommen des Reiches Gottes mitzuarbeiten. In dieser Arbeit entdecken wir die außerordentliche Freude, uns mit dem ganzen Universum und allen fortgeschrittenen Seelen verbunden zu fühlen, an dieser Unermesslichkeit teilzunehmen. Und wir haben die Gewissheit, dass uns nichts und niemand diese Freude nehmen kann.

In Indien nennt man diesen Zustand das Buddha-Bewusstsein, und bei den Christen nennt man es die Geburt Christi.

In jedem beliebigen Bereich ziehen die rein körperlichen, sinnlichen Vergnügen auf die Dauer eine Abstumpfung der Empfindsamkeit nach sich.* Man braucht dann immer noch mehr und noch stärkere Vergnügungen und Gefühle, um noch ein kleines Glücksgefühl zu erleben; es wird also immer schwieriger, glücklich zu sein, weil man immer unsensibler wird. Wer mit der Nahrung oder mit den Getränken Exzesse betreibt, der verliert am Ende den Geschmack daran. Wer sexuelle Erfahrungen anhäuft, wird davon schnell übersättigt. Dieses Gesetz bestätigt sich auf allen Gebieten. Reduziert also eure Vergnügungen ein wenig, verfeinert sie, dann werdet ihr immer feinfühliger, und die kleinste Empfindung wird euch große Freuden bescheren.

* Siehe auch Band 28, Kapitel 1.

Weil sie beschlossen haben, sich dem Herrn zu nähern und sich mit Ihm zu identifizieren, schaffen es manche nur, für die anderen so unerträglich zu werden, dass es zu einem Bruch mit ihrer Familie und ihrem Umfeld kommt. Alle müssen doch wissen, dass sie Gottheiten sind! So entstehen Konflikte und Kämpfe. Nein, wenn man sich darin übt, dem Herrn näher zu kommen, ein Teil von Ihm zu werden, muss man mehr Großzügigkeit und Liebe entwickeln. Denn Gott ist Liebe. Wenn eure Suche nach Gott euch dazu treibt, die anderen zu erdrücken und zu massakrieren, bedeutet dies, dass ihr nichts begriffen habt. Um euch Gott anzunähern, müsst ihr zuerst daran denken und fühlen, dass alle Menschen, so wie Gott, auch in euch sind; dass ihr eins mit ihnen seid.* In dem Moment werdet ihr ihre Bedürfnisse, Sorgen und Leiden fühlen und vom Wunsch beseelt sein, ihnen zu helfen, anstatt sie zu bekämpfen, sie zu quälen und selbst zu einem Monster zu werden. Nur so nähert man sich wirklich der Gottheit.

* Siehe auch Band 26, Kapitel 2.

Kommunizieren bedeutet, sich austauschen, d.h. man muss es verstehen, gleichzeitig zu nehmen und zu geben.

Die Hostie kann demjenigen, der sie empfängt, zum größten Segen gereichen, aber wenn der Mensch ihr nicht die notwendige Liebe und den notwendigen Respekt entgegenbringt, ist es keine Kommunion, sondern ein Diebstahl, eine unaufrichtige Handlung. Und um mit Gott Kommunion zu halten, muss man ebenfalls fähig sein, Ihm etwas zu bringen. Nicht etwa, weil Er das, was wir ihm geben, brauchen würde, Er ist doch so reich! Wir selbst aber erwecken durch den Versuch, Ihm etwas zu geben, bestimmte geistige Zentren in uns, dank denen wir Seine Segnungen empfangen. Wenn gesagt wird, dass wir Gott Liebe, Respekt, Dankbarkeit und Treue schulden, so geht es dabei in Wirklichkeit um uns selbst.*

* Siehe auch Band 16, Kapitel 18, Teil 1.

Schreibt auf ein Blatt Papier eure größten Wünsche in Bezug auf eure eigene Entwicklung, auf das Wohlergehen eurer Freunde und der ganzen Welt und übergebt sie dem Engel des Feuers.* Das Feuer ist der Bote des Unsichtbaren. Sobald dieses Papier verbrannt ist, beginnen die höheren Wesenheiten, davon Kenntnis zu nehmen und zu prüfen, wie sie diesen Wünschen nachkommen können. Natürlich dürft ihr nicht erwarten, dass sich eure Bitten von einem Tag auf den anderen verwirklichen. Wenn ihr aber geduldig seid und euch weiterhin in dem Sinne bemüht und arbeitet, wie ihr es in euren Bitten zum Ausdruck gebracht habt, werdet ihr erleben, dass sie eines Tages Wirklichkeit werden. Denn dort, wo das Feuer beteiligt ist, gibt es immer Ergebnisse.

* Siehe auch Band 232, Kapitel 10.

Jesus sagte: »Mein Vater wirkt, und auch ich wirke mit ihm« (Jh 5,17)*. Sehr wenige, selbst unter den Eingeweihten, können einen derartigen Satz aussprechen. Was die meisten Menschen sagen könnten, wäre: »Ich probiere…, ich gebe mir Mühe…, ich zerbreche mir den Kopf…, ich mache unglückliche Versuche…« Nur derjenige, dem es gelungen ist, sich bis zum göttlichen Geist zu erheben, um sich von ihm durchdringen zu lassen, ist würdig zu sagen: »Ich arbeite.«

Seit zweitausend Jahren hat man die Tiefe dieses Satzes: »Mein Vater wirkt, und auch ich wirke mit ihm« noch nicht ausgelotet. Er ist daher so stehengeblieben, nutzlos und ohne Sinn. Man hat sich nicht einmal die Frage gestellt, welche Arbeit Gott eigentlich macht, noch wie Er arbeitet, noch warum Jesus sich dieser Arbeit angeschlossen hat. Die Arbeit des Christus besteht darin, alles zu reinigen, alles zu harmonisieren, alles zu erleuchten und alle Dinge zur göttlichen Quelle hin fließen zu lassen, damit das Wasser dieser Quelle sich verbreite, um die Erde und alle ihre Geschöpfe zu beleben.

* Siehe auch Band 24, Kapitel 17 und Band 28, Kapitel 3 sowie Band 224, Kapitel 1.

Unterzieht alles, was ihr bis jetzt an Kenntnissen, Vorstellungen und Meinungen angenommen habt, einer Prüfung. Untersucht sie und fragt euch, ob sie in Harmonie mit der Philosophie der Eingeweihten sind. Wenn ja, unterstreicht sie, verstärkt sie, vertieft sie. Stehen sie aber im Widerspruch zu dieser Philosophie, sollt ihr wissen, dass sie euch in die Irre leiten und euch Schwierigkeiten bereiten werden. Legt sie also ab; ihr werdet euch danach sehr erleichtert und frei fühlen! Ihr seht plötzlich alles viel klarer! Im Augenblick tastet ihr euch noch in der Dunkelheit voran, weil ihr von zu vielen Dingen angefüllt seid, die euch beschweren. Es ist jetzt Zeit, das Licht und die Leichtigkeit zu suchen. Es steht also die Arbeit an, zu erkennen, was ihr loswerden und was ihr behalten sollt. Das ist eine sehr ernste Angelegenheit. Wenn ihr diese Arbeit nicht durchführt, werden die Jahre vergehen und ihr fühlt euch noch immer hin- und hergerissen, behindert und unentschlossen.

ANHANG

Liebe Leser,

wir möchten Sie an dieser Stelle darauf hinweisen, dass Sie auf unserer Internet-Seite alle Tagesgedanken von 2005 bis 2018 lesen können (www.prosveta.de, www.prosveta.ch, www.prosveta.at). In diesen mehr als 5.000 Tagesgedanken können Sie mit Hilfe der Suchfunktion nach Themen oder Begriffen Ihrer Wahl suchen.

Im Prosveta Verlag sind sehr viele Bücher von Omraam Mikhaël Aïvanhov in deutscher Sprache erhältlich. Sie behandeln fast alle Themen, mit denen der Mensch in seinem Leben und seinem Alltag konfrontiert wird. Trotz dieser Fülle an Büchern enthält jedes einzelne ein fundiertes und tiefes Wissen und eine große Weisheit. Jedes Buch vermittelt mit klaren und treffenden Worten Hilfe, Orientierung, Freude und Hoffnung.

Auf den hinteren Seiten des vorliegenden Tagesgedanken-Buches sehen Sie die meisten Buchtitel aufgelistet. In unserem Online-Shop finden Sie eine Beschreibung zu jedem dieser Bücher und zu weiteren Titeln. Es kann auch ein kostenloser Katalog bei uns angefordert werden, der alle Werke enthält.

Bestellen können Sie im Verlag oder im Buchhandel. Wenn Sie ein Buch in Ihrer Buchhandlung nicht erhalten, ist es bei uns im Verlag dennoch lieferbar. Viele Bücher sind inzwischen auch als E-Book erhältlich.

Der Herausgeber

INDEX

C

D

E

F

G

H

M

N

O

P

Q

R

S

W

Anmerkung:

Ohne die Aufteilung des Menschen in Körper, Seele und Geist aufzugeben, wie sie traditionell im Westen gilt, hat Omraam Mikhaël Aïvanhov in Anlehnung an die hinduistische Philosophie die Aufteilung in sechs bzw. sieben Körper vorgenommen (der Ätherkörper ist Teil des physischen Körpers). Siehe hierzu auch Band 222 der Taschenbuch-Reihe Izvor, »Die Psyche des Menschen«, Kapitel 3 und 6.

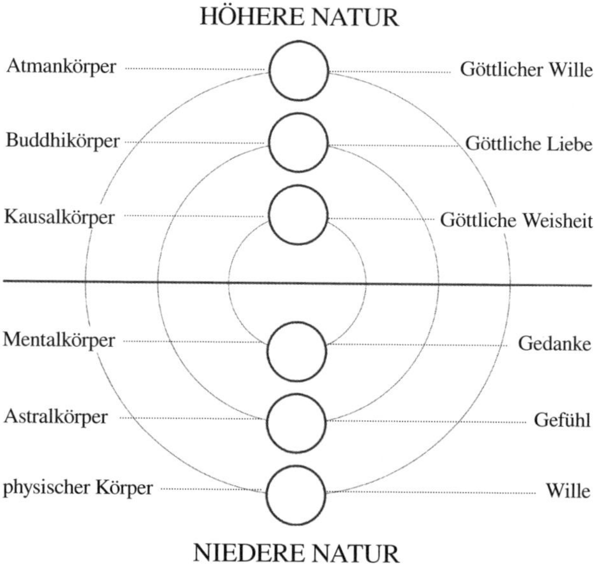

»Die drei grundlegenden Tätigkeiten, durch welche sich der Mensch äußert, sind das Denken (durch den Intellekt erzeugt), das Fühlen (durch das Herz ausgedrückt) und das Handeln (durch den physischen Körper ausgeführt). Glaubt nicht, dass nur der physische Körper aus Materie besteht: Auch das Herz und der Intellekt sind materielle Werkzeuge, nur mit dem Unterschied, dass ihre Materie feinstofflicher ist als die des physischen Körpers.

Eine lange esoterische Tradition lehrt, dass der Astralkörper der Träger des Gefühls ist und der Mentalkörper der des Intellektes. Aber diese Dreiheit: physischer Körper, Astralkörper und Mentalkörper machen lediglich unsere unvollkommene, menschliche Natur aus. Die gleichen Fähigkeiten des Denkens, Fühlens und Handelns finden sich in uns auf einer höheren Ebene wieder, und dort sind ihre Träger die Kausal-, Buddhi- und Atmankörper, die unser göttliches Selbst bilden. Die drei großen konzentrischen Kreise (siehe Abb.) zeigen die Verbindungen auf, die zwischen den niederen und höheren Körpern bestehen.

Der physische Körper, der die Kraft, den Willen und die Macht auf der materiellen Ebene darstellt, ist mit dem Atmankörper verbunden, der den göttlichen Willen und die göttliche Macht verkörpert. Der Astralkörper vertritt die persönlichen, egoistischen Gefühle und Wünsche und ist mit dem Buddhi-Körper verbunden, der die göttliche Liebe darstellt. Der Mentalkörper schließlich, der die gewöhnlichen eigennützigen Gedanken darstellt, ist mit dem Kausalkörper verbunden, der die göttliche Weisheit ausdrückt«.

Omraam Mikhaël Aïvanhov

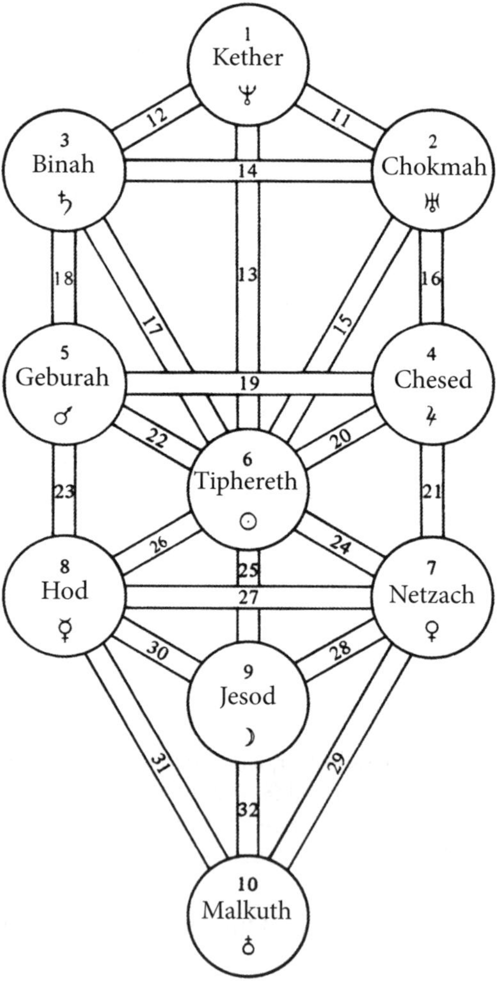

Der Lebensbaum (10 Sephiroth).
Siehe Erklärungen auf Seite 396.

1 Ehjeh
Kether – Krone
Metatron
Chajoth ha-Kadosch – Seraphin
Reschith ha-Galgalim – Urwirbel (Neptun)

3 Jehova
Binah – Vernunft
Zaphkiel
Aralim – Throne
Schabtai – Saturn

2 Jah
Chokmah – Weisheit
Rasiel
Ophanim – Cherubin
Masaloth – Tierkreis

5 Elohim Gibbor
Geburah – Kraft
Kamael
Seraphim – Mächte
Maadim – Mars

4 El
Chesed – Barmherzigkeit
Zadkiel
Chaschmalim – Herrschaften
Zedek – Jupiter

8 Elohim Zebaoth
Hod – Herrlichkeit
Raphael
Bnei-Elohim – Erzengel
Kochab – Merkur

7 Jehova Zebaoth
Netzach – Sieg
Chaniel
Elohim – Fürstentümer
Nogah – Venus

9 Schaddai El Chai
Jesod – Grundlage
Gabriel
Cherubim – Engel
Levana – Mond

6 Eloha va-Daath
Tiphereth – Schönheit
Michael
Malachim – Himmelskräfte
Schemesch – Sonne

10 Adonai-Melek
Malkuth – Reich
Uriel oder Sandalfon
Ischim – die Vollendeten
Aretz – Erde

Einführung in den Lebensbaum

»Für denjenigen, der danach strebt, den Schöpfer des Himmels und der Erde zu kennen, seine Gegenwart zu spüren, in seine Unendlichkeit und Ewigkeit einzudringen, ist es nötig, ein Erklärungssystem für die Welt zu ergründen. Das System, das mir am besten schien – das umfassendste und gleichzeitig das genaueste –, habe ich in der kabbalistischen Überlieferung gefunden: den Sephirothbaum, den Lebensbaum. Ich sage nicht, dass die anderen Doktrinen schlecht oder falsch sind, nein. Aber die Begriffe, die sie vermitteln, bleiben zersplittert, sie bieten keine so tiefgreifende, strukturierte und zusammenfassende Sichtweise. Der Sephirothbaum ist wahrhaftig eine Synthese des Universums.

Die Kabbalisten teilen das Universum in zehn Regionen oder Sephiroth ein, die den ersten zehn Zahlen entsprechen. (Das Wort »Sephira« bedeutet Zahl, die Mehrzahl ist Sephiroth, was Zahlensystem bedeutet.) Jede Sephira wird durch fünf Namen identifiziert: der Name Gottes, der Name der Sephira selbst, der Name des Oberhauptes des Engelsordens, derjenige des Engelsordens selbst und schließlich der eines Planeten. Es ist also Gott, der diese zehn Regionen lenkt, aber unter einem unterschiedlichen Namen in jeder Region. Das erklärt, warum Gott in der Kabbala zehn Namen hat. Diese zehn Namen entsprechen unterschiedlichen Attributen. Gott ist eins, Er äußert sich jedoch unterschiedlich, gemäß den Regionen.

Der Sephirothbaum stellt sich als ganz einfaches Schema dar, aber sein Inhalt ist unerschöpflich. Er ist für mich der Schlüssel, der es ermöglicht, die Mysterien der Schöpfung zu entziffern. Er ist nicht dafür bestimmt, uns die Astronomie oder die Kosmologie zu lehren. In Wahrheit kann niemand genau sagen, was das Universum ist, noch wie es erschaffen wurde. Dieser Baum stellt ein Erklärungsmodell der Welt dar, das von mystischer Natur ist. Er ist für mich der Schlüssel, der es ermöglicht, die Mysterien der Schöpfung zu entziffern. Er stellt sich als ganz einfaches Schema dar, aber sein Inhalt ist unerschöpflich. Den außergewöhnlichen Geistern, die ihn gestaltet haben, gelang es durch Meditation, Kontemplation und ein heiliges Leben, eine kosmische Realität zu erfassen. Und ihre Lehre wurde durch die Tradition überliefert und im Laufe der Jahrhunderte immer wieder aufgegriffen und überdacht, bis sie im Wesentlichen zu uns gelangte.«

Omraam Mikhaël Aïvanhov

Vom selben Autor

Buchreihe Gesamtwerke

Taschenbuch-Reihe Izvor

209 Weihnachten und Ostern in der Einweihungslehre
210 Die Antwort auf das Böse
211 Die Freiheit, Sieg des Geistes
212 Das Licht, lebendiger Geist
213 Die menschliche und göttliche Natur in uns
214 Liebe, Zeugung und Schwangerschaft
215 Die wahre Lehre Christi
216 Geheimnisse aus dem Buch der Natur
217 Ein neues Licht auf das Evangelium
218 Die geometrischen Figuren und ihre Sprache
219 Geheimnis Mensch. Seine feinstofflichen Körper und Zentren
220 Der Tierkreis, Schlüssel zu Mensch und Kosmos
221 Alchimistische Arbeit und Vollkommenheit
222 Die Psyche des Menschen
223 Geistiges und künstlerisches Schaffen
224 Die Kraft der Gedanken
225 Harmonie und Gesundheit
226 Das Buch der göttlichen Magie
227 Goldene Regeln für den Alltag
228 Einblick in die unsichtbare Welt
229 Der Weg der Stille
230 Die Himmlische Stadt
231 Saaten des Glücks
232 Feuer und Wasser – Wunderkräfte der Schöpfung
233 Eine Zukunft für die Jugend
234 Die Wahrheit, Frucht der Weisheit und der Liebe
235 Im Geist und in der Wahrheit – Wie finde ich zu Gott
236 Weisheit aus der Kabbala
237 Das kosmische Gleichgewicht – Die Zahl 2
238 Der Glaube versetzt Berge
239 Die Liebe ist größer als der Glaube
240 Söhne und Töchter Gottes
241 Der Stein der Weisen
242 Unerschöpfliche Quellen der Freude
243 Das Lächeln des Weisen
244 Dem Licht entgegen

Reihe Broschüren

301 Das neue Jahr
302 Die Meditation
303 Die Atmung
304 Der Tod und das Leben im Jenseits
305 Das Gebet
306 Musik und Gesang im spirituellen Leben
307 Das hohe Ideal
308 Das Osterfest – Die Auferstehung und das Leben
309 Die Aura
310 In die Stille gehen
311 Wie Gedanken sich in der Materie verwirklichen
312 Die Reinkarnation
313 Das Vaterunser
314 Das Gesetz der Gerechtigkeit und das Gesetz der Liebe
315 Die Quelle des Lebens
316 Die Nahrung, ein Liebesbrief des Schöpfers
317 Die Kunst und das Leben
318 Die wesentliche Aufgabe der Mutter während der Schwangerschaft
319 Die Seele, Instrument des Geistes
320 Menschliches und göttliches Wort
321 Weihnachten und das Mysterium der Geburt Christi
322 Die spirituellen Grundlagen der Medizin
323 Meditationen beim Sonnenaufgang
324 Der Friede, ein höherer Bewusstseinszustand
325 Das Ideal des brüderlichen Lebens
326 Die ganze Schöpfung wohnt in uns
327 Der Preis der Freiheit

Bestellen können Sie im Verlag oder im Buchhandel. Wenn Sie ein Buch in Ihrer Buchhandlung nicht erhalten, ist es im Verlag in der Regel dennoch lieferbar.

VERLAGE UND AUSLIEFERUNGEN

Frankreich
Éditions Prosveta S.A. (Hauptverlag)
B.P. 12 – F-83601 Fréjus Cedex
Tel. 04 94 19 33 33, Fax 04 94 19 33 34
Internet: www.prosveta.fr, E-Mail: international@prosveta.com

Deutschland
Prosveta Verlag GmbH
Grabenstr. 14, 78661 Dietingen
Tel. 0741-3430, Fax 0741-46552
Internet: www.prosveta.de, E-Mail: info@prosveta.de

Österreich
Harmoniequell Versand
Hof 37/4, 5302 Henndorf
Tel. und Fax 06214 7413
Internet: www.prosveta.at, E-Mail: info@prosveta.at

Schweiz
Éditions Prosveta
1808 Les Monts-de-Corsier 13
Tel. 021 921 92 18, Fax 021 922 92 04
Internet: www.prosveta.ch E-Mail: editions@prosveta.ch

Wenn Sie sich für Veranstaltungen interessieren, in denen die Lehre von Omraam Mikhaël Aïvanhov vertieft werden kann, wenden Sie sich bitte an eine der folgenden Adressen:

Deutschland
UWB e.V., Geschäftsstelle Heideweg 7a, 01814 Rathmannsdorf
Tel: 035022-519052, www.aivanhov.de, uwb@uwb-ev.de

Schweiz
FBU, Chemin de la Céramone 13, 1808 Les-Monts-de-Corsier
Telefon 021 925 40 80, www.videlinata.ch

Österreich
UWB, Telefon 01 27 698 32
Internet: www.uwb.at, E-Mail: info@uwb.at